◇ エスコフィエのレシピ
（古典料理の本より）

◆完璧に再現された、
後藤シェフの料理

「偉大なオーギュスト・エスコフィエのレシピから」

“カイヨ・レザン”（ウズラのマスカット添えパイケース）

ブドウはどのブドウでもよいというわけではなく、ツンとした風味のあるマスカットでなければなりません。ウズラもブドウも、コニャック風味です。

ブドウは1時間ほど、コニャックに漬け込んでいるものを使います。

ウズラを食し、次にマスカットを口にすると、さわやかさが口いっぱいに広がり、得も言われぬ美味しさです。

アムールの後藤祐輔シェフは、この料理を完璧に再現しました。

一同感動するほどの美味しさでした。

2017年4月17日恵比寿のアムールにて

はじめに

1998年に『教養としての料理・ワイン・レストラン』を出版して、23年が経ちました。

私は子供のころから、父に連れられて、洋食店や、すき焼き、寿司屋に行くのが何よりの楽しみでした。皆本当に美味しいのです。私にとって料理店は断トツのワンダーランドでした。

当時、食べ歩きが趣味の私は、寿司、中華、洋食を経て、まだ新しい世界であったフレンチ・レストランにはまっていました。私は洋食も大好きですが、本当のフレンチとは、どうも洋食とは別物らしいと思い始めて、もっと探求したくなっていたのです。

辻静雄さんの本格的なフレンチの著書も魅力的で、同世代の友人たちと同じパターンで、深く分け入りたくなり、それが高じてやがて50年が経とうとしています。

辻さんの著作、ヨーロッパ一等旅行をはじめ、次から次へ読んでいきました。そして、フランス料理の歴史や、地方によって料理が全く違うこと、何々風というのはみなその名前に合った意味があること、そして一世を風靡した大料理長の伝記などを読んでいて、これらが一冊にコンパクトにまとまっていたら便利だろうなと思い、そのような本を探したのですが、いくら探しても見つからないので、それならば自分でまとめてみようと、さらに自分の経験からのレストランの楽しみ方や、レストランでの基礎知識、料理や素材のフランス語の訳も加えて、その頃には無かった内容の一冊の本にしてしまったのです。手前みそになりますが、この本を一通り理解すれば、ただ単にフレンチ・

レストランに行くよりも深く楽しめることと思っています。すなわち、ある程度の料理やワインの知識、歴史にまつわる話、料理の起源などの蘊蓄を知ることによって、私の経験ですが、レストランをより楽しめると思っています。

この本は当時、同じ趣味の方々に受け入れられて６刷りまでいきました。皆さんの共感を得られたという喜びは何にも代えがたいものがありました。

この食べ歩きという趣味は、旅行のように構えて計画しなくても良い、手軽な日常に根差しているし、人生にとって最大級の楽しみではないかと思っています。そして誰にも迷惑をかけることもありません。また、麻雀や競馬のような勝ち負けではないので、だれも傷つけません。こんな善良で楽しい趣味を私は他に知りません。私はこの趣味で本当に人生が豊かになり良かったと思っています。

洋食でもラーメンでも餃子でもフレンチでも、どのような分野を食べ進めるかは人によって様々ですが、ひとつ言えることは、どのような分野であってもクオリティが鍵ということだと思うのです。つまり、言わんとすることは、ラーメンでも、だれもが美味しいと認める人気店の味もあれば、安かろう悪かろうといった、美味しいとは思えない味もあります。それを選り分けていくことが大事であるし楽しいのです。探求していくと自分好みの味がわかってくるはずです。

この美食の世界は、本当にワクワクする楽しい世界であると思います。

お店を尋ねるときの楽しみに、ほんのちょっと料理やお酒の知識や蘊蓄があると、より美味しく楽しくなると思っています。前著に続き、そのお手伝いをこの本でしたいのです。

私たちアマチュアの食べ手のキーワードは、第一に「楽しさ」であると思います。厳格なマナーや流儀がありすぎますと楽しくなれないものですので、色々な制約事は常識的なアバウトの範囲に守られていればいいのかなと思っています。嫌な思い出があったとしても忘れましょう。あくまでも楽しさがないと趣味は長く続きません。

そして次のキーワードは「クオリティ」であると思います。料理もお酒も、ありきたりの味から素晴らしい味わいまで、幅広い世界が存在します。味わいは個人の感性ですから、A級の店にも好む好まない、B級の店にも好む好まない味が存在します。A級B級にかかわらず、そのクラスでの美味しい美味しくないを選り分ける舌が、私の経験では回数訪ねることにより各店の味わいが記憶にとどめられて、より正確になり楽しさを感じることになると思っています。

クオリティの良し悪しを見分ける能力は、食べて飲む回数に比例すると思います。美食の世界にどんどん分け入って探求されてほしいと願っています。

その「クオリティ」を確かめる一助に、避けて通ってほしくない世界が「古典料理」であると思います。私が古典料理と名付けているのは、昔から代々伝わってきている地方の有名な料理と歴代の名料理長の想像した素晴らしい料理のことを言っています。例を挙げますと、エスコフィエのコンソメスープ、ポール・ボキューズの黒トリフのスープ、スズキのパイ包み、アラン・シャペルの鶏のヴェッシー包み、トロワグロのソーモン・オゼイユなどの料理のことです。私は、ほとんど食べることができなくなっているこれらの料理を、親しい料理長にお願いして、完璧に再現していただく会を開催しました。ぜひとも内容を知っていただきたく、Chapter3「古典料理を味わう」を設けました。その素晴らしさを感じ取っていただければ幸いです。

そしてワインの世界の探求には、日本の一流のレストランがバイザグラスで実践していただいている、料理とワインとのマリアージュが参考になると思いますので、筆者がまとめた実例のレポートの中から特選を選んで掲載しています。

料理だけでも、お酒だけでも楽しいですが、私は不完全であると思います。マリアージュさせて両方探求すべきです。倍楽しくなること請け合います。

この、「料理とワインとのマリアージュ」ですが、私が『マリアージュ！』を出版した2013年ころは、まだレストランにはあまねく浸透していませんでした。

この５～６年で良いお店ができすぎ、過当競争気味になって、サービス合戦の一環で料理ごとに細かくワインを変えていく、「バイザグラス」というサービスが良いお店に定着してきたと思っています。お客としては喜ばしいことと思います。

サービスも今現在は、私がフレンチの食べ歩きを始めたころに比べて、お客にとっては一番ありがたいサービスになっている時代と感じています。

何しろ大昔は、二人で行ってもボトルを取ってくださいと言われ、さらに当時のフランス料理の料金は和食の店の倍はしました。それが今は、昔から見たら和食の店の半値までにリーズナブルになってきたと感じています。

昔もワインのグラス売りはありましたが、その銘柄は安酒の代名詞のようなムスカデやサンセールなどで、今は供してくれるようになった一流銘柄などは、絶対にグラスではありえませんでした。（今はサンセールなどもとても美味しくなっています。念のため。）

以上、述べてきましたように、この本の内容は、目的の、フレンチとワインの世界の素晴らしさから入りまして、探求を深めるために必要な古典料理の会の実例を紹介し、料理やワインの蘊蓄などを語り、料理とワインとのマリアージュの実践のレポートをし、料理や料理人の楽しい話を集め、最後に経験して本当に良かったと思う楽しい旅の提案をしています。

毎日忙しい皆さんに、50年間楽しんできた私が知識のおすそ分けをして、さらに趣味の世界にスムースに分け入っていただき、より楽しい豊かな人生であってほしいと願ってこの本をまとめました。しかし私たちはアマチュアだから真剣になって極めなくともいいのです。楽しみをより深くするためのご参考になればと願っています。

内田 増幸

教養としての料理・ワイン・レストランⅡ

目　次

フレンチの世界へようこそ

Chapter 1

1　フレンチの世界

私の楽しんできたフレンチの世界を振り返ってみます。

私は言葉遣いに注意をする方で、フレンチの世界について、ただ“辿ってきた”でもなく、厳格に“探求してきた”でもなく、最もふさわしい言葉が“楽しんできた”であると思い、こう表現しました。

私は業界の人でもなく、学者でもなく、ただの食いしん坊だからです。趣味の世界は、楽しければいいのではないでしょうか。あまりにも楽しく奥行きもある幅の広い世界に感動し、私が教えていただいた薀蓄や、知っておいてほしい事柄などを、次世代の方々に残しておきたいと、ただそれだけを思い、1998年に『教養としての料理･ワイン･レストラン』、続いて『心ときめく料理・ワイン・レストラン』を出版させていただきました。最初の本は、この分野では健闘した方で、6刷りにもなりました。シャトーレストランの信国エグゼクティブ・シェフ・ソムリエと、2000年を過ぎた頃でしょうか、最初に名刺交換した時、「あの本を書いた内田さんですか？私はあの本を読んでソムリエになろうと決意したのですよ」と言われて恐縮し、感謝した記憶は今でも鮮明に覚えています。信国さんには、あるワイン会の時、「私の話より、内田さんの話の方が面白いでしょう」とまで言っていただきました。普通、偉い方は、そんなことは言わないですよね。

書いたものをお読みいただけるということは、私の趣味に共感していただいているということでもあって、本当に嬉しいです。

本の内容ですが、最初の『教養としての料理・ワイン・レストラン』では、フランス料理の簡単な歴史に始まって、大料理長列伝、ミシュランの格付け、日本初の本格フレンチの店と思うマキシム・ド・パリでの会食の実際、チーズ・デザートのおさらい、何々風とは決めごとがあるのですとか、地方料理の素晴らしさ、料理とワインとのマリアージュなどの、私が楽しんで、「こういうことか」とわかったことをまとめたものです。

皆さん、きっかけは同じという方が多いと思いますが、辻静雄氏の素晴らしい著作を読んで、本当の最高峰のフレンチが食べたくなり、それが、たとえばポール・ボキューズのスズキのパイ包みを初めて食べることが実現したときの美味しさに感動していた、若き日の自分の純粋さがいとおしくなります。三つ星料理の美味しさ、完璧さは、時代が経過しても、まがい物を排除して、そっくりのレシピを残していくべきだとの思想から、各レストランの協力を得て、私の若いころ、今から40年ほど前、ピカピカの星付き料理を再現する目的の古典料理の会を開催していただき、それがもう40回を越えています。毎回、素晴らしいできで感謝しています。これらの料理を初めて食べる若い方々の感想を心配していたのですが、最も集約した答えが「新鮮で、美味しいですね」という肯定的な答えであったので安心しました。今は少なくなった、鳩の血入りソースも、ベアルネーズソースも、モルネーソースも、ラビゴットソースも、カーディナル風も、初めて食べる方にとっては美味しいのは間違いないので新鮮な感じを受けるのでしょうね。

優れた三つ星料理というものは、皆、最高峰に洗練されていて、類似した料理ではない独自性があり、見て驚きがあり、そしてすこぶる美味しいです。

でも、心しないと安易な方に曲がっていくのではないかと心配しています。何度もそのようなことに遭遇していますので強く言います。同じ趣味の方々で守っていってほしいです。

次の『心ときめく料理・ワイン・レストラン』では、主に、テーブルマナーとビジネスマナーに重点を置いた内容でまとめました。いくら高い料理を支払う力があっても、素晴らしい衣装を纏っていても、粗野な言動や振る舞いがあっては、美味しさを楽しむ会食にも水を差し、後味の悪いものになります。最低限のマナーは、各自心して守るべきと願っています。

この十数年間に、日本人シェフの実力は大幅に向上していきました。たとえば、2002年に初めてフランスで日本人シェフが星を獲得しました。それが2015年には、日本人オーナーシェフの星付きのお店は、二つ星を含めて22店舗にまで増加しました。まだまだ伸びる勢いです。

日本はすごいと思うことのひとつに、日本人シェフならば誰もが知っている基本的な、魚の神経〆を、今、本場のフランスやイタリアの有名シェフが学んでいるといった現状です。私はフランスやイタリアに何度も行って料理を食べてきましたが、美味しいお店は美味しいのですが、まずいところは底なしにまずい店があるのです。これに対し、日本は、ひどくまずいお店に入った覚えがありません。それだけ質の底上げがなされている感じがします。価格のリーズナブルさ、店内の清潔度、いろいろな角度からいって、日本は世界一優れている国と思い、私は日本にいて大満足です。

2016年に、ローマ、フィレンツェ、ヴェネチアと旅行をしてきましたが､風景や美術には最高峰の質の高さを感じ大感動をしましたが、食事に関しては日本の水準の方が上ではないかと思えるときが多く、あまり印象に残った優れた料理には出会いませんでした。

たとえば、ジェラートはイタリアが発祥で、どうしてもその質の高さを確かめなくてはと思い、何度かチャレンジをしました。食べたその印象は、「日本と変わらない」という感想でした。ある店で「このグレイのジェラートは何ですか？」と尋ねたら「胡麻です」という答えで、これでは逆輸入ではないかと思いました。昔、天と地ほどの差がある美味しさと思ったその訳は、ジェラートと比較する対象が、紙カップに入った明治のアイスクリームだったからだと気が付きました。今は、本家と比較してもそん色はないというのが私の舌の感想でした。

続いて出版した３冊目が『マリアージュ！』です。これは切り口を変えて、日本の名だたるレストランに行くと、私たちのために提案してくれた料理とワインとの実際のマリアージュを、忘れてはもったいないと思いレポートしてきた内容をまとめたものです。そして、このシリーズも、今回で４巻目となりました。この間、日本のフレンチ業界では、ワイン生産者をフランスから呼んで、料理とのマリアージュの会があちらこちらで盛んに開かれるようになりました。マリアージュといっても、昔は適当であったときが感じられましたが、いまや料理とワインとのマリアージュの会を開催するシェフは、２回も３回も味を変えてみたり、試行錯誤を繰り返しながら、マリアージュさせることに真剣な姿勢をみせています。これがさらに顧客の共感を呼んで､「料理とワインのマリアージュの会は楽しい」と､今､大流行になってきています。

この成功のポイントは、顧客が自分で料理を選んでそれに合うワインを個別にいただくよりも、大勢での会食となりますが、とてもリーズナブルな料金で素晴らしい料理とワインとを楽しめるからです。個人ではとても探せないようなワインを集めてくれる主催者にいつも感謝しつつ楽しく参加しています。大勢といっても、趣味をひとつにする人たちですから、すぐに仲良くなっていき輪が広がります。趣味にはフェイスブックは格好のツールですね。私は、美食家、シェフ、ソムリエ、支配人、と限定して1,200名ほどの友人をもっていますが、この趣味のおかげで老後を楽しく過ごさせていただいています。

マリアージュの会のもうひとつありがたいことは、当日の内容を説明したテキストをいただけることです。これは、ワインは好きだけれど細部はわからない私のようなアマチュアのお客にとって、もっと奥深く探求できる貴重な資料になります。

オーストリアのリーデル社の発明した大容量のワイングラスの歴史はまだ50数年しかありません。このグラスにより、各々のワインの持つポテンシャルを究極の高みにまで持ち上げてくれたと思います。私も小さなグラスと飲み比べて、味わいがグラスひとつでこんなに違うものなのかと驚きました。リーデルのグラスがなかったころはいくら王侯貴族や大富豪といえども、私たちよりもワインを美味しい状態では飲めていないと思うと、現代に生まれた幸せをつくづく感じます。

ボルドーとブルゴーニュの壜の形状の違いにも理由があります。ブルゴーニュのワインは澱が少ないので、なで肩の壜で滑らかに内容を全部注いでも大丈夫だけれど、ボルドーのワインは澱が多いので、そっと注げば、いかり肩の部分で澱が止まるからというのも、初めて聞いたとき、新鮮な驚きがありました。

蘊蓄のひとつですが、生クリームをホイップしたものをシャンティといい、これは宮廷料理人、フランソワ・バテールが考案したものであるとか、こんなことを一つ一つ覚えていった頃が一番楽しかったです。「次にどんな世界が待っているのだろう」この好奇心が大切であると思っていますので、私はワインの教科書の丸暗記のような頭だけの予備知識は、ほどほどにしかしません。当日謂れを聞いて「知らなかった！」という出会いの驚きが楽しいからです。でも、プロはそんなことを言ってはいられませんから覚えますね。私は、その辺を曖昧で済まされるアマチュアの方が比べ物にならないほど楽しいのだと思っています。

収穫の終わった秋頃、生産者が来られている会の時はより楽しいです。生産者の方と通訳を通じてお話しして思うことは、皆さんとてもまじめに取り組んでいる方ばかりで、それだけにお話に重みがあります。何度も貴重な経験をさせていただき感謝です。毎夜、新しい知識を得る楽しさは格別なものがあります。「気持ちだけがあっても、技術が伴わないとうまくいかない」とか、名言がさりげなく出ることを毎回楽しみにしていました。

「フランス人はけして他人の真似をしないので、地方地方、異なった250ものチーズがある」とか、「フランス革命で、イル・ド・フランス地方から逃げてきて、かくまわれた修道僧がお礼に製法を教えたのが、カマンベール・チーズで、そのほとんどはブリー・チーズである。だからカマンベールの歴史はまだ浅いのだ。カマンベールの方がだいぶ小さいのは、小さな型しかなかったから」などの蘊蓄を、お客が食べながら、グッド・タイミングでお話をしてくれるお店が良いお店です。

ラ・ヴィネの久保さんによる、フランスの歴史的な人物と、その背景に関連するワインの講義も本当に楽しかったです。この講義で、目立たないような様々なワインが一気に生きてきました。

このようにいろいろな切り口で述べてきましたが、この美食の世界は実に多彩で魅力的な世界と思っています。この素晴らしい世界にどっぷりと浸かってください。

私は、50年以上もこの美食の趣味一筋できました。お店の皆さんの知識に啓発され、教えられながら分け入っていき、この素晴らしい世界の一部でもスケッチできる人生は、本当に幸せで充実した人生であると感謝しています。「この趣味で、よりよい人生を！」が、私の提案のすべてです。そして、この楽しさから生みだされた活力で、お一人お一人の専門分野がさらにブラッシュアップされ、三つ星の料理・ワインと三つ星のお仕事を、人生まるごと楽しまれることを願っています。

2　私の考えるマリアージュとは

料理だけ、ワインだけ楽しむということももちろん人生を豊かにする良い趣味と思いますが、そのどちらか一方だけに偏るよりも、料理とワインとのマリアージュを考えて食べる一夜のほうがはるかに楽しい時間になると思っています。「一流のお店はどんな料理にどんなワインを合わせてくれるのだろう」この好奇心で毎回新たな気持ちになり興味が尽きません。この自身で味わったマリアージュの実際を同じ趣味を持つ皆さんと共有できるに違いないと思い文章に綴ってきました。

この“マリアージュ”の楽しみですが、一概に“マリアージュ”といっても種類がいくつもあると思いますので、私なりに簡単な分類をしてみました。

ひとつ目は、料理の特徴と、ワインの特徴とを考えて、本気でベストのマリアージュを実践することです。ひとつの例ですが、甲殻類とシャルドネとのマリアージュは基本中の基本ですね。それをなおかつ分け入って、たとえば生牡蠣には酸味の強いシャブリかサンセールが定番ですが、しかし、もっとねっとりとした食感の岩牡蠣には、同じシャルドネでも、ワインももっとねっとりとしたムルソーを合わせてみるとか、このあたりが楽しいところです。

2つ目は、地産地消ということで、その土地の郷土料理と、その地方で生産されるワインと合わせることです。これは、土地の性質が一緒だからか、雰囲気に引っ張られるのか分かりませんが、郷土料理とワインとがピッタリとマリアージュをする地方ばかりで、もう自然の摂理の素晴らしさのようなものを感じます。

たとえば“仔羊には赤ワイン、それもポイヤックの赤ワイン”というマリアージュが定番ですが、ポイヤックという地方は、昔から良質の羊の産地だからです。これもその土地だけの楽しいマリアージュの一例ですね。

3つ目は、お客様の出身地のワインでラインアップさせるマリアージュです。以前のことですが、お客様がトスカーナ出身なので、フレンチレストランでしたが、店に集めさせて、今日のコース料理にマリアージュする、トスカーナのワイン群でバイザグラスを果たしたことがあります。お客様は「ぼくの生まれた土地のワインで合わせてくれた！」と大変喜ばれたことが思い出されます。こういったマリアージュもあるということです。

マリアージュといっても、たかが趣味の世界なのですから、厳密さだけで合わせるというよりも、より楽しいほうが上位なのだと思っています。「本当はこのワインなのに」と細かな事はいわないで、相性が少しずれていてもいいではないですか、お客様の故郷のワインのほうがより喜ばれるのならば、それが正解なのだと思います。

4つ目は、これも邪道かもしれませんが、お客様のワインの知識に応じたワインを合わせることです。たとえば、お客様がワインにまだ初心者でシャブリくらいしか名前を知らないシチュエーションのときは、合わないかもしれないけれど、白ワインをシャブリにすべきです。お客様は、「おお！これがシャブリか！」と喜んでお飲みいただけることでしょう。そのとき、「本当はこちらのワインのほうが合うと思いますよ」などといった野暮なことはいわないことです。この食文化の世界は、あくまでも趣味の世界であり、趣味の世界の価値観というのは、「合っている、合っていない」というよりも、より「楽しいひととき」というほうで良いのだと思っています。この、「どうワインをマリアージュさせるか？」の答え、「マリアージュさせるには、料理のほうではなくお客様の知識レベルに合わせる」ということは、ロオジェの中本ソムリエに教わりました。私は、これは実際的な名回答であると思います。私もワインは初心者のお客様にも楽しんでいただいて、この食文化の知識を少しずつ蓄積する楽しみの弾みになればと思っていますので。

5つ目は、料理とワインの格と格とで合わせるマリアージュです。たとえば、魚の卵はワインとは合わないもののひとつですが、キャビアにシャンパンは皆が好むマリアージュです。これは本当にマリアージュをしているというよりも、食材の王様のキャビアと高級ワインであるシャンパンといった、同格の組み合わせで満足をするマリアージュなのです。このような合わせ方もあるということです。

このほかに、一品一様で厳密に合わせていくのではなく、一夜の料理のコース全体の調和を考えたバイザグラスがあると思っています。たとえば、料理に厳密に合わせると、ワインが辛口、甘口、また辛口などと、あっちへ行ったりこっちへ行ったりするのは、お客様の味覚も混乱すると思います。何を言いたいかというと、コースで5種類のワインを用意する場合、その5種類を順に飲んでいっても自然な感じがするように配慮した、つまり厳密には料理とのマリアージュは80点程度かもしれないけれど、今夜のお客様のワインの味わいの流れでは満点、といったマリアージュも存在するのだと思います。

20世紀を代表する名シェフの、フェルナン・ポワン氏の全盛期のラ・ピラミッドの名ソムリエのトマジ氏の言葉ですが、「フォアグラには甘口のワインが合うので一杯お出ししますが、お客様が食べ終えて一口お水を飲まれてから、次の料理に合ったワインを注ぐことにしています。次のワインは甘口ではなく、異なった味わいのワインですので、口の中をリセットしてから飲んで欲しいからです」と言っておられます。間に異質な味わいがあると、お出しする方も苦労するのです。

はじめから合わないことが分かっていて、合わせてみて「やっぱり合わないね」といったマリアージュもあっていいと思います。そのときは「料理は料理、ワインはワイン」と切り替えて楽しみます。べつに彼らが悪いわけではありませんので。たかが趣味の世界です。目くじらを立てないことです。

このような幾種類ものマリアージュの存在するワイン・料理の世界は、どちらか単独よりもさらに楽しいと思いませんか？

次に、ソムリエの役割ですが、たとえば、「たんぱく質にはタンニンが合う」という常識を実際どのタイプのワインで合わせて行くか、とかの課題からはじまって、酸味のキリッとしたヴィネガー風味の前菜に、より酸味を強調するワインを合わせるソムリエもいれば、反対に、料理のその酸味を和らげるようなワインを持ってくるソムリエもいます。その考え方の違いがおのおののソムリエの個性であり、私たちはその合わせ方を体験する楽しさを堪能しにお店にやってくるわけです。無難な合わせ方ももちろん歓迎ですが、時に「冒険的な合わせ方をしました。理由は、・・・」と説明するソムリエのお話を私はワクワクして聞いてしまいます。思えば「今日はソムリエが何を合わせてくれるか」の魅力と期待度の大きさとが、“マリアージュ”を書き留めておきたい原動力になったのでした。

この食文化の世界は知識があった方がより楽しいとは思いますが、知識が先に来てしまい、頭でっかちのような会話になっては本末転倒です。趣味の世界はあくまでも“楽しむ”が主語なのだと思っています。

知識があってもなくても“楽しい”一夜でありたいのです。

ゆえに、何度も経験をしたことですがワインの話題でも、時に畑の由来や栽培方法の努力の話に偏っていってしまったり、実際にあったことですが、味わいを評価して、「このワインは山の頂上でも裾野でもなく、山の中腹の畑が最も良いブドウが取れるので、その畑のワインでしょう」という専門的すぎる話など、それはそれで面白いのですが、あくまでもそのテーブルでの会話が「本当は何だろう」と疑問になった時に答えが出てくるべきで、誰も求めていないのに、細かすぎる知識を一人で延々と披露するのは“楽しい”事ではないと思います。

いくら知識がある方でも場の雰囲気を尊重して自説の披露は自粛をして欲しいと思っています。普段、知識はあっても控えめでいて、必要に迫られた時にタイムリーに素晴らしい答えをさりげなく出すことが奥ゆかしい姿勢であり本当の叡智なのであると思っています。

適切な薀蓄が食卓を倍美味しくさせるのは本当と思いますが、はじめから薀蓄ありきではなく必要に迫られた場面で、待っていた答えが出てくるのが絶賛に値するのだと思っています。知識の“押し付け”はどんな場合でも不正解と思います。

オペラでも同じことです。たとえば、若き日のヴェルイの作品で、「ナブッコと呼ばれるネブカドネザル大王は、何年生まれで先祖にだれがいて、こういう経歴の人で、脇役には兄弟が何人いて、それぞれどういった関係で」などまで知らなくても全然差し支えないということと一緒です。そこまで知ろうとしないでいて、目の前の世界を楽しむことに集中することが正解と思っています。アバウトでいいのです。人生は時間がないのですから、時間を掛けすぎないで必要な知識止まりにするのは人生における賢い生き方と思っています。

だからワインの銘柄あてに費やす練習時間は、少しの時間ならいいですが、私は無駄な時間の使い方であると思っています。

これと似た話ですが、昔、三国志の一方の主人公である魏の皇帝の曹操の前に、一人の仙人が紹介されました。「この仙人は、障子を閉めたままで、道路を通り過ぎる馬の色を当てることが出来る能力があります」という説明に、現実的な曹操は、「そんな能力は要らない。障子を開ければ分かることではないか。日ごろそんな訓練している人間は有能とは思えない」と、追い返すのでした。

イギリスの作家ロアルド・ダールの短編集「あなたに似た人」の中の、ワインの銘柄あての短編「味」は白眉ですね。絶対に当てられないと高をくくる当主は、「当てたらこの家をあげよう」と言って、テイスティングをさせるのですが、だんだんと核心に迫ってくるその迫力は、読んでいる読者まではらはらさせられます。その進み具合の描写で、ダールが並々ならぬワインの知識の持ち主であることが分かりますね。ワイン好きにとっては必読の好短編です。
料理だけでもなく、ワインだけでもなく、その二つの素晴らしい要素を組み合わせた、いろいろな形のマリアージュをこれからも楽しんでいきたいと願っています。

3 フランス料理は楽しい

この楽しみに取り付かれて50年経ちます。フレンチの楽しい世界を皆さんと共有できればと願っています。
あくまでも、この楽しい世界は学問ではなく趣味の世界ですから、そしてプロではなくアマチュアですから、目的は楽しければ良い、美味しければ良いというアバウトでよいのではないでしょうか。レストランにおいても、単に「美味しかった」と思えるレストランよりも、お店を出る時に「楽しかった」と思わせるレストランであってほしいと私は思います。その違いは、料理やワインをサービスしながら、それにまつわるエピソードや蘊蓄をさりげなくお話しするサービスマンがいることです。
私はこれまでほとんど一人でレストラン巡りをしてきましたが、良いお店には一人ぽつんといる私に、親しげに話しかけてきて、面白く有益なお話をしてくれるサービスマンがたくさんおられました。
それを忘れてはもったいないと、長い間メモをしてきたものがこの本の骨格になっています。ちょっとした知識やエピソードを的確にご披露することが、会食の場を盛り上げて、料理やワインをより美味しくさせることを私は学びました。
ゆえに、美食の世界に興味を持たれている、まだ“初心者”の皆さんを対象に、人生をより楽しく過ごすために、過去の楽しかったことを思い出し、この知識は絶対に人生をより豊かにさせてくれると信じてまとめています。

その“楽しい”の中には、フレンチの原点である料理・ワインと並んで、他にもそれにまつわる適切な薀蓄も楽しいですし、ヨーロッパの歴史、文化遺産、美術・絵画・音楽（クラシック・ウインナワルツ）なども同じ波長の楽しさがあると思っています。

たとえば、ベル・エポックの時代は、1900年から15年ほどしかなかった短い期間なのですが、当時の世界最高のレストラン、マキシムといえば、その豪華な内装からいってエミール・ガレやアルフォンソ・ミュシャなどのラ・ベル・エポック調の美術を思い起こします。そのクオリティは、今も決して色あせていません。

フランスの古典料理をいただくとき、ＢＧＭにはクラシック音楽や優雅なワルツなどがピッタリです。これら脇役にまわっている見事な芸術作品たちが、主役の料理・ワインをより美味しくさせるのだと思っています。

レストランとは、料理・ワインの選定・洗練されたサービスなどの、プロの高度な仕事を、非日常の時間のなかで楽しみに行くところです。お腹を満たすだけならば、安くて美味しいものを提供するお店はたくさんあります。

優れたシェフが思いを込めてちゃんと作っている料理はやはり美味しいですし、レストランまで行ったのに、ちゃんと作っていない不完全な物を食べるとしたならば、対価を支払っているのですから誰でも不満になりますよね。

ゆえにレストランとは、高い品質の料理・サービスを受けて満足しに行くところだと思っています。

★フランス料理の歴史

16世紀に、カトリーヌ・ド・メディシスがフィレンツェからフランスのアンリ四世に嫁いできた時に、フランス料理が飛躍的に洗練されたということで、ここから近代のフランス料理の歴史が始まったのです。それまでのフランスはイタリアから見ると大変な田舎でした。二股フォークやアイスクリームなどをカトリーヌが持ち込んで、食事や文化の洗練のきっかけを作ったのです。

そしてその後、貴族の宴会料理で才能を発揮し、その著書は今でもバイブルになっている、タイユヴァンの料理書や、大料理長アントナン・カレームの出現、さらにフランス全土の料理の大系を整理したオーギュスト・エスコフィエを経て、現代フランス料理の基礎を創ったといわれるフェルナン・ポワンが登場します。彼は没後60年にもなりますがその評価は不動です。

そしてその弟子のポール・ボキューズ、トロワグロ兄弟、アラン・シャペル、ルイ・ウーティエなどの三つ星シェフの活躍していた1960年代のヌーベル・キュイジーヌの時代に、私が次元の違う美味しさの彼らのフレンチを食べて、この趣味にはまってしまったのでした。

今思い出しても、フランス料理の歴史の中で、この料理長たちの出現時の料理が史上最高峰の料理であると確信しています。

たとえば、今では古典料理となっている、

- フェルナン・ポワンの、ヒラメのシャンパン蒸し、ガトー・マルジョレーヌ
- アレクサンドル・デュメーヌの、若鶏壺蒸しアレクサンドル・デュメーヌ風
- ポール・ボキューズの、スズキのパイ包み、黒トリフのスープ
- トロワグロ兄弟の、ソーモン・オゼイユ、ツグミのパテ
- アラン・シャペルの、若鶏のベッシー包み、キノコのカプチーノ仕立て
- ルイ・ウーティエの、びっくりトリフ
- ロジェ・ヴェルジェ（カンヌ）の、ムーラン・ド・ムージャンの太陽の料理

・マルク・ヴェーラ（アヌシー）の、ハーブのラヴィオリ
・マキシムの、ソール・アルベール、ポタージュ・ビリビ
・フレディ・ジラルデ（スイス）の、今日のコース料理

など、当時の料理はすべてほっぺたが落ちるほどの美味しさでした。今でも最高峰であると思う当時のフランス料理の素晴らしさを、彼ら優れたシェフの全盛期に味わうことができて私は幸せだったと思います。

このような古典的な料理を知って、また価値観の違う現代料理を味わうと、奥行きの深さがわかると思います。（この時代の料理が私の原点ゆえに大切に考えます。Chapter 3の「古典料理を味わう」をご覧ください。）

★ヨーロッパの歴史において最も高貴な肉とは何でしょうか？

それは牛でも豚でもなく、鳩なのです。ヨーロッパはキリスト教文化圏ですので、天国に一番近く飛ぶ、葉をくわえている天使の使いの鳩の絵を見たことがあると思いますが、その鳩が最も高貴な肉なのです。高貴な順とは神が天国にいて、次に空中を飛ぶ鳥がいて、地上の生物がいて、水中の生物と根菜類がいて、という順番なのです。これが中世の価値観です。

ゆえに、かつてのモナコのレーニエ大皇と女優グレース・ケリーとの結婚式のメインディッシュは、おめでたいことと高貴なことから鳩の肉が選ばれたのも当然でした。この結婚式の披露宴の料理を仰せつかったのは、パリの三つ星、グラン・ヴェフールの料理長、レイモン・オリヴェ氏でした。

★フレンチの創作料理の歴史

私は、コロンブスの卵やエジソンの電球など、初めてこの世に出現させた発明や行為を尊敬しています。二番目の人とは天と地ほどの差があると思っています。ゆえに料理でも新しい創作料理に敬意を表し

ています。

今、泡立てる事は機械でやって、それをエスプーマと呼びますが、昔は泡立てるのは手で攪拌したのです。初めてスープを泡立てたのはアラン・シャペルです。彼のキノコのカプチーノ仕立てというスープは、キノコのポタージュを濃い目に仕上げて、お客様にお出しする時に泡立てることによって丁度良い濃さでお飲みいただくようにしたスペシャリテです。

また、お皿の端にソースがなぞりつけられているのは、ピエール・ガニエールが初めてやりました。それまではなかったのです。

着席したらパンよりも先に出る、アミューズという小さなお通しのようなものにも起源があります。いまから30年ほど前、パリの三つ星のアルケストラート（後にルッカ・カールトンに移る）のアラン・サンドランス・シェフが日本に招かれてフェアをするたびに、お礼の一部として研究熱心な彼のために毎晩和食に招待されるのですが、そこで彼が興味を持ったのが、“お通し”と何皿も出る“ムニュ・デギュスタシオン”でした。

最初の軽いおつまみは彼によって初められたのです。今“アミューズ”としてフランス料理において完全に定着しました。

また、昔のフレンチというのはドゥプラ（二皿）といって、ボリュームたっぷりの前菜とメインだけでした。（デザートは別腹です）それをサンドランスは、シンプルな料理が延々と何皿も続く出し方に興味を感じて、フレンチでもこういった出し方をしてみようと、8皿から10皿くらいの小皿のコース料理をメニューに載せました。それが今では当たり前になっているムニュ・デギュスタシオンです。恵比寿のジョエル・ロブションのディナーもムニュ・デギュスタシオンですね。16皿もあって、デザート4品のころになると、満腹で食べることができなくなります。時間も4時間半かかりました。

夏によく供されるジャガイモの冷たいスープ「ヴィシソワーズ」というスープがあります。

このスープは1917年、ニューヨークのリッツ・カールトン・ホテルで誕生しました。ルイ・ディアというフランス人シェフによるものです。

ニューヨークのホテルに懇願されて着任した彼は、かつて子供のころ母親が作ってくれたスープにヒントを得て創作したのが、この冷たいジャガイモのスープです。よく母親はジャガイモとポロ葱の暖かいスープを作ってくれました。そして翌日スープが冷えていると、それに生クリームを加えて冷たいまま子供たちに食べさせたのです。

この冷たい美味しいスープが忘れられず、ヴィシソワーズと名付けたこの創作したスープはいっぺんにニューヨークの食通たちの間で評判になったのでした。この名前は彼の故郷のヴィシーへの郷愁からきているのです。

初めて生クリームを泡立てて供したシェフは宮廷料理人フランソワ・ヴァテールです。彼は優れた料理人でした。残念なことに城主の催す大宴会の日に、雪のために魚などの食材の遅れに絶望して自殺したのでした。

カヌレというお菓子は、カヌレ・ド・ボルドーと言って、ボルドーの郷土菓子ですが、なぜボルドーの郷土菓子になったかというと、白ワインの生産工程で、樽の中の澱を吸着させるために大量の卵の白身を投入するのです。そうすると黄身が余ります。そこで黄身を使ったお菓子を廃物利用で考案したのがカヌレなのです。カヌレという響きはフランス語らしくて心地よいですが、訳すと“筋のある”という意味になります。

フランス語というのは、日本人にとって直訳しない方が心地よい響きがあると思います。例えば、バゲットは棒という意味ですし、バタールは棒と食パンとの中間ですので“あいの子”という意味で、またチュイルというお菓子は“瓦”という意味です。
“グラニテ”という魚と肉との間に出る、かき氷のような一品のグラニテという意味は、グラニュー糖からきているザラザラしているという意味です。だから、この位置で出る氷菓は、アイスクリームのように、ねっとりとしているものではいけないわけです。思い出しますとリキュールなどの味わいでザラザラしているでしょう。

シーザーズ・サラダの原点は、1924年7月4日、アメリカとの国境の町、メキシコのティファナのレストラン、シーザーズ・プレイスのオーナーであるイタリア系移民の子孫、シーザー・カルディーニによる創作です。ジュリアス・シーザーとは全く関係はありません。
銀座のマキシム・ド・パリでは、目の前でシーザーズ・サラダを調理してくれました。「アンチョビーはこれくらいでいいですか、チーズは？」と。客のお好みによって配合を変えてくれる楽しさがありました。そしてできたてのサラダの美味しいこと、懐かしい思い出です。今、このような楽しみ方のレストランはなくなりました。寂しいことです。まだ進化の要素はたくさんありますが、アミューズやムニュ・デギュスタシオンなど、この50年間に出てきた、以前はなかったことを初体験する感動は素晴らしいものでした。

★サービス

フレンチの高級料理店でのデモンストレーションのデクパージュという、お客様の目の前で鴨を切り分けたりするサービスや、シーザーズ・サラダをアンチョビーや塩加減などお客様のお好みをお聞きしながら仕上げていくサービス。また、クレープ・シュゼットというデザートを、グラニュー糖を溶かすところから実演するといったようなゲリドン・サービスは、フランス料理ならではの見事なサービスです。
私は銀座のマキシム・ド・パリで、こういった優れたサービスばかり経験したので、フランス料理とは正式にはこういったサービスをするものだと思い込んでいたほどでした。昭和40年前後の銀座のマキシムは、何といっても日本のフレンチの頂点に位置し、正統的フレンチの推進の牽引車でした。一人の客だった私がそこで学んだ事は数知れません。

創業当時のマキシム・ド・パリのバターは、一口用に小さく丸めたバターがたくさん、形よく積まれて供されました。すると精養軒などの老舗レストランのバターもこの形になったのでした。それほどマキシムの影響力はあったのです。

残念ながら銀座のマキシムは、数々の思い出とともに50年の歴史に幕を閉じました。

★ワイン

ワインセミナーが楽しいので大流行で良いですね。しかし、あまりに熱心な生徒がいて細部にこだわりすぎる人も時々います。それで生活をしているプロではなく、趣味として楽しむ側のアマチュアであるという立場を忘れないで欲しいです。アマチュアは「美味しい」「まずい」「私には合わない」などの率直さで良いと思うのです。

しかし、グラスに注がれたときは美味しくなくとも、空気に触れてから美味しいと感じたり、料理と合わせると不思議なほど料理・ワインともに美味しくなったりします。それがワインというものの魅力のひとつなのです。

ワインとフランス料理という存在は双璧であると思うのですが、ワインに詳しい方々は、ワインセミナーの隆盛によりたくさんおられるのですが、フランス料理に詳しいという方は、フレンチの歴史の知識を含めて余りいないのがさびしいです。私は料理あってこそのワインではないかという見方をしています。

また、地方料理とその地方のワインとの相性の良さは、体験すると楽しさは格別です。

ワインの味わいとは官能テストですから、個人の感覚の問題であり、本人の主観を大切にするわけで、正解不正解のような明快な回答はないといえます。

たとえばこのようなことがありました。田崎真也さんのワイン会で、メイン料理にボルドーとブルゴーニュの2種類の風味の異なった赤を出して「この料理にどちらが合うと思いますか？」という質問があったのでした。

その時のメイン料理は鴨でしたので、四つ足はボルドー、二つ足はブルゴーニュというセオリー通りに、私は「絶対にブルゴーニュの方がマリアージュする。これを選ばない人は味覚がおかしい」というくらいに思ったのに、100名の方々の挙手が半々に分かれたことを体験して、味覚には正解がないと思いました。みなさんマリアージュを真剣に考えるよりも自分の好きな味わいのワインの方を挙手するのでした。また「こっちが正解である」と押し問答することでもないと思いました。ゆえに、今は私の好みを無理やりお薦めする事は控えるようにして、ゲストのお好みを探りながらソムリエと相談して決めるようになりました。具体的に言いますと、果実味が嫌いという方はあまりいませんが、酸味を好む方・嫌う方、渋みを好む方・嫌う方、迫力のあるフルボディを好む方・軽やかなライトボディを好む方、などのゲストのお好みを察知する事はソムリエにとってもお薦めするワインに焦点が絞れますので重要な情報です。

素晴しいワインにより人生観まで変わってしまうという人のことを、私は大げさでありそのようなことはありえないと思っていました。しかし、私にも新たに感動し「今まで何だったんだろう」と思える体験がわずか四度ですがありました。

皇居前のパレスホテルで、ラ・ピラミッドのシェフが来てフェアを開催した時のことです。肝心な年度は忘れてしまったのですが、シャトー・マルゴーがグラスで供されていたのです。ちょうどよい機会なので一杯お願いし、持ってこられて香りを嗅いだとたん、得も言われぬ香りに全身に衝撃が走りました。そして口に含むと、さらにその美味しさが確かめられました。普通、香りは良いが口に含むとそんなに素晴らしくないワインがあるという経験は何度もしていますが、こんなに美味しいワインがこの世にあるのだというショックは今でも鮮明に覚えています。貴重な経験でした。

二度目は、シャトー・ペトリウスです。

以前、2回ほどペトリウスをグラスで味わったことがあったのですが、世に言う、熟成したペトリウスは、黒トリフの香りがするというという言葉が嘘ではないかと思うほど味わいに感動はなかったのです。ところが3回目に、ひらまつの広尾の本店で、平松さん自らソムリエのスタイルで登場し「状態、良いですよ」と、注いでいただいたボトルは、まさに黒トリフの風味があふれ「嘘ではなかったのだ！」と感動したのでした。所望されたお客様の喜びようは言うまでもありません。

三度目は、ギガルのコンドリューのドリアンヌという白ワインです。グラスに注がれ、スワリングをすると、黄金色に輝いた液体は、粘着度が感じられるなめらかな揺れが感じられました。そして口に含むと、文句のつけようのない完璧な美味しさでした。

余りに感動して、その後ギガルのコンドリューを6本買い求めて家のセラーで熟成させ、あのような黄金色になる日を待ちました。そして、いよいよもう大丈夫だろうと思って、ワイン好きが集まる日に「美味しいよ！」と言いながら開けたのです。ところがグラスに注いでみるとオレンジ色に変色して、また香りも出ない、つまり劣化が始まっていたのでした。この教訓は同じ素晴らしい造り手の同じ銘柄でも、ただ同じ年数寝かしているだけではだめで、当たり年とそうでない年の違いが歴然とあるということを思い知らされたのでした。

そして四度目は、青山の古賀崇オーナーの店、ランタンポレルで世界一の称号のソムリエをフランスから招いてのフェアの時です。皆さんに特別プレゼントということで、ブルゴーニュのグランクリュ、クロ・ド・タールがグラスで供されました。グランクリュと言っても、初めて飲む赤ワインでそれほど関心がなかったのですが、香りを嗅いだ瞬間、衝撃的な感動を覚えたのです。そして一口含むと、その味わいの素晴らしさにしばらく放心状態になった感じがありました。大事に一口ずつ飲んで、とうとう空になったワイングラスを目の前に置いているのですが、いつまでもいつまでもその空のグラスからクロ・ド・タールの素晴らしい香りがあふれてくるのです。こんなに残り香が強く感じたのも初めての経験でした。

以上述べましたような、貴重な経験を一生忘れないでいたいと思います。

そこで、ソムリエの方に疑問ですが、私のこんな稀有な体験はアマチュアだからでしょうか？毎日たくさんの銘柄を経験しているソムリエの方には、こんな素晴らしい体験は日常茶飯事のようにあることなのでしょうか？

もし、ソムリエとしてもめったにあることでないとするならば、シャトー・マルゴーを日常飲んでいても、本当に素晴らしい味わいのマルゴーに出会うのは難しいことなのでしょうか？そしてマルゴーというワインの評価は、私の味わった得も言われぬ頂点の味わいが評価の対象なのか、平均的な味わいが評価の対象なのか？知りたいところです。

◇白ワイン

・ニコラ・ジョリーの話

天体の運行の流れに沿ってブドウの収穫まで決める異才のエピソードは、chapter6「食にまつわるエッセイ」の８で述べます。

・コルトン・シャルルマーニュの話

八世紀ころ、初代神聖ローマ帝国の王シャルルマーニュ、別名カール大帝は大のワイン好きでした。彼はコルトンを好みました。赤ワインのコルトンを飲むと王様の自慢のひげが赤く染まってしまいます。そこで髭が赤く染まらないように白ワインを開発させたのです。それがシャルドネ100%のコルトン・シャルルマーニュです。

・ヴァンジョーヌ（黄色いワイン）の話

フランス東部ジュラ地方のこのワインは、飲んでも美味しくないし結構値段も高いので、誰がこんなワインを買うのだろうと思っていたら、ある時茹でた野菜群にバルサミコをかけた料理が出たのです。それにマリアージュさせたのがヴァンジョーヌでした。私の嫌いなワインが出たと思って料理と合わせたところ、それがぴったりと合ったのでした。その経験から、どんな料理・ワインでも力を発揮する舞台というものがあるのだということを感じ入った次第です。

◇赤ワイン

シャトー・ヌフ・ド・パプというワインの話です。

名前は、ローマ法王が夏の間居住するアヴィニョンにある館のことです。ヌフは新しい、パプは法王のことです。

このシャトー・ヌフ・ド・パプというワインは97%が赤ワインです。畑に数種類のブドウが植えられているため13種類のブドウで作ることが許されている珍しい地区です。

ある時二人が鴨料理を、あとの二人がビーフの料理をチョイスしました。フランス料理のセオリーでは、二つ足はブルゴーニュ、四つ足はボルドーを合わせるといったセオリーがあり、これは私もワインをチョイスするときに頭に入れていることです。

二つ足と四つ足にメイン料理のチョイスがわかれてしまいました。その頃はバイザグラスなどのサービスはない時代で、ワインはボトル１本取らなければなりません。そこで私はソムリエに「メインがわかれているとき、みな満足する赤ワインは何が良いですか？」と尋ねたのです。するとそのソムリエは、ブルゴーニュでもボルドーでもなく、シャトー・ヌフ・ド・パプを勧めたのでした。そしてその理由が、「最大13種類のブドウを使っているので、どちらの肉質にも合うと思います」というものでした。そしてその夜は無難に過ぎました。

後日、別のレストランでソムリエに「こういうことがありました」と話したら、そのソムリエは「なるほど、素晴らしい」と答えたので、これでやはり正解なのかなと思った次第です。

現在は、各自お好みのワインをグラスで注文できますので、そんなに迷うことはなくなりましたね。

好きな方との食事のとき「今日のメインは鴨だから、ブルゴーニュのワインをいただきたいです！」と言うと、ちょっと格好いいでしょう。

それが「今日のメインはビーフシチューだから、ブルゴーニュがいいわ！」などと言うと、知識のあるお相手ですと「？」となるかも知れません。

こってりしたお肉に軽めのブルゴーニュではワインが負けてしまうからです。しかし、凝縮感のあるブルゴーニュなら合うだろと、高級なワインをお願いするとえらく高く取られますので注意が必要です。

この応用で「今日は仔羊だからポイヤックの赤ワインが合うと思います」と言うと、ポイヤックは良い羊の産地なので「センスの良い方だなあ」と思ってもらえるかも知れません。

基本的なセオリーや決めごとは、きちんと覚えておきたいですね。

少しずつ基礎知識が頭の細胞に吸い付いていくと、それに蜘蛛の巣のように新しい情報が引っ掛かってきて知識が豊かになっていくのが楽しいです。ゼロはいくらかけてもゼロです。まず基礎を覚えていきましょう。その覚えていく過程がとても充実して楽しかったです。

シャトー・ペトリウスはポムロール地区で最も有名で高価なワインです。このペトリウスとは聖ペテロのことです。歴史を感じさせますね。

シャトー・オーゾンヌの名前の由来は、紀元前、ギリシャの高官オーソニウスが自分の畑を持っていた、その名前です。その当時そんな遠くの地まで所有していたとは信じがたいです。

シャトー・オーブリヨンはナポレオン時代の大臣、タレイランが所有していました。彼はイギリスに負けた戦争の敗戦処理を担当していました。

彼の館で毎晩、その当時最高のコックのアントナン・カレームにごちそうを作らせ、素晴らしいお酒オーブリヨンでもてなしたところ、有利な条件で和睦ができたと言われています。人間は美味しい料理と美味しいお酒には寛容になるものなのですね。

飯田橋の一軒家レストラン、ソンブルイユでワイン会がありました。その時の垂直テイスティングの銘柄、ボルドーの端、サンテステフのシャトー・コス・デストーネルの評価を一言で言ったらという私の質問に、解説者のイギリス最大のワイン商、ベリー・ブラザース・&・ラッドの部長の言葉が的確でした。彼は一言「アースイー(土っぽい)」と答えたのです。これは言い得ていると思いました。

なお、なぜ世界最大のワイン商社がイギリスにあるのかということは、昔、ボルドーはイギリスが所有していた時期があったからの名残です。

★マリアージュ

マリアージュとは、料理とワイン、そして料理の素材と素材との相性の良さのことを言います。料理とワインとのマリアージュの合った時の楽しさは格別なものがあります。

私はマリアージュを拡大解釈して、料理とワインとだけではなく、素材同士の相性も含めてマリアージュというものを考えています。

例えば、パンとチーズとワインは本当に相性が良いです。これも私はマリアージュしていると思っています。

ちなみに、これら三つの食材の共通点は何でしょうか？それはみな発酵食品だということです。

マリアージュを昔から誰でも知っている日本食の例でわかりやすく言えば、おでんに茶飯、鮎ときゅうり、冷やっこにカツオブシ、鴨にネギなどの相性の良さのことです。スパイスのマリアージュも、鰻の蒲焼には山椒、トンカツにからしとキャベツ、豚汁には唐辛子、たれをつけた焼き鳥にも唐辛子、刺身には山葵、なども昔から検証されてきた基本中の基本のマリアージュですね。

また、牛乳のチーズに赤ワイン、ヤギのチーズには白ワイン、キャビアにシャンパン、生牡蠣にシャブリ、フォアグラには甘口ワイン、などが基本的なマリアージュと言われてきています。

宇都宮のオトワ・レストランでの鮎ときゅうりのフランス料理のマリアージュの話をします。ちなみに、音羽シェフはアラン・シャペルの日本人弟子第一号の方です。

日本のマリアージュのひとつの鮎ときゅうりをフランス料理風に組み立てたらこうなりますという良い例です。

持ってきたアミューズのカクテルグラスにヴィネガー風味のきゅうりの千切りが敷いてあり、その上に、ちょうど形も色も長方形の生チョコのようなものが載っていました。それを食べると鮎の風味がしました。それは、鮎を数匹ブイヨンで煮て、ミキサーにかけて砕き、その後固めて包丁で長方形に切ったものだったのです。日本食のマリアージュの定番の鮎ときゅうりとが、まさに質の高いフレンチに昇華していました。私はこういった創作料理に出遇うと感激してしまうのです。だから質の高いレストランに行きたくなるのです。

マリアージュをしている、していないというのはどういう状態なのか、ということですが、料理とワインを食してみて飲んでみて、どちらの味も変化しないのであれば、料理とワインとが一応マリアージュをしていると私は解釈しています。

一方、料理かワインのどちらかの味が変ってしまうように感じたら、それはマリアージュをしていないということです。たとえばソースの強さに優しい味のワインが負けてしまっていて、ワインが何の風味もしなくなったり、口の中で料理とワインとの風味が合わさった時、変な味に変ってしまうということなら、それはマリアージュをしていないということです。

マリアージュ（相性）についての基本はそのような解釈をしています。

たまに両方が一段と美味しくなってしまうときがあります。それが本当の「マリアージュ」なのですが、これはめったにありません。めぐり会えたらラッキーです。

野生の動物臭のするジビエ料理に、腐葉土のにおいのする癖のあるワインがピッタリと合ったことがありました。そのワイン、シャトー・ピション・ロングヴィル・コンテス・ド・ラランドは腐葉土の香りがしたのでした。これも大満足の経験でした。

昔から言われているマリアージュの基本例をいくつか挙げます。

昔から言われています、魚料理には白ワイン、肉料理には赤ワインです。肉料理の中でも、四つ足はボルドー、二つ足（鳥）はブルゴーニュが合います。

その中でさらに細かく分け入って、仔羊にポイヤックの赤ワインが最高のマリアージュと言われています。ポイヤックは仔羊の産地だからです。このようにフランス料理は地産地消を好みますし、また良く合うのです。

その地区のワインとチーズの相性ですが、ぴったりと合います。ウオッシュタイプのチーズ、エポワスとブルゴーニュの赤ワイン、ヤギのチーズ、クロタン・ド・シャビニヨールとロワールの白、サンセール、というように合わせていくのは楽しみのひとつです。

昔からの代表的なマリアージュは、生牡蠣にシャブリ（もっと濃厚な岩牡蠣にはシャブリよりも濃厚なムルソーのほうが負けません）、甲殻類にシャルドネ、最もポピュラーなマリアージュはチーズにワインです。これも分け入ってみますと、地産池消で、アルザスの白ワイン、ゲヴェルツトラミネールには同じアルザスのマンステールというチーズがぴったりです。ちなみにマンステールという名前は、モナステーレ（修道院）という言葉が訛ったものです。食べながらこういうエピソードを知ることがさらに美味しくなるのです。楽しい薀蓄のひとつと思い紹介しました。

さらに、チーズにはナッツ入りのパン、さらに分け入ってクロタン・ド・シャヴィニヨール（山羊の糞という名のチーズ）にサンセール、ブルーチーズに貴腐ワイン、フォアグラに貴腐ワイン、それをさらに分け入ってストラスブール産のフォアグラに、地産地消からいってアルザスの甘口ワイン、そしてデザートに貴腐ワインなどが基本的なマリアージュです。

甘口の代表の貴腐ワインがフランス料理にマリアージュするものは３種類しかありません。まず、料理には唯一フォアグラだけが合います。これは理論というよりも、本来のフォアグラの持ち味の風味と甘口ワインとが理屈抜きにマリアージュするのです。次に甘口ワインはブルーチーズと合います。これはしょっぱいと甘いのとの対比の組み合わせです。3つ目がケーキ類の甘いものと甘いワインとの相性の良さです。貴腐ワインをはじめとする甘口ワインはこの三つの場面にしか登場しません。

銀座のマキシムで貴腐ワインのハーフボトルを取って、まずその甘口ワインを前菜のフォアグラのテリーヌに合わせます。そして料理の時は下げさせておいて、メインディッシュを終えて、チーズの時に冷やしておいた貴腐ワインを持ってこさせてブルーチーズと合わせます。

そして最後にデザートワゴンからケーキをいくつか切り分けてもらい、また甘口と合わせます。このように甘口ワインは一夜に３回出番があります。マキシムでこのような楽しみ方を数え切れないほどして、ご案内した方に喜んでいただきました。

では甘いケーキに甘口ワインは合うけれど、コーラではなぜケーキに合わないのでしょうか？それは甘口ワインには酸味があるから合うのです。それほど酸味というのはワインにとって大事な要素なのです。

このワインの酸味についてですが、料理とマリアージュさせるとき、酸味の風味の料理に酸味の強いワインを合わせるのでは、マリアージュをしなくはないですが面白くもなんともないのです。酸味のある料理に酸味の少ないワインを合わせるといったマリアージュももちろんあります。そのマリアージュのバリエーションの豊富さ、目新しさを引き出して顧客を楽しませるのがソムリエの本当の仕事です。

★優れたソムリエの実践例をお話します。

ロオジェの中本シェフソムリエは、「料理にワインをマリアージュさせるのではなく、お客様にワインをマリアージュさせるのです」と言っています。ワインの初心者で、シャブリくらいしか名前を知らない顧客には、その料理にもっとマリアージュするワインがあるのを承知でシャブリを出すのです。するとお客様は「おおシャブリか！」と、知っている銘柄が出てきたことに感激してくれるのです。こういったマリアージュもあるということです。この初心者レベルでは厳格なワインの権威者は引っ込んでいて良いのです。マリアージュさせるという本題からちょっと外れたとしても、今日の趣味のお話の究極のテーマ、すべて“お客様が楽しければ良い”ということに焦点を当てるべきです。

★再度実際のマリアージュのパターンをまとめてみます。

・厳密に、この料理にはこのワインが合うと真剣に合わせるパターン。

これが正統的です。

・お客様の生活している地方のワインで揃えるパターン。

トスカーナ出身の方に、フレンチレストランなのにトスカーナ地方のワインを揃えてマリアージュさせたところ大満足をしてくれました。

・お客様のワインの知識に合わせるパターン。

余り知識のない方には、シャブリや“シャトー”のついたワインを合わせると喜んでいただけます。

・冒険した独創的なマリアージュで合わせるパターン。

新しいもの好みのお客様に喜ばれます。たとえば、料理に誰もがひどい風味と思う“ヴァンジョーヌ”のようなワインを合わせて、ピッタリとマリアージュしたときのお客様の驚きの表情を見て「やった」と思うタイプのソムリエが好きです。

マリアージュの楽しみを探求するようになると、レストランでボトルでワインを取ることよりも、料理に合ったワインを皿ごとに変えていただく、バイザグラスのサービスが楽しく、いつもしていただきたくなります。ゆえにお客様の要望に応えて、バイザグラスでのサービスを進んで行うレストランが優れたレストランといえます。その時ソムリエから「なぜこのワインを選んだのか？」の分かりやすい説明があるべきです。その解説により、料理とワインがもっと美味しくなりますから。

最近このような料理ごとのバイザグラスのサービスをしていただけるレストランが増えてきてありがたいかぎりです。昔は壜ごと貰うのが普通であって、このようなサービスはしてくれなかったのです。

バイザグラスはお店にとっても面倒で、お金もかかりますので、お願いの仕方ですが、バイザグラスをやっていただけるお店に、今日のワインにかけるお金の上限を言って、あとはお任せでグラスワインを出していただくと、思いがけない良いマリアージュが楽しめますのでお薦めします。何といってもお客様の喜ぶ楽しさの度合いが違いますから。

そのようなきめ細かいサービスをしていただけないお店には行かないほうがいいと思います。

私は最高におもてなしをするご接待でも、1本2万円以上のワインは原則取らないようにしています。上限に切りがないからです。

偉大なワインを味わう時は、私は自分で購入した素晴らしいワインを、パンとチーズとでじっくりと味わうことにしています。

最高級クラスのワインでも、美味しくもなんともないワインがあることも事実です。それを「高いだけで、たいしたことない」などと馬鹿にしたら、馬鹿にした味にしかならないのです。欠点をまず見つけるような否定から入るタイプの人は、人生において損をしていると思います。農産物であるワインに百発百中を求めても難しいと思います。期待外れだとしても、めったに飲めないワインなのだから、一期一会を最大限楽しむという姿勢でいたいと思います。

「100万円もするワインを飲んだ」とか、「100万円もするワインを飲んだ人を知っている」とか、ことのほか金額を重んじる人が時としていますが、これはワインというものを全くわかっていません。私は成金趣味を軽蔑します。ワインはお金ではなく文化なのですから。

芸能人のワインあてゲーム、間違ってよく安い方のワインを選びます。それは美味しくて飲みやすいからだと思います。ワインを評価するとき、飲む前に香りだけ慎重にかいでみたらと思います。その方が複雑で良い香りがする方がわかると思うのです。

ワインの評価というのは「言ったもん勝ち」というところがあると思います。

たとえば、一人が「火打石の香りがする」とか「スミレの香りがする」というと、みんな「ふうん」と同調するのです。私を含めてみんなそんな程度と言っては失礼かもしれませんが、でもこれが体験してきた現実です。これで楽しんでいるのですから、愛すべき人たちではないでしょうか。

ワインの「軽い」「重たい」ですが、英語では「ライトボディ」「フルボディ」と言います。このほうがわかりやすいですよね。特に日本語で「重たい」とする重厚なワインを飲むと、渋いのかと誤解する人がいるのです。「渋くないね」というのもわかります。ワインの重口という表現は、下手な日本語です。「重口」の正確な意味は、「豊満な肉体」「圧倒的な迫力」という表現が正しいのです。以前、口に含んで「うーん、重たい」と言っている人がいましたが、どれだけわかっているのでしょうか？

でも、しょせん趣味の世界ですので、いちいちとがめたりしないで、自由に楽しんでいきたいと思います。

◇ワイングラス

ボルドー型とブルゴーニュ型があります。その理由は、ボルドー型はグラスを傾けると、スッと喉の奥まで入っていきます。ボルドーのワインの特徴の渋みは喉の奥で感じるので、スッと入っていって良いのです。

一方、ブルゴーニュ型の金魚鉢のように、先がすぼまっている形のグラスですと、飲みにくいので、口に含むとワインは少しずつ舌の両脇を流れていきます。ブルゴーニュワインの特徴の、酸味というものを感じる部分は、舌の両脇なので、そこにワインを通すことを考えて作られた形なのです。

スワリングとは、注がれたワインのグラスを回すことによってワインを空気にたくさん触れさせる行為です。この回し方ですが、反時計回りに回転させます。この意味は、その回し方で激しく回した場合、グラスを飛び越えたワインは、自分の服にかかってしまいます。

一方、時計回りに激しく回した場合、グラスから飛び出たワインは、相手方の方に飛んでいき、服を汚してしまいます。

ゆえに、この回し方は、相手方に迷惑をかけないという、マナーからきているのです。

家で飲むときでも大きな容量のグラスで飲んだ方が美味しいです。しかし、大きくて高価なグラスから割れていきますね。

そこで最近は、割れる心配のないプラスチック製の大容量のグラスで飲んでいます。軽いし安心なので便利に使っていますが、ガラスと違って、だんだん赤い色がうっすらとグラスについてきています。まあ、家だからいいかと思っています。

安酒屋では小さなワイングラスの方が合う理由は、香りを楽しむというよりも、がぶがぶ飲むのには丈夫で割れにくい、片付けにも適しているグラスの方が実用的だからでしょうか。

★チーズ（8千年の歴史がある）

カマンベール・チーズの誕生のエピソードです。

平等を掲げるフランス革命により、修道院も特権を持っていたので、民衆の襲撃の対象になりました。イルドフランス地方のブリーチーズを作っていた僧侶が、ノルマンジー地方に避難しました。僧侶は、かくまってくれたお礼にチーズの作り方を伝授しました。それで生産されたのがカマンベール・チーズです。だからカマンベール・チーズの歴史はまだ浅いのです。大きさはブリーの方が倍以上大きいですが、チーズ自体の風味は似ているでしょう。

フランス人というのは人まねをとても嫌うようで、たまたま小さな丸い型があったので、それを当てはめてカマンベールを世に生み出したのです。

★ワインの格付け

1855年のパリ万博において、ナポレオン三世の命令によりボルドー市商工会議所によって制定されました。

いまから100年以上前、フィロキセラにより全滅後のボルドーで、初めて病気に強い種類、カベルネ・ソーヴィニヨンが植えられました。それまでの品種はマルベックが主体でした。

その当時、ワインの二大産地で、ブルゴーニュワインが王様で、ボルドーのワインが女王様という表現でした。しかし今の私たちは、どう考えてもボルドーのワインの方が力強いので、こちらが王様の方がぴったりではないかと思うのですが、その当時のボルドーワインがマルベックだとすると、ブルゴーニュが王様であるという表現は正しいのかなとも思います。1855年のボルドーの格付けは、ワインの不作の余波で偽物が横行していたので、消費者のために格付けをしなければならなかった必然がありました。

◇テロワール（土地の個性）について

モンドヴィーノという映画では、カリフォルニアの有名なワイナリー、ロバート・モンダヴィ社に批判的でした。

モンダヴィ社が、フランスやイタリアの弱小ワイナリーに資本を入れると、すぐ樽香を強くして、渋みを軽くして、みな同じような味わいに変えてしまうのです。しかし、それらのワインは、テロワールは失われるがモンダヴィの名前が入ることにより、ワインが有名になり高く売れていくといった内容の映画でした。この、農業と企業との違い、難しいですね。

★フレンチを楽しむために気をつけたい行動の人

テイスティングして、自分の好みに合わないというだけでは返品できません。ブショネ（異常なコルク臭）のときはソムリエに言うと、臭いを確認して交換してくれます。ただし、同じ銘柄の別のボトルを持ってきます。ブショネはボトル全体の５％ほどあると言われていますが、素人ではその判定は難しいときがあります。

よく、グラスを斜めにして色を見たり、もったいぶって時間をかけてテイスティングの儀式をするホストがいますが、皆さん、飲みたくて待っているのですから、早めに済ませるのがスマートと思います。

ワインにこだわりすぎて周りと融和しない人がいます。アマチュアの集まりなのですからこだわりも程々が良いと思います。

年齢も若くまだあまり広く飲んでいないのに、シャンパンはクリュッグとかセロスとか、それ以外はだめなのだと、もう決めている人がいますが、私など今まで結構飲んできていますが、まだあれもこれも素晴らしいと迷宮に迷い込んだままです。この世界は単純に決めることのできない、もっと奥が深い世界であることを理解したいです。ゆえに、決めつけるタイプの人は苦手です。

シェフと仲が良いことを見せびらかす人は見苦しいです。美味しい食事を楽しむことが原点ですから。客も店側も常識的な節度があるべきです。

料理やワインにケチをつけるのも困った行動です。もっと高みを望むならば、もっと対価を支払いなさいと言いたいです。コストパフォーマンスが良くないという指摘は正しい場合がありますが。

丸テーブルでの会食の時、パンやワインがどっちにあるのが自分のものなのか、わからなくなる場合があります。その時の心得です。

親指と人差し指で両手に輪を作ります。左手の指の形は小文字のｂの形になりますね。だから、ブレッド（パン）は左側にあるのです。

右の指の形は、小文字のｄの形ですね。だから、ドリンクは右側のものが自分のグラスなのです。

★まとめ――「楽しい」が目的

趣味なのですから“楽しい”ことが目的です。フランス料理とワインにまつわるエピソードや薀蓄といった、ある程度の知識があればその楽しさを倍増させることができると思いますが、余りにこだわり過ぎる薀蓄や、重箱の隅をつつく知識にまでなってしまうと、集まった皆さんが聞いて本当に楽しめるかという疑問になってしまいます。

素直に“楽しい”という目的から逸脱してしまってはいけないと思います。

ワインセミナーにはまってしまった方に、時々、知識をひけらかす人がいますが､会食の場というのは自分の知識を披露する場ではなく、“皆が楽しく会食する場での会話なのだ”という原点を忘れてはならないのです。初心者ばかりの会食の時と、趣味を深く追求している高度な人たちの集まりの時とでは、自から出す話題のレベルも違ってきて当然です。

ゆえに、自分の知識を聞かれてもいないのに一方的に話すのではなく、聞かれたときに的確な回答を出すというような姿勢でありたいと思います。

私の経験ですが、ミーハーであまりよくわからないうちのほうが、毎夜の驚きが新鮮で楽しかったかも知れません。

今日の会食の場が、どういった場なのかによって、自分の持っている知識を使い分けることが場を和やかにする上手な生き方であると思っています。

感性のない発言や、気がかりな発言などは聞こえなかったことにして、素直に楽しむことだけに集中しましょう。

私たちは、プロではなくアマチュアなのだという原点を忘れずに、少し知っているからといって、あまりこだわりすぎる世界に分け入ることには注意しましょう。何度も言いますが、私たちはアマチュアであり“楽しさ”が究極の目的なのですから。

また、性格が良くないと思い切り楽しむことができないと思います。“フレンチもワインも詳しいけれど、嫌な感じの人”にはならないでください。変な性格では、この素晴らしい趣味も何の価値にもならないのです。人と楽しく会食ができない人は、自身の価値観の何かが間違っているのです。周りにトゲを撒き散らす人は、自分の人生をもっと楽しくするすべを知らないのです。

フランス料理を切り口に、私はこうして楽しんでいますというトーンでお話してきました。結論ですが、“暖かいまなざしで何事も素直に楽しむ姿勢こそ、人生をより豊かにさせるコツである”と心から思っています。

人類の英知の技ともいうべき優れた料理とワインを味わい、ベートーベン、モーツァルト、ヨハン・シュトラウスなどの優れた音楽をたくさん聞いて、優れた絵画・彫刻・建築をたくさん見て、優れた文学をたくさん読んで、優れた偉人の言葉をたくさん吸収して、この世のレベルの高さを知る充実した人生でありたいものです。最高峰はすごいレベルなのだと思っています。人間の能力のすごさは計り知れませんね。

ちょっとした知識で、より楽しい世界が広がります。毎日忙しい皆さんの人生の、たまのオフの日にストレス解消として、美味しいフレンチの趣味で思い切り楽しんでいただくことを願っています。

シャンパンについて

Chapter 2

1　シャンパンとは

「シャンパン」はブランド名です。パリから北東に向かって特急のTGVで約1時間、シャンパーニュ地方で作られたものだけがシャンパンを名乗れます。ある有名な化粧品メーカーが、「シャンパーニュ」と名づけた新しい香水を大々的に発売しましたが、シャンパーニュ地方からの訴訟により、その商標は使えなくなったことがありましたね。

シャンパーニュ地方は、ワイン造りの北限といわれていますが、ブルゴーニュ地方よりも広い面積を持ちます。

北限ゆえに、普通のワインはヴィンテージを表示することが当たり前ですが、シャンパーニュ地方だけは、複数年のワインのブレンドが認められています。だから、年号が入っていなくとも大丈夫です。たまに2009などと年号の入ったシャンパンがありますが、それはブドウの出来が良いため、その年のブドウのみを使ったシャンパンですので、高級な味わいのシャンパンです。

シャンパーニュ地方には、地下のカーヴなど、世界遺産がいくつかあります。シャンパーニュ地方で最も大きな町、ランス(REIMS)には、これも世界遺産の大聖堂があります。フランス国王の戴冠式が9度も行われたフランス屈指の建造物です。隣のエペルネの町の住民は、フランス一の平均所得の高さを誇っています。

その頃のこの地方は、発泡酒はまだ存在していませんから、スチルワインを作っていました。

2　シャンパンの誕生

「発泡性ワイン」というワインの新しい分野を確立したのは、ピエール・ペリニヨン修道士（ドン）です。(1638 − 1715) その頃の修道院は、ワインを生産・販売し、修業僧の生活の糧にしていました。まだコルク栓も知らず、壜の形態も確立しておらず、大方が樽の出荷でした。その樽のことを「トノー」と言い、これが重量を表す「トン」の語源です。

ペリニヨン師はとても感性の高い方だったようで、よく気がつきます。ある時、スペインからはるばる行脚してきた修道僧の肩に下げている水筒の蓋に注目しました。それはスペイン地方に自生しているコルク樫からその厚い皮の部分を剥いで利用したコルク栓でした。それを見て、ワインの壜の栓に用いるとよいではないかと、早速実行したのがペリニヨンでした。それまでは、ワインの栓の主流は巻いた布を口に押し込んだだけだったようです。だから、壜の中で糖分が醗酵して、アルコール分と炭酸ガスとに分解する時も、ガスは適度に抜けていたのです。コルクは、コルク樫の表面の厚みが10センチ近くあろうかというコルクの層をはがしてコルク製造業者に渡します。コルク樫はまた、20年前後経過すると，剥がすまでに厚みが回復してきます。

ある時、ペリニヨン師のいる修道院からイギリス向けに出荷したワインの壜が、ガスの抜けてしまう布でなく、しっかりと栓のできるコルクだったため、壜内二次発酵がおきて発泡してしまい、内圧に耐え切れず壜の爆発が相次ぎ、返品になり、修道院が大打撃をこうむったことが起きました。どのくらいの内気圧かと言いますと、現在法律で定められているシャンパンの内気圧は6気圧あり、これは自動車のタイヤの内気圧とほぼ同じです。

ペリニヨン師の天才と思えるところは、その時、発泡したワインを飲んで「これは新しいワインとしていける！」と、プラス思考で感じたことです。

発泡のお酒も美味しいではないかとか、コルクを栓に採用するなど、新しい価値を発見するといった、マーケティングの元祖のようなペリニヨン師の行動は素晴らしいと思います。

私は、このようなピンチをチャンスに変えた才能に敬意を表したくなります。他の凡庸な責任者であったら、「こんな栓が原因だ」と、コルク栓などやめて、もとの布で栓をすることに戻してそのまま変らずの日常がまた続いていたかと思います。

そして20歳年下の、弟子のルイナールと力を合わせてシャンパーニュ地方独自のワインということで「シャンパン」の製造を確立し、販売に力を注ぎました。このルイナールのいとこが世界最古のシャンパン製造会社を作りました。それが今でも残っている、ルイナールのシャンパンです。

寒冷地で凍ってしまった壜詰めワインが、暖かい季節になり解凍した時に二次発酵が進み、アルコールと炭酸ガスに分解し、爆発したのが発泡ワインの発見ということです。

3　辛口シャンパンの浸透

しかし、偏屈なフランス人には「なんだ！この泡の出る酒は邪道だ」と受け入れられず、当初は主にイギリス・アメリカ・ロシアなどへの輸出が中心でした。

料理の味に音痴と言われるイギリス人からは、なぜかこの泡の出るワインは大好評だったようです。イギリスの評価に影響されてか、フランス本国ではようやく、その後70～80年経ち、マリー・アントワネットの頃（1780年頃）には、ベルサイユ宮殿の宴会でもシャンパンは人気が高まり、正式に受け入れられるようになったのです。

でも、その時のシャンパンはまだ澱を除く技術がなかったため、澱が泡で踊っている濁り酒でした。そして全てのシャンパンはかなりの甘口でした。この地方はブドウ栽培の北限なので、劣悪なブドウ混じりで造るシャンパンは、砂糖を入れて味をごまかしていたのです。

フランスの郷土菓子の、ウフ・ア・ラ・ネージュ〔淡雪卵〕は卵白を泡立てて固めた物を、甘い黄身のソースでいただくとても素朴で美味しいお菓子ですが、その黄身と砂糖を混ぜたソースのことを「ソース・アングレーズ」というのです。アングロサクソン、つまりイギリス人のソースという意味です。それが別名、「バカでもできるソース」と呼ばれているほど、フランス人はイギリス人のことを料理に関しては見下しています。

そのフランスから見下されている、料理には味音痴のイギリスから、お酒では美味しいウイスキーを味わっているからでしょうか、酒の味には敏感なようで、熱烈な申し入れがきて「発泡酒を料理の食中酒にするには、甘すぎてどうも料理に合わないので、甘くないシャンパーニュを作って欲しい」との要望に、初めて真っ向から応えたのがポメリー社です。

マリー・アントワネットの時代までのシャンパンは、ほとんどが、かなりの甘口シャンパンでしたので、ゆえにマリー・アントワネットは、現在のような辛口でとても美味しいシャンパンは残念ながら飲んでいませんでした。

その当時の記録が残っていて、アバウトですが、ロシア向けには糖分の添加は35グラム、アメリカは20グラム、イギリスが最も低く10グラムだったという記録が残っています。

辛口シャンパンを要望していたイギリス人たちは、ポメリー社の辛口シャンパンにたいそう喜び、アメリカ・ロシアなど海外からの購入量が増したため、他のシャンパンメーカーも、ポメリーに倣って辛口シャンパンを造り始めていったのです。以降は辛口が主流になりました。顧客の嗜好が新しい需要を作る典型的な例ですね。

このように、本格的にブリュット(辛口)が世に出されたのは1874年、ポメリー社が初めてですが、それには大変な苦労があったのです。

この辛口シャンパンの製造ですが、単に加糖のグラム数を減らして辛口にするといったような単純な解決策ではダメで、砂糖を加えることで悪いブドウを混ぜていても味わいをごまかせたことがもう通用しないわけです。

ゆえに、まず良いブドウの栽培と選別をしっかりとするところから改良が始まったという大変な作業だったのです。

そして次には、辛口発泡ワインというものは長期熟成しないと旨みが増さないことがわかったので、保管するカーヴの面積がたくさん必要ということになります。そこで石切り場の名残のトンネルのように残っていた、現在熟成させるために使用しているカーヴが活用されたのです。

全てあわせると全長数百キロに及ぶカーヴのある部分は世界遺産になっているほどです。このような根本的な改革を途中あきらめることなく、全て目的のクオリティに到達させた、ポメリー社の開拓精神に敬意を表したくなります。

ひとつ革新するという決断は、かくも大掛かりになるということなのです。

4　シャンパンのグラスについて

現在のシャンパングラスはフルートグラスといって、泡が立ちのぼる姿が良く見える細長いものが主流になっていますが、アントワネットの頃のシャンパングラスは、口が広くて浅いシャンパングラスでした。よくシャンパンタワーでグラスを積み重ねているあのタイプのグラスです。

あのグラスは、お茶目で進歩的な性格のマリー・アントワネットが、面白がって自分の乳房を型にとらせてグラスに仕立てたものです。

5　シャンパン好きな日本人が増えています

こうして、ようやく頑固なフランス人にも定着した発泡性ワインですが、今や人気はうなぎ昇りです。日本でも年々人気は高まり、赤白ワインの輸入量は横這いですが、シャンパンは2000年に300万本の輸入だったものが、2006年には800万本の輸入と倍増しています。人気の理由はただひとつ、「美味しいから」です。

私もワインは、常道のフランスワインの赤白から入って探求していたのですが、シャンパンにめぐり会ってから、この魅力にどっぷりと浸かってしまいました。そして今でもシャンパンのないフレンチは考えられなくなっています。

最近はレストランに入ってドカッと席に座り、メニューを決める前に、まずはグラスシャンパンでほっと息をつく、というのが当たり前になってきています。これはいつも胸がときめく瞬間です。

6　シャンパンはなぜ美味しいのか？

それは、ワインの中に泡を溶け込ませることと同時に、熟成中に酵母が付加するバターリッチのパン、ブリオッシュのような旨みのある香りを閉じ込めることに成功したからです。そのシャンパン一壜に、誰が数えたのか知りませんが、泡の数は200万個あると言われています。

さて、「シャンパン」と名乗ることができるのは、シャンパーニュ地方で製造されたものだけですが、その以外の地方で造られた発泡ワインは「ブリュット」とか「クレマン」「ヴァンムスー」「スプマンテ」「カヴァ」「スパークリングワイン」などと呼ばれます。

シャンパンの内気圧は6気圧ですが、その他の発泡ワインは4気圧程度の軽いものもあります。このうち、クレマンというのは、シャンパーニュ地方で造ってはいないのですが、シャンパンと同じ製法を守って造っている製品だけにクレマンと名乗ることが許されている発泡酒です。このクレマン、シャンパンほど重厚さはなく軽い感じですが、とても美味しいです。ブルゴーニュでは、クレマンしか作っていないというメーカーもあるようです。

ヴァンムスーというのはフランスで作られた発泡酒の総称です。リーズナブルだけに、品質にやや物足りないものがあるかもしれません。

その美味しいシャンパンのフルートグラスを耳に近づけると、シュワシュワという心地よい音がします。これをフランス人は「天使のささやき」と言います。「天使の拍手」という言い方もあり、これはシャンパンではなくフランスパンのことなのですが、バゲットが焼きあがった時のパチパチという音を表現したものです。フランス人とはなんと詩的表現がうまいのでしょうか！

さらに、フランス人はボランジェのスペシャルキュベをカーヴで寝かせている状態を、「彼らは、静かに眠りながら、ボランジェになることを学んでいるのです」と表現します。フランス人の表現力には感服します。

シャンパンは基本的に赤ブドウのピノ・ノワール、ピノ・ムニエ、白ブドウのシャルドネの３種類のブドウの混合です。これらの混合したブドウの役割ですが、

・ピノ・ノワールは、レッド・フルーツのアロマ、ボディと力強さ

・ピノ・ムニエは、柔軟性と果実味、丸み

・シャルドネは、フローラル、ミネラル、フィネス

という、それぞれ特徴を持っています。

ピノ・ムニエのムニエとは、粉（ムニエル）という意味です。ピノ・ムニエのブドウの木の葉が粉を吹いたようになることから、この名がつけられています。

熟成させたそれぞれのワインを混合させてから次の発泡の行程に入ります。

赤ブドウなのにできあがったものが透明なのは、赤い色素となるタンクに浮いている赤ブドウの皮を、色素が沈殿していく前に取り除いてしまうからです。

ロゼシャンパンは、基本的に白90%、赤10%の混合です。混合ロゼはアッサンブラージュという製法によります。赤ブドウの皮を少し残し、色素沈着をコントロールするという、セニエ法という、初めからロゼで造る手の込んだ製法もありますが、少数派です。この方法では、毎年同じ色合いを出すのに相当苦労が要るようです。

黒ブドウ100%のシャンパンをブラン・ド・ノワール(黒の白)といいます。ピノ・ノワール100%も、ピノ・ムニエ100%もあります。コクのあるタイプに仕上がります。

その他、有名な銘柄としては、シャンパンのキングと言われる樽香の素晴らしい「クリュッグ」があり､これはほんとうに美味しいです。製造本数も少なく希少価値です。

7　高品質のシャンパンメーカー

「ドン・ペリニヨン」という高級シャンパンは、製造元のモエ・エ・シャンドン社がイギリス全土に本格的に自社のシャンパンを卸す契約を記念して、1936年に創造した高級シャンパンです。このシャンパンの完成に生涯をかけたペリニヨン師は、17世紀から18世紀の人ですから、自分の名前のついたシャンパンを知らないのです。

高級シャンパンというからには、それなりの堂々とした名前が必要になります。その頃、「ドン・ペリニヨン」という商標を持っていたのは弱小のシャンパンメーカーで、モエ・エ・シャンドン社は、その弱小メーカーにお願いして「ドン・ペリニヨン」の商標を譲り受けたのです。

ドン・ペリニヨンは7年寝かせてから出荷するのが同社の社内品質基準です。だから2018年でようやく2009年のドンペリが手に入る頃ですね。したがって、「2020年のドンペリは美味しかったなあ」などと言う人は、何も知らない「ウソつき」ということになります。

ある時、私はドン・ペリニヨンの垂直テイスティングに参加したことがあります。

最初に飲んだ、リリースしたばかりのドンペリは、やはり泡も生き生きとしていて本当に美味しいのです。次に15年ほど前のヴィンテージをいただきましたが、やはり美味しいのです。

最後に、数十年経ったドンペリが供されました。それを飲んだ感想は、泡が弱く、強い泡の好きな私としては評価がわかりませんでした。そこで、周りの皆さんに評価を聞いてみますと、シャンパン愛好家の皆さんは「素晴らしい！」と言うのです。それで私は「どこが良いのですか？」と尋ねたのです。するとマニアの方たちの答えは、「死にかけた美女って何とも言えず素晴らしいでしょう！」というのでした。その時私は、素直に受け止めることができず、別の価値観を持つ方々がいるのだな、と感じたことがありました。

世界最古のシャンパンメーカーは、1729年創業のルイナール社です。ルイナールというのは、ドン・ペリニヨンの弟弟子で20歳年下でした。その甥のニコラ・ルイナールがシャンパン製造の秘伝を伝授されて創業したのがルイナール社です。同社の壜は、やや太った、だるまのような形が特徴です。ルイナールは、シャンパーニュ地方にある地下の石切り場の跡を、最初に本格的なシャンパンカーヴに利用した会社でもあります。

最大のシャンパンメーカーである「ドン・ペリニヨン」のモエ・エ・シャンドン社の設立は、1743年です。このモエ・エ・シャンドン社の在庫は常に1億本、それが熟成のため地下カーヴに眠っています。

ロゼシャンパンを初めて世に出したのはヴーヴ・クリコ社です。ヴーヴ・クリコ（クリコおばさん）社も大変な功績のある会社で、同社の製造部長のチームが、シャンパンの澱を取り除くルミアージュという方法を発明したのです。

シャンパンもワインですので、澱が溜まります。この澱を取り除こうとしても泡が踊っているため、澱だけ取り除くのは大変なのです。そこで貯蔵所でよく見るように、澱を溜めるために壜を逆さまにして、少しずつ壜を回転させて置いておきます。（この作業をデコルジュマンと言います。）こうして澱が壜の口元に溜まったら、壜を逆さのままドライアイスのプールに挿します。すると壜の口に溜まった澱が凍るので、逆さに戻してコルク栓を開けます。開けた途端、中のガスの勢いで壜の口に溜まった澱はポンと飛んでいってしまうのです。

その後で、なくなった澱の分だけリキュール（門出のリキュールといいます）、あるいは同じシャンパンをプラスして、栓をすれば完成です。このリキュールなどを加える作業のことをドサージュと言います。最近は「ノンドサージュ」という加糖が一切ない極辛口のシャンパンがありますが、何も加えていないので、味がごまかせないのです。ブドウ自体も良いブドウだけ使い、製造工程も熟成も手抜きが一切できないからです。

クリコおばさんは、積極的に海外に輸出を図り、「シャンパン」の名声を高めることに貢献しました。

ローラン・ペリエ社は、オール・ステンレスタンクでフレッシュ感をとても大切にしているメーカーです。それに対しクリュッグ社は、樽香を利かせた、これもまた樽特有の美味しさを最高に味わわせてくれるメーカーです。どちらも中途半端でない独自の個性があります。私はその時の飲みたい気分でこの双極の味わいを選びます。

ポメリー社のフラッグシップ銘柄の「ルイーズ・ポメリー」も本当に美味しいです。各メーカーのフラッグシップ銘柄は、ぜひとも味わうべきです。各メーカー本当に素晴らしい味わいを教えてくれますね。

このようにドン・ペリニヨンから始まって、それぞれの時代、辛口、澱抜きなど、シャンパーニュ地方の各企業が、それぞれのノウハウを持ち寄り、さまざまな優れた人たちのアイデアと努力によって、シャンパンの高品質は確立されていったのです。

8　シャンパーニュ地方について

シャンパーニュ地方は寒冷地であり、ワインの北限なので寒さに弱い白ブドウだけでシャンパンを造るのは困難でした。その難しさにチャレンジし、白ブドウ100%のシャンパンを見事、最初に完成させたのは毛皮商で大金持ちの、飲み手ではあるが素人のウジェーヌ・エメ・サロンでした。これが現在の「サロン」社で、1921年のことです。

毛皮商として成功を収めたウジェーヌ・エメ・サロン氏は、シャンパン好きが嵩じて、自分と友人を楽しませるために、白ブドウだけのシャンパンを造り始めたのです。フランス人にはこういう変わり者が多いのです。

サロン氏は何度も工夫を重ねた末に、これで完成だ、となってから、完成したシャンパンをどこに持って行ったのでしょうか。パリのマキシムに売り込みに行ったのだそうです。マキシムはその頃ダントツ世界一のレストランでした。私が偉いと思うのは、サロン氏は当然のことながら、この素人の持ってきたブラン・ド・ブラン（シャルドネ種100%で造るシャンパン）を門前払いしてもいいのに、その価値を認め、即座に自分のところのハウスシャンパンに採用したマキシムもすごいと思います。

そしてその美味しさにより人気がうなぎ昇りになり現在に至っています。サロンは平均10年寝かせるといった手の込みようです。「最高の年に、最高の技術で醸造したヴィンテージ・シャンパン」をモットーにした「サロン」は飲むアートと言われており、赤ワインのロマネ・コンティと並び称される地位のシャンパンです。

現在、サロン社が全て製造販売をしているわけではありません。ドラモット社が製造の代行をしています。サロンは毎年出るとは限りません。ブドウの良い年だけです。ゆえにサロンとして出すには品質が足りない年は、ドラモット社のシャンパンとして出します。サロンは100年間で、34回しかリリースをしていません。

創始者の名前を取った「サロン」というシャンパンは、いい白ブドウが収穫できた年しか造りません。ですから酒屋で1本4万円くらいします。

白ブドウ100%のシャンパン「ブラン・ド・ブラン」（白の白）は、喉越しに苦味がなく、とてもスッキリさわやかです。真夏に外出から戻り、よく冷やしたブラン・ド・ブランのシャンパンをぐいと飲むことこそ、この世の天国のひとつと言っても過言ではありません。

ちなみに当社の60周年記念の時にお取引先にお持ちしたシャンパンは、ピエール・キャロ社のシャンパンで、ブラン・ド・ブランです。

青リンゴの香りのする素晴らしいシャンパンでした。12年後の現在、あと1本残っています。いつ開けてみるか迷いますね。

シャンパーニュの語源は、平原を意味する「カンパニア」からきています。シャンパーニュ地方の面積は3万ヘクタール以上あり、これはブルゴーニュ地方より広いのです。（ちなみにボルドー地方は12万ヘクタールです。）

シャンパーニュ地方の人気が高まり、それにつれて栽培面積は拡大しています。1840年頃、ドイツ系の人たちがシャンパン作りを始め、メゾンの乱立状態になりました。ドイツ名のクリュッグ、ボランジェ、マム、エドシックなど錚々たる銘柄群です。

シャンパーニュ地方の村の数は350近くあります。そこに作り手が各10社あれば、もう3500種です。さらに各会社が10銘柄作ったとすれば35000銘柄になります。

近年自家農園のブドウを、大手に供給していただけの弱小農家が、自家銘柄のシャンパン作りに目覚め、銘柄数が一気に増えています。この小手による製造のシャンパンのことを、レコルタン・マニピュランといいます。皆、個性豊かなシャンパンです。このレコルタンの世界を探求し始めると、本当に楽しく、誰でもすっかりはまってしまうことでしょう。熱心に、分け入っても分け入っても、優れたメーカーに巡り合うといった無限の旅ですので、こうなるとさすがにすべての味わいは覚え切れません。皆美味しいから、その都度楽しむ一期一会で行くしかないですね。

シャンパーニュの格付けは、ブルゴーニュとは違い、村単位の格付けです。（1919年制定、1985年改定）

グラン・クリュ（特級）の畑は、全部で17村あります。その多くがランスとエペルネという地区に集中しています。

プルミエ・クリュ（1級）の畑は42村あり、格付けなしの村は約

グラン・クリュ 17 の村

ランス地区	☆シュリー　☆ピュイジュー ☆ボーモン・シュル・ヴェル　☆ヴェルズネ ☆マイイ　☆ヴェルジイ
モンターニュ・ド・ランス地区	☆ルヴォワ　☆ブジイ　☆アンボネ
ヴァレ・ド・ラ・マルヌ地区	☆トウール・シュル・マルヌ　☆アイ
エペルネ地区	☆シュイイ　☆オワリイ　☆クラマン ☆アヴィズ　☆ル・メニル・シュル・オジェ ☆オジェ

297 村あります。

9　どうでもよいけど楽しい蘊蓄あれこれ

映画に出てくるシャンパンについてお話ししましょう。

映画「タイタニック」に出てくるハウスシャンパンは、エドシックです。

カンヌ映画祭の公式シャンパンである「パイパー・エドシック」は、ハンフリー・ボガート主演の映画「カサブランカ」(1942 年) で、初めてシャンパンのラベルが大写しに写されたので、それを記念して映画祭のシャンパンになっています。(こう言われているので、私は実際に映画を見てみました。すると、シャンパンのボトルが大写しになったのですが、それは見たこともない銘柄でした。)

浦安のデイズニーアンバサダーホテルのメインダイニングでも、何も銘柄を言わないと、グラスシャンパンはパイパー・エドシックが出てきました。これは別名「ムービー・シャンパン」と呼ばれているほどです。デイズニーも映画の世界で生きているからでしょうか。

映画「007」シリーズには、シャンパンのあるシーンが必ず出てきますが、最初に登場した銘柄は「ドン・ペリニヨン」でした。そして「ボランジェ」になり「テタンジェ」などのヴィンテージものが画面に出てきます。

ボランジェは英国王室御用達のメーカーですので、英国諜報員の007にはぴったりということでしょうか。2002年には、007の新作映画の記念ボトルとして、大きな光る弾丸型のボトルが登場しましたね。

チャーチルが愛した「ポール・ロジェ社のキュヴェ・サー・ウィンストン・チャーチル」は、ドン・ペリニヨンよりもはるかに高価です。良い年しか出てきません。

チャーチルは無類のシャンパン好きで、「戦争に勝利した時こそ、シャンパンほどふさわしい飲み物はない」と言っています。そして、一方「戦争に負けた時は、シャンパンで慰める」とも言っています。要するに理由をつけて毎日飲んでいるわけです。

ある時、チャーチルと軍人たちは別荘にこもって作戦会議を行っていました。取材に訪れた新聞記者の一行は、チャーチルの執事に「この作戦会議はあと何日で終わるのでしょうか？」と尋ねたところ、執事は「あと2～3日で終わるでしょう」と答えたと言います。記者団が「なぜわかるのですか？」と尋ねると、執事は「シャンパンがあと一箱しかないから」と言ったそうです。そして、その通り会議は終わったそうです。

エミール・ガレの白いアネモネが壜に描かれた「ペリエ・ジュレ」は壜を取っておきたくなります。このアネモネは日本産のアネモネだそうです。このような、どうでもいいことの蘊蓄が、私は食事をより美味しくさせることなのだと思っています。その場にぴったりの蘊蓄は楽しいし、有意義であると思います。

ジョセフ・ペリエ社のフラッグシップ・シャンパン、「ジョセフィーヌ」のボトルにも美しい花柄が焼き付けてあります。これは本当に美味しいですが、各社の最高銘柄はなかなか入手できません。売っているのを知ったら即買うべきです。
　ローラン・ペリエ社のフラッグシップ銘柄、「グラン・シェークル（「偉大な世紀」という意味。ルイ14世の時代のことです）」も、新鮮さの極みと言っていいかと思える大好きな味わいです。この名付け親はジスカールデスタン大統領です。
　ロシア皇帝が毒を入れられてもわかるようにと、透明な壜で造らせた「ロデレールのクリスタル」も話題性があり美味しいですね。

　F1グランプリの優勝者が手にして祝う白地に赤の斜めのストライプの入った「マム」というシャンパンは、ラベルが紅白なので、結婚式の乾杯のシャンパンに最もふさわしく、高級な結婚式によく使われます。
　友人の結婚式で、私は乾杯の音頭をおおせつかったことがありました。その時注がれた銘柄が、この「マム」だったのです。私は、乾杯の前のひと言を述べる内容を考えていたのですが、マムが注がれた瞬間、シャンパン好きの私は「皆さん、今日の発泡酒はいつものクレマンと違いますよ！本物のシャンパンですよ！　スパークリングワインではありませんよ！　飲み流してはいけません。ひざまずいて真剣に飲むべきです！」などと思わず言ってしまったのですが、帰りに何人かの方々から「真剣に飲んだらとても美味しく、いつもの発泡酒との違いが分かりました。気づかせていただいてありがとう」と、感謝されたのを思い出しました。さすが新婦はソムリエールでしたから、お気遣いに感謝でした。

　シャンパンには今でも甘口があります。もともと甘口のタイプから流行しだしたのですから当然と言えば当然ですが。その甘口シャンパンでは「ジャック・ボーフォールのドゥミ・セック」が好きです。
　そのほか、人気のジャック・セロス、ジャクソン、ビルカール・サルモン、ピエール・ペテルスをはじめ、書ききれないほどの優れたシャンパンメーカーが目白押しです。

イギリスの酒類専門誌の「ザ・ドリンク・インターナショナル」誌での「最も旬な場所で採用されているシャンパーニュ・トップ10」のランキングを紹介しておきます。

1位 ビルカール・サルモン、2位 モエ・エ・シャンドン、3位 ヴーヴ・クリコ、4位 ボランジェ、5位 ペリエ・ジュエ、6位 ルイナール、7位 ローラン・ペリエ、8位 マム、9位 ルイ・ロデレール、10位 クリュッグ、となっています。

ちゃんと作ったシャンパンは、1本5000円はします。しかし、どのシャンパンも期待を裏切ることはないはずの美味しさです。さらに1本2万円以上するフラッグシップ銘柄などの高級シャンパンは、また別格なのです。

各社の最高キュヴェには特別な名前がついていて、状態の良い年にしかその銘柄は出しません。ぜひ、ひとつずつ入手したものから味わってみてください。その凝縮感は私たちを天国に導いてくれると言っていいほどの幸福感を味わわせてくれます。一口含むとその瞬間から人生がより豊かな気分になります。

私の好きなフラッグシップの銘柄はまだ探求中ですが、サー・ウインストン・チャーチル、グラン・シェークル、ジョセフィーヌ、がトップスリーでしょうか。

モエ社を訪問した時のことです。シャンパンメーカーの案内人は、見学の最後に、私たちに自慢のシャンパンをテイスティングさせてくれました。

「2000年は、よい年なのでシャルドネを50%配合しています。ほら、この素晴らしい出来、私たちをはるか遠くまで連れて行ってくれますね」と幸福そうな笑顔とともに共感するような言葉を投げかけてくれました。

以上、簡単にシャンパンの銘柄のスケッチをしてきましたが、シャンパンの世界の奥行きの深さ・素晴らしさは想像を絶します。たっぷり堪能してください。

シャンパン、なんと素晴らしい世界なのでしょうか。「発砲酒は美味しい。新しいワインの分野だ」という、すべての始まりのこの優れた感性による発見から、過去の品質改良の苦労の長い歴史を思い、それに携わったすべての方々に感謝の気持ちが沸いてきます。

以上、あれこれシャンパンにまつわるお話をしましたが、こんなことは知らなくとも別に何も日常困りません。しかし、人類の築いてきた歴史の質の高さを思う時、この文化的側面が、私たちの日常をひと時でも豊かな気持ちにさせてくれることを思い、シャンパン好きの方への情報提供になると考え、まとめてみました。

精力的に仕事をこなしている現役の皆さん、多忙で困難な仕事の緊張を和らげるのは文化的側面です。硬軟うまく組み合わせていただき、充実した人生を送られることを願っています。

古典料理を味わう

Chapter 3

1　古典料理の会発足の経緯

フレンチの趣味を探求していく中で、かつてその時代時代に一世を風靡した、傑作料理を全く知らないで探求することはできません。

現代フレンチの傑作を堪能した時も、感ずることは、その料理には必ず原点となる料理があるはずです。その元となった料理を踏まえて、現代の感性高いシェフが新作を生み出すのだと思っています。

能の創始者の世阿弥の言葉（諸説あり）に、「守・破・離」という言葉がありますが、まさしく私の言いたいことを言い得ています。

すなわち、必ず立派な前例があるのだから、まず「守」、つまりその現在主流になっている最高峰の芸を細かな部分に至るまで完璧に習得することが大切なことです。そして、その習得したことに自分の感性・工夫を加えて「破」、つまり新たな創作をするのです。そして「離」ということで、離れて行って別の価値観・流儀を確立する、といった手順があると、世阿弥は言っています。

つまり、若くして亡くなった中村勘三郎も言っていることですが、「まず『型』をしっかりと覚えなければ、何事も始まりません。その型を覚えてから、次に自分の個性を出していくことを『型破り』というのです。『型』を覚えてもいないのに、新しいことを始めようとすることを『型なし』というのです」と明快に言っておられます。

ゆえに、フレンチを探求していく場合、原点の古典料理群を、出会ったチャンスの都度味わってみるという姿勢が、奥行きを深くとらえることができて、より充実した趣味になると私は思うのです。

そこで、この巻も、教養には古典料理が必要であると大事に思いページを割きました。

2000年頃、私たちは美食の旅を計画しました。到着したパリに一泊は仕方がないですが、次の日から夫婦4組でバスを仕立てて、オプショナルツアーを試みました。

まず、アルザスに向かいオーベルジュ・ド・リルに宿泊し、夕食と翌日の朝食を楽しみました。予約時刻に案内されたレストランは満席の盛況で、美食倶楽部、ラ・シェーヌ・デ・ロティスール協会のドイツ支部の方々が和気あいあいの食事を楽しんでいました。夕食は何といっても、スペシャリテのガチョウのフォアグラが白眉の美味しさでした。

朝食はイル川のほとり、ホテルの広大な芝生の真ん中に長いテーブルの8席がしつらえてありました。振り返って煉瓦色の急こう配の大屋根を見ると、てっぺんにこさえられた巣でコウノトリが休んでいました。白い大きな鳥ですね。もう一羽は、朝の柔らかな日差しを浴びて、気持ちよさそうに庭の片隅をゆっくりと歩いていました。

川面が朝日にきらめく中、岸辺にどこまでも並んでいる柳の巨木たちからたくさんの枝がしだれてきて、深い緑色のイル川の水面に触れて揺らいでいる美しいさまを見ながら、贅沢にも貸し切り状態の朝食を堪能しました。アルザスだけに10種類ものハム・ソーセージ類の美味しいこと、小鳥のさえずりを聞きながら、ここはまさに天国かと思えるような満足感を覚えました。

そして、日中はブルゴーニュのワイン街道をひたすら下っていきました。皆、お昼抜きでちょうどよい腹持ちです。さしかかったシュバリエ・モンラッシェの畑の隅に掘立小屋があり、中に可愛らしい女の子が一人、ワインを売っていました。テイスティングはタダだというので、皆で味見をしました。誰も買わないのがわかったので、せめてお礼にと、壜に詰めたばかりらしいシュバリエ・モンラッシェを1本買いました。なんと1本2000円とは、なんて安いのだろうかと思いました。

そして夕方、アラン・シャペルに到着しました。赤い制服を着た中学生くらいの可愛い少年に荷物を下ろしてもらい、レストランに行きました。スペシャリテの若鶏のヴェッシー包みは何度も食べているので、コースにはなかったものの、とても良い料理でした。

私が、シャペルの食後の小菓子の定番、“アーモンドの砂糖まぶし”を懐かし気にコメントしていたら、部屋に戻るとベッドの上に一袋、先ほどの小菓子が置いてあったのです。優れたサービスに感動しました。

そしてまたバスに揺られて、3日目はトロワグロに宿泊しました。部屋に入るとサイドテーブルに、色とりどりの銀紙でくるんだチョコレートなどの小菓子が置いてありました。さすがレストランのホテルと思いました。

夕食まで、中庭のベンチでめいめい食前酒をいただいて待機しました。庭のあちこちにスカンポが咲いているので、これを採ってソースにしたという記述を思い出しました。

お呼びがかかって「こちらへどうぞ」と案内されると、そこはレストランではなく、ピカピカに磨き上げられた大厨房でした。当主のミッシェル・トロワグロさんが私たちを出迎え、一人一人に握手をしてくれました。コックさんたちは皆、準備作業で忙しく立ち働いているなかに、この厨房を見せるというサービスにまた感動してしまいました。

食事は皆さんの合意で、トロワグロで最も有名な料理“ソーモン・オゼイユ（鮭の薄切り酢寒波風味のソース)”をメインにいただきました。鮭はずっと高級魚でした。それを薄く四角く切って、フライパンの表面に、表と裏とをリズムよく、一、二、という感じで当てるだけの火の通し方です。

日本でも、何度も食べている美味しいメニューですが、とうとう本家を味わえるという幸せを感じました。スカンポはレモンより酸味があると言われています。ゆえにスカンポのスは酸と書くようです。

翌日の朝食がまた素晴らしかったです。ハム・ソーセージはもとより、魅力的な卵料理が幾種類もあって、何から食べるか本当に迷いました。プリンまであるのです。お皿の上に白い塊があるので何だろうとよく見たら、それは蜂蜜に浸った蜂の巣でした。ナイフですっと切れる柔らかさです。食べてみると食感も含めて蜂蜜よりも美味しいのではないかと思った次第です。

皆さんにも、美食のショートトリップをぜひお勧めします。4泊6日くらいの小旅行でないと、お腹が満腹になってしまいます。ぜひとも、ちょっと行こうかといった、短い充実した旅行を何度も行くことをお勧めします。

料金は、ちょうど円高でもありましたので、三つ星三軒とも、宿泊もディナーも一人1万円強ほどのリーズナブルさでした。パリだけが異常に高いのであると思います。

さて、楽しい旅行の話から、古典料理の会を始めたきっかけの本題に戻ります。

この楽しい旅行が忘れられず、もう一度“ソーモン・オゼイユ”が食べたくなって、京橋の有名なレストランに行きました。当日のメニューにはないものの、差し替えてお出しできますとのことで、楽しみに待っていました。

いよいよ“ソーモン・オゼイユ”がきました。一口食べてみました。すると、ちっとも酸っぱくないのです。「おやっ？」と思ってもう一口食べました。やはり普通のバターソースなのでした。私はお皿の上に顔を向けたまま、頭の中に「？？？」がしばらく浮かんでいました。「これはスカンポでなく、よく似ているホウレンソウではないか？」と思いました。すると、私の動向を見ていたのでしょう、巨匠がやってきてくれて、言い訳だと思いますが「僕が習ったときはこういう味だったんだよ」というのです。確かに、初めはバターソースでソーモンを出していたそうです。そして途中から庭で摘んだスカンポを加えるアイデアを出して、この料理が完成し一世を風靡したのです。だから、初めの味わいなどをお客様は求めていないで、この有名な三つ星料理の味わいを求めてくるのですから、そんな言い訳は通用しないのです。

私は争いを好まないタイプなので、その場は「そうですか！」と納得したような返事をしましたが、何とも不満がたまってきました。偉い人ほど大ウソを言うのでしょうか？

そして美食の友人たちと会食をしているときにも、「こんな目にあったんだよ。こんな風に勝手にレシピを変えるようなことが過去の有名な料理に起きたら、それこそ、酸味のソースとバターソースでは、合わせるワインも違ってきてしまう。アレンジされた方の料理を食べた人が、『この料理には絶対にこのワインだ！』と言われたら、それはそれで、その味でマリアージュするでしょうが、せっかくの古典料理の財産が、合わせるワインとともにめちゃくちゃになってしまう」と私がたびたびこぼすので、皆が「レストランにお願いして一世を風靡した古典料理を皆で味わってみたいですね！」という話になったのでした。

実際の古典料理については、私の持っているレシピ本、「ヨーロッパ美食の殿堂」など数冊を、快く引き受けていただいたレストランに届けて、「この中からコースを組んでください」とお願いする形でスタートしました。
そして10年が経ち、古典料理の会も50回を超えるまでになりました。各回、シェフはたった一回の、十数名のために赤字覚悟でやっていただきました。どの会も力作揃いで、紙面の関係ですべて掲載することはできないのが残念ですが、ぜひともお読みいただき、立体的に、様々な優れた料理の歴史を感じていただければと願っています。

2 歴代マキシム料理長ゆかりの古典料理

今日は、現在椿山荘のカメリアの料理長で、元マキシム・ド・パリ料理長の、ダニエル・パケさんによる、歴代のマキシム料理長ゆかりの古典料理の会です。
松崎沙織さんのプロデュースによる古典料理の会も、徐々に知名度も上がり定着してきて、今回は一世を風靡したレストラン、マキシムの料理ということもあり、16名という賑やかさになりました。
最初は、ニコラ・フィアットで乾杯です。この酸味のしっかりとしたシャンパンは、今日の梅雨空を払拭してくれる一杯となりました。
アミューズは、ウズラの卵のクルスタード、オシェトラキャビア添えです。これは、マダム・マギー・ヴォーダブラの作品です。まったりとしたマヨネーズのようなクリーム色のソースに厚く覆われた半熟卵が二つ、上にキャビアが載って供されました。キャビアも塩味が軽く、全体に優しい味でした。
前菜は、アトランティック・オマールのメダリオン・サラダロワイヤルです。丸い形にスライスされたオマールの両脇に、新じゃがいもとビーツが、これも丸い形にスライスされています。それに、ヴィシソワーズソースを、オリヴィエ・ゴーラン支配人とアシスタントの方が、手際よく皆さんのお皿にかけていきます。このように、サービスで丁寧にひと手間加えるのがマキシムのスタイルです。なぜこの料理をロワイヤル（王様風）と言うのかは、昔からそう言われているからということで、明確な答えはなかったです。こういった謂れも、本当は大事にしたいのです。この料理は、1955年～1968年まで、シェフを務めた、アレックス・ハンバートの作品です。

この料理に、ビショー社のシャブリ2011年を合わせました。シャブリは、特徴のある酸味とミネラル感が良く出ていて、すんなりと料理にマリアージュしていました。何も気が付かないで、すっと飲んでしまうということは、料理とワインとが最高のマリアージュをしているからです。

★ やっとめぐり逢えた伝説のムール貝ポタージュ

次の、期待していたスープは、40年ほど前の辻静雄の著書に、「マキシムは、深夜まで開いているから便利だ。仕事の打ち合わせを終えてから、いつも私は、ポタージュ・ビリビで始めて……」と、大変お好みだった様子の、伝説のムール貝のポタージュです。

昨日から、シェフ専用の厨房にこもりきりで、今日の食事会に備えていたパケさんから、「16人の方にお出しするこのスープのために、大量の白ワインと、ムール貝を5キロほど使いました」との解説がありました。ポタージュ・ビリビは、ムール貝の風味の香る期待通りの素晴らしい味でした。この料理は、辻静雄の著作からの情報で、以前から食べたかった料理のひとつでした。

一説によると、このスープは、マキシムのオリジナルではないそうです。第二次大戦終結時、パリに進駐していたアメリカ兵たちが、クラムチャウダーが好きで、似たような料理をビストロで作らせていたものを、当時から大レストランであったマキシムにも、このスープの評判を聞いたお客様から要請があり、マキシムは要請通り、当時のシェフのバルト氏がマキシムらしくより洗練させてメニューに加えた、ということのようです。

ようやくこの、有名なスープをオリジナルの味そのままに、皆さんと共に食べることができて幸せです。古典料理の会の意義というのは、昔からある古典料理を、原型に忠実に再現してもらって、現代の方にしっかりと味を覚えていただき、次世代に伝えていってほしいという動機から始めたものです。今日の一夜も、本当に有意義な一夜と思い、大きな感謝の気持ちが起きてきます。

さて、魚料理は、待っていましたと言いたくなる、マキシムで最も有名な料理、ドーバー産舌平目のブレゼ、アルベール風です。アルベール・ブラゼ氏というのは、マキシム史上、最も有名なメートル・ドテルの名前です。この時代のマキシムがその歴史の中で、世界で唯一無二の豪華なレストランと呼ばれ、全盛期であった頃と思います。

この料理の考案者は、デルクマ・マナージュ氏だということです。

★デクパージュは、文化遺産フランス料理のひとつ

しかも、オリヴィエさんによる、今時珍しいデクパージュが披露されました。ここまでやってくれるとは思わなかったので、一同大感激で、カメラの数が大変でした。

パン粉のついたカリカリの上の部分と、下半分の柔らかな肉の部分の間に骨があります。それをオリヴィエさんは、どこも折らずに一発でいとも簡単に取り除きました。

私は、銀座のマキシム・ド・パリにお客様をご案内すると、必ず、アラカルトメニューから、デクパージュをしてくれるはずのメニューを選んで、お客様と共に、目の前で展開するゲリドン・サービスを楽しむことにしています。そのメニュー群とは、たとえば、シーザーズサラダ、舌平目のブレゼ、鴨の洋桃添え、クレープシュゼットなど、皆、見事なサービスなのです。

このような、お客様の目の前で取り分けるサービスも、ユネスコ文化遺産になったフランス料理の重要な文化のひとつと思います。面倒だからとは言わないで、この文化遺産もしっかりと、高級店は、技術を磨いて守っていってほしいと願います。

この舌平目のフレンチベルモットソースのまったりした甘さ、パケさんの再現、見事でした。また、芸が細かくて、本来は、ソースと一緒に入っているエクレヴィス（ざりがに）が日本では使えないので、細かく切ったオマールを代用で入れてくれていました。

この料理には、2009年のプイイ・フュメを合わせてくれました。

さて、メインは、シャラン産鴨のロティ、洋桃添えです。この料理の発案者の、ミッシェル・メナール料理長（1968年～2002年）は、パケさんの兄弟子らしいです。

この料理に、マキシムの名物、ポンム・スフレを添えていました。これは、温度のちがう2種類の油に入れることにより、ポテトを風船のように膨らませる技法です。まだ、確立していないらしく、全部が成功するとは限らない、面倒な調理をわざわざ、私たちのために行ってくれる力の入れように心から敬意を表します。

銀座のマキシムでは、いつもカヌトン（オスの仔鴨）を使いますが、今日は、カナール（オスの親鴨）です。ちなみに、メスの親鴨は、キャヌ、メスの仔鴨はキャネットと呼びます。鴨を食べるのに、4種類も呼び名を分けるなんて、さすが、フランスは、美食大国ですね。

この鴨も、オリヴィエさんによるデクパージュがありました。皆さん、やんやの喝采です。厨房から調理されてきた丸ごとの鴨を、眼前でデクパージュしますが、おなかの部分が丁度よく焼けていても、腕の内側の部分は、まだ生焼けなのです。そこで、両腕を切り取ってそれを厨房に下げさせます。この部分は、後ほど、もう一度焼いてほぐし、グリーンサラダと共に、出されます。ひとつで違う部位を二度味わう料理まで、今日は完璧に再現してくれました。これも、こういった時でないと、見ることができなくなりました。

この鴨料理に、ジヴレー・シャンベルタン2007年を合わせました。とてもまろやかと思ったら、7時間前に抜栓して用意してくれていたようです。

オリヴィエさんが言います。「デカンターは、時間がない時行うものです。今日のように、あらかじめ分かっている時は、早めの抜栓のほうが、特にデリケートな部分のあるブルゴーニュには良いのです」と。その通りと思います。本当に美味しいマリアージュでした。

★デザートは「陽気な未亡人」

そして、デザートは、クレープ・ヴーヴ・ジョワイヤーズです。これは1950年～1980年まで、パテシエを務め上げた、モーリス・フェルノさんのデザートです。

陽気な未亡人という名前の付いたこのデザートは、中に入っている大量のクリームが、強いレモン風味なのです。引き締まった良いデザートと思いました。これが甘いだけのクリームだったら、途中で食べ飽きてしまうでしょう。

ところでこの、陽気な未亡人というのは面白いネーミングです。マキシムの全盛期には、世界中の大金持ちがたくさんお客としてきていました。そのお客に、未亡人と称して、上品な娼婦のような女性たちが、お店にたむろしていた時期があったということです。そして、食事をする大広間の上の階には、密会する小部屋がいくつもあったようです。マキシムは、そういった要人たちの要望も受け入れていた特別なお店だったのです。マキシムから、古くなったソファがゴミ置き場に捨てられると、そのクッションをはがしてみると、指輪とか宝石とかがはさまっていくつも出てきたと言います。お金持ちたちは、指輪をなくしても、頓着しなかったということのようですね。

ちなみに1920年代、ブラン・ド・ブランを初めて世に出した、大金持ちの毛皮商、ウジェーヌ・エメ・サロンが最初に持っていったレストランが、Chapter2の8でも紹介したように当時世界最高峰であったマキシムなのです。サロンさんも見識があったと思いますが、それを即受け入れたマキシムも目利きだったと思います。

さて、小菓子にコーヒーです。グレープフルーツのザボン漬け風も懐かしいのですが、ブランデーに漬けた干しブドウにチョコレートのコーティングをした、昔ながらの小菓子に感動しました。

さて、10時も過ぎ、この素晴らしい一夜もついにお開きの時間になりました。

今日も大満足で帰宅しました。

このような、完璧な古典料理の会、年に何回かのペースで末長く続くことを願っています。うちでも開いても良いよと思うお店がありましたら、ぜひ、松崎沙織さんまでご連絡していただきたいと思います。私たちも楽しみにしています。

3　気持ちは昔のイタリアにタイムスリップ

今日は、麻布十番のイタリア古典料理の店、グリーゼに行きました。

グリーゼの本業はケータリングサービスで、来月は、ドン・ペリニヨンの2004年の発売を記念しての500人からの立食パーティーを受けたそうです。

古典料理はそのかたわら趣味でやっている感じだそうですが、時代考証の真剣さ、確かさには頭が下がってしまう、私の大好きなお店です。

今日は、「レ・トレラネのメニューから」と題したコースです。副題は、レオナルドとボッチチェリの料理となっています。

レ・トレラネとはイタリア語で、どういう意味があるのかわかりませんが、三匹という意味です。この店は、若き日のレオナルド・ダ・ヴィンチと同い年の親友で、有名な画家のボッチチェリの息子さんとが、共同オーナーで開いたお店だそうです。

ダ・ヴィンチは16歳の時、料理人を目指して入店しました。彼の料理は最初から全力投球のようで、才能がありすぎて今でいうヌーベル・キュイジーヌのような、だれも見たことのない料理を考案していたそうです。それを、料理店の店主が、苦々しく思って「お客には肉の塊を出しておけばよいのだ」と、レオナルドは首になってしまったのです。そこで、あきらめきれないレオナルドは、親友のボッチチェリを誘って、共同オーナーでお店を出したのです。

ダ・ヴィンチの料理本には、レオナルドの料理スケッチがいくつも載っています。

レオナルドは19歳までの3年余りの間に、ナプキンがあると便利だと、実用化を考案したり、食器洗い機も考案した、やはり当時の時代のはるか先を行っていた天才のようでした。周囲の人たちに理解されないのもわかりますね。

さて、軽やかなスプマンテで乾杯です。付け出しは、小さなパンの上に載った、タラのムースです。

最初は、現代の料理で、マグロのタルタル、アボガド、メロン、中央にペルシアンブルーの色の岩塩の載った大きな丸いタルトです。

さて、イースト菌の入っていない、薄いおせんべいのようなサルディニアのカラサオというパンがきました。バジルの刻みが振ってあり、香ばしく美味しいです。イタリアでのパンの起源というのは、エジプトあたりから入ってきたようで、当時は平べったいパンが普通だったそうです。

さて、古典料理のコースですが、前菜は、蛙のフリット、ラデイッキオ（チコリ）のクリーム添えです。鶏肉のように柔らかい蛙の腿肉と、やや苦みのある薄紫色のチコリのムースが味わい深く良い前菜でした。

支配人のマテラさんが当時の状況を話してくれます。「料理店といっても、今のように肉屋や魚屋が、便利に買いたいだけ売りにきてくれることなどがないので、店主は、料理に出す素材を、魚も肉も野菜も、自分で獲りに行ったのです。そんな時代が長く続いたのですよ」と、言われてみればそうだなと思います。

人類は、どの人種もまず、海からということで、魚や貝の捕獲から食糧の調達の歴史が始まったということです。

この料理に、ピエモンテのバローロの白、ロマロという地区のアルネイスがグラスで出されました。ブドウの名前までわかりませんでしたが、風味が豊かで、チコリの苦みともマリアージュしていました。

次の古典は、イワシの炭火焼きです。月桂樹の葉と、小イワシとが円を描くように並べてあります。ダ・ヴィンチの料理本の写真にあるように、彼は円を描くデザインが好きだったようですね。

ここで、マテラさんが、昔からある塩を5種類持ってきてくれました。私は、ミント風味の塩と、ウオールナットの木で燻した燻製の塩とを、つまんで舐めてみました。本当に美味しい味でした。昔からのこのバリエーションの豊富さに感動です。そのうちの石炭のように真黒い塩がイワシにも振りかけてあります。イワシは冷製かと思ったら温かい調理でした。新鮮なので、臭みが全くなく、美味しかったです。月桂樹の葉は硬かったけれど、香りが良いので全部食べてしまいました。

マテラさんがこぼします。「今、日本はイタリア料理が盛んなのですが、イタリア料理というよりも、イタリア風といったようなお店が多いですね。調理法がちょっと違うなと思うような有名店がけっこうあるのですよ。カルボナーラも、イタリアでは、卵だけをからませるので、クリームは入れません。入れるチーズの種類も決まっているのです。これだけ乱れてくると、この先どうなっていくのか、原点を失うことが心配です」と、私がいつも心配しているような心配を彼から聞けて、全く同感で嬉しかったです。

次の料理はパンのパスタ・キジのラグーソースです。マテラさんが、「これは美味しいですよ。イタリア人は皆、口は話すためでなく、食べるためにあると思っています」と、笑いながらサーブしてくれます。

「昔は、食料が大切だったので、固くなったパンを捨てることなどしないで、水に浸して柔らかくして、それからパスタを作ったのです。小麦粉は一切加えていません」と解説してくれました。確かに、このきしめん状のパスタは腰が強いです。しかし、違和感はなく、また、キジのミートソースが味わい深く美味しいです。

この料理に、プーリア州のデイマスドネリアという赤ワイン、グラスでいただきました。渋くなく、香りが高く、本当に私の好きなタイプのワインです。

次はビーツ（赤カブ）のラビオリ・ゴルゴンゾーラソースです。この料理に、黒トリフを削って皆にかけてくれました。昔、こういった料理に使うチーズというのは、古くなって食べ頃が過ぎたチーズを無駄にしないように煮込み料理などに活用したのだそうです。

「トリフという食材は昔からあったようですが、大昔は、豚が何か掘って食べているな、といったように今ほど騒がなかった様子でした。珍重されてきたのは、せいぜいこの100年です。フランス人は、面白い素材や謂れのあるワインを見つけると、尊重して高く売るのが上手なのです。だからイタリア、フランス、どちらのトリフが良いかという質問ですが、きっと、どっちも譲らないので、答えが出ないと思いますよ」と楽しく解説してくれました。

そして、メイン料理は、パルマ産のポークのフィレ・ポルチーニ茸添えです。ポルチーニは小さく刻んでマデラソースのような濃い味を付けて、パンの上に載せてあります。付け合わせの、大きめの干しブドウの赤ワイン漬けが美味しかったです。

昔は牛はあまり食べず、もっぱら庶民は肉といえば豚肉だったそうです。

最後のデザートですが、大真面目に「昔は果物しか甘味はなかったので、今日は出しません」と言いながら、何かしているなと思ったら、クロカンティーノという、ウォルナッツとヘーゼルナッツの堂々とした硬めのアイスクリームを出してくれました。

そしてスポンジケーキのような小菓子とエスプレッソでおしまいです。このエスプレッソも、昔の小さな容器に入れて、昔の製法で淹れてくれました。

今日も、イタリアの昔にタイムスリップしたような気分を味わって、大満足でお店を後にしました。

4　なかなか正解が得られないワインの銘柄当て

今日は、フロリレージュでの、今年最後の古典料理の会です。忙しいにもかかわらず、川手シェフは二回目の古典料理を快く引き受けてくれました。この会は段々人気が出てきて、今日のお昼は、16名の貸し切りで行うことができました。集まった方々は、フレンチに造詣が深く、目的が一致しているので、レベルの高い和気あいあいの様相です。

最初に、大きなお皿で、たき火の跡のように、たくさんのほうじ茶の葉を枯葉に見立ててスモークした中に、長さ小指ほどの小さなサツマイモが埋まっている一品がお通しとして出されました。まだ、煙が出ているような、お茶の良い香りがしています。このような驚きのある出し方こそ、フロリレージュの面目躍如ですね。

それに、ウェルカムシャンパン、フルーリーが美味しいです。ピノ85%の濃い目の色合いです。

次に、アミューズです。三重県産の生エスカルゴのエスカルゴ・バターソースです。殻の中には、小さなクルトンも入っています。これぞ、フランス中で昔から食べられている定番の古典料理ですね。フランスでも、生のエスカルゴは普通、6月しか食べられないのです。今日もなんと贅沢なスタートでしょうか。

次の料理の白ワインがまず注がれました。例によって名前を明かしません。そして、前菜の料理は、コート・ダ・ジュールの三つ星、ルイ・ウーティエ氏のロワジス（オアシス）のスペシャリテ、フォアグラ入りブリオッシュ、和栗・栗のピューレ・コンソメジュレ添えです。ルイ・ウーティエさんと聞くと、20年以上前に、今はなき大阪の高級ホテル、ザ・プラザの最上階の高級フレンチレストラン、ランデヴー・グリルのメニュー指導をしていて、何時行ってもめっぽう美味しかったことが思い出されます。その時の料理長、ステファン・ランボーさんは、ロワジスかどうか定かではありませんが、今、二つ星の料理長でご活躍だと聞いています。

皆さん、白ワインを味わっても、銘柄がなかなか言えません。やや甘い感じもあるので、フォアグラ料理と聞いて、そこから推測し、フォアグラに相性の良いアルザスではないかという方がいましたが、私は、シャープな酸味がないので、アルザスではないと思いました。しかし、地域を当てるまでにはいきません。ここでボトルがきて正解が分かります。正解は、ロワールのアンジュ地方のシュナンブラン、2011年ヴァン・ド・ターブル・ラ・リューヌというワインでした。美味しいのに、何か条件を違えたので、ヴァン・ド・ターブル格になっているワインだそうです。ほのかな甘み、フォアグラに合います。

次は魚です。舌平目のスフレ、ルドワイヤン風です。鳥取産の小ぶりな舌平目の背中を割いて、そこに新鮮なホタテのムースを詰め、ソースはエビの殻から取った濃厚なアメリケーヌ・ソース・マッシュルーム添えです。濃いピンクのソースがお皿たっぷりです。

ルドワイヤンというお店は、パリのある広大な公園の中にある一軒家のレストランです。30年前になりますが、私が行った時は二つ星でした。現在、優れた女性シェフに替わったら、たちまち三つ星を取ってしまった優れたお店です。特に景観が林の中にあるお店という点で、日比谷公園内の料理店、松本楼を彷彿とさせるお店でした。お店も公園もパリのほうが数倍のボリュームではありますが。

この料理はアメリケーヌ・ソースが素晴らしい味で、一同大満足でした。「久しぶりにパンでソースをぬぐった」と言われる方もいて、私は嬉しい気持ちです。ソースたっぷりなのが古典料理ですから。

これにまた、ブラインドで白ワインが注がれました。味わって、シャルドネかなと思うだけで、それ以上は分かりません。正解は2009年ムルソーでした。シャブリよりまろやかなことを思えば、マコンかムルソーなのですね。また、オマールエビにシャルドネは、昔からある、マリアージュの基本中の基本です。それなのに、正解をちゃんと答えられませんでした。

そして、メインは、何と、本物のベッシー（豚の膀胱）に入った若鳥の料理です。

肥育鶏（プーラルド）のヴェッシー包み煮マリューズ・ヴェタール風という、フェルナン・ポワンのスペシャリテです。これに工夫を加えたのが、アラン・シャペルです。シャペルのスタイルは、ポワンのこのスペシャリテに、ソースに溶かしたフォアグラを加えて濃厚なソースにし、さらに野菜を数種類、小さな大根やニンジン、ネギなどを加えました。シャペルのスペシャリテは、代官山のラ・ジュネスで味わうことができます。

川手シェフが自ら回って、コンソメスープのようなソースを、切り分けた各自のお皿に注いでくれました。「本当のヴェッシーを使いましたので、若干膀胱の匂いがするのが良いですよ。このコンソメも、ノンフィルターです。煮だした味を全て味わってほしいと思い、あえて漉しませんでした」と説明してくれました。コンソメのソースが、添えられたスペルト小麦に浸み込んで本当に美味しいです。

これにブルゴーニュの色の赤ワインが注がれました。また皆いろいろな名前が飛び交います。美味しいので、私はニュイ・サン・ジョルジュの良い造り手のワインかなと思いました。ところが正解は、なんと、2007年ジャック・カーシュのエシェゾーでした。美味しいわけでした。エシェゾーは久しぶりでした。

途中で、もう一本、ボルドー・タイプのグラスに、松崎さんの持ってこられたマグナム・ボトルの別な赤ワインが注がれました。ボルドーではないフランスというヒントなので、私は先日飲んだ、南フランスのマルベックのワインに似ていると思いました。しかし、正解は、ラングドック地方の2010年テラス・ド・ラルザックで、ブドウは、グルナッシュ60%、後はシラーとカリニャンでした。

標高400メートルのやや高地の畑で栽培されたブドウによるこのワインは、シラーのような黒っぽい色でも、酸味の浅いまったり感もなく、スッキリしていて心地良い酸味があり、美味しいワインでした。

皆さん、ここまで珍しい古典料理を味わって大満足のようです。しかし、想像していた「バターリッチすぎて、食べにくい」ということまではないと言ってくれます。きっと川手シェフの味付けも上手なのでしょう。

そして、デザートは、シャンパーニュ地方と、コンデ地方の境界にある名店、オーベルジュ・ド・コンデからの、リンゴのクレープ・カルヴァドス風味です。古典の本ではリンゴでなくパイナップルを使用していましたが、川手シェフは、今の季節なので主菜をリンゴに変えて創りました。粉砂糖がかかった上下の小さな薄いクレープに、すったリンゴなどをたっぷりと挟んで、バニラアイスクリームを添えています。目の前で取手のついた容器から、炎の立ち上るカルヴァドスをスプーンで掛けてくれました。

このデザートにもお酒が付いています。2%程度のアルコールのシードルに、カルヴァドスを加えたこのお酒も美味しくいただききました。

そして、コーヒーと、食べられる大振りなホウズキの砂糖掛けです。

お開きになり、16名、今日も大満足でした。12時から始まった古典の会も、気が付くと3時を回っていました。松崎さんの、各会、事前訪問での、ランチを食べながらの打ち合わせなどが綿密だから、いつもスムースに運ぶのだと感謝しています。ここまでの大きな会に育成いただいた松崎さんが、持ち出しにならないかいつも心配しています。

次回は、日本では珍しい、ミッシェル・ゲラールのスペシャリテを味わう会が1月25日土曜日のお昼に決まりました。次いで、3月には浅草のオマージュで2回目の古典料理があります。そして5月には、池尻大橋のオギノさんが、再度古典料理の会を開いていただけるよう

フロリレージュ　古典料理の会

です。オギノさんといえば3年ほど前、ロアジスのびっくりトリフや、60年も前、フェルナン・ポワンと両横綱だった、ラ・コート・ドールのアレクサンドル・デユメーヌの超スペシャリテ、若鳥のアレクサンドル・デユメーヌ風、そしてラセールのスペシャリテ・デザート、タンバルエリゼなどが懐しく思い出されます。まだ食していない方に、ぜひこのあたりから、メニューを組んでいただければと願っています。

ただし、オギノさんの個室は12名止まりなので、皆さんが参加できるか心配です。

温故知新という言葉がありますが、時に古典料理を味わっていただき、現代料理との関連をいろいろと感じていただきたいと願っています。

5　完璧なミッシェル・ゲラール料理の再現

1990年代から三つ星を獲得している、ミッシェル・ゲラールのある、温泉保養地、ウジェニー・レ・バンの位置は、ピレネー山脈の裾野で、スペイン国境までそう遠くないという位置にあります。なぜ、彼はこのような、フランスの都市から離れた僻地にお店を出したのでしょうか。

ゲラールは、パリで、ル・ポトフという店を史上最速の速さで二つ星に昇格させ、超人気店に育てたのですが、その絶頂期に、容赦ない区画整理の道路予定地としてその店を失ってしまったのでした。ゲラールは、頂点からどん底に突き落とされたように思い、目標を失い、自暴自棄になり、暴飲暴食から体を壊して、この保養所に療養にやってきたというわけです。

ではなぜ、フランスにも数ある保養所の中から、選んでこの保養所にきたのかということですが、それは、落ち込んだ時期に出逢って、恋愛結婚した女性の実家が、この地区で温泉をいくつも経営している事業家だったからです。妻の勧めで夫がその長期療養施設にやってきたというわけです。

やがて体力も回復した彼は、この地で新しいコンセプトを打ち出したのです。それが、減量を目的とした、温泉療養と三つ星レストランとの融合というものでした。特に減量コースというのは500キロカロリーしかない、世界に二つとない三つ星料理です。

1990年代までに、日本にこなかった三つ星シェフは、唯一、この、ミッシェル・ゲラールだけでした。そのほかの16人は、来日時、私はすべてのシェフの料理を食べています。その料理は、さぞかし美味しいだろうと思われるでしょうが、あまり良い印象はありません。それは、慣れない日本人のスタッフが、ぶっつけ本番のように料理を作るのですから、シェフも本気ではないような感じが多かったのです。日本は見下されて、馬鹿にされていたのでしょうか。また、呼ばれたことに思いあがって、物見遊山のような姿勢でくるシェフもいて、毎回、本当に美味しかったかという点では、今思うと随分疑問でした。

その頃と比べて、現代のフレンチのレベルは格段に底上げしていると私は思います。そのように進化したこの時代に、漸く、そのゲラールのエスプリを味わえることができると思いますと、本当に嬉しい気持ちです。

今日のお昼は、麻布十番のモワルーズにて、ミッシェル・ゲラールの古典料理の会に行きました。オーナーシェフの田中義和さんは、20年前に、偉大な三つ星シェフ、ミッシェル・ゲラールの下で、シェフパテシエなど、いろいろな部門で働いた方です。

今年80歳になる、ミッシェル・ゲラールは、南仏の保養地、温泉場にあるレ・プレ・ドゥジェニーという特異な三つ星です。というのも、普通の豪華な三つ星料理ともうひとつ、500キロカロリーしかない、痩身のためのマンスールという料理のコースと、二つ選べるからです。田中シェフは、痩身コースの料理のほうは、やはり満足度は落ちますと言っていました。

今日は、最初のお皿が、痩身コースから、あとはゲラールの料理本から選んでいただきました。

ゲラールは出張が嫌いなようで、1990年代のバブル期にも、唯一日本にきていない三つ星シェフです。

最初に、地元のウジェニー・レヴァンの50年からの古木から造るモーザックというスパークリングで、総勢13人で乾杯です。皆さん、顔見知りの気心知れた会になりました。軽く、飲みやすく、美味しいですが、やはりシャンパンと比べては質が違います。が満足です。

最初の料理は、痩身料理、マンスールから、ソーモンのユール（にこごり）レモン・グリンペッパー風味です。ソース・グルレットという、トマト・香草・クリームチーズをヴィネガーで和えた付け合わせも美味しかったです。いくらでも入る感じです。

それに、年間6,000本しか生産しない、白いペトリウスと呼ばれる2011年エリミナという白を合わせてくれました。ブドウはプチマンサンとグロマンサンです。一口飲んだ感想ですが、まるでグレープフルーツジュースを味わっているようでした。単純ですが、パワーはあるように感じました。今日のワインは、すべて、プレドゥジェニー付近のワインでそろえてくれています。これも楽しみです。

次の料理は、青い服を着たフォアグラという料理です。ゲラール氏のメニューのネーミングは、芸術的な表現が多く、田中シェフは翻訳するのに苦労が多かったようです。この料理の青い服というのはレタスのことです。フォアグラを生のまま、一口サイズにしてレタスで包んで茹でて調理して、そのたくさん出てきた油をソースにして食べるという料理です。150グラムのフォアグラがどんどん小さくなり、半分くらいになるそうです。付け合わせはインゲンとポロネギだけというシンプルさがまた良いですね。フランスでも鴨葱はマリアージュの定番なのですね。

それに、AOCでない2005年トウルサンのロゼを合わせてくれました。カベルネフラン90%、タナー10%です。フォアグラを食べる前に一口飲んでみたのですが、やや苦味が感じられ、美味しくないのです。それが、フォアグラを食べてワインを飲むと、今度は、美味しく感じ、抜群にマリアージュしているのです。これは皆さんも同じ印象で、「マリアージュとは理屈ではわからないですね」と絶賛でした。皆さん、美味しいので、薄黄色いフォアグラのオイルの浮いたソースをパンで拭いてきれいに食べておられました。

メイン料理はマグレ鴨のソテー・香草バターソースです。香草は、エストラゴン、セルフイユ、パセリです。エシャロットとシェリーヴィネガーを加えた酸味の強いソースがぴったりです。

ゲラールは、1980年代からハーブを多用するシェフでした。レストランの調理場から歩いて30秒ほどの近いところに、レストラン専用のハーブ園があり、30畝ほどの規模で、専任のおじいちゃんがいるそうです。田中さんがゲラールの命令でハーブを数種類取りに行っても、おじいちゃんが順番に決めてある場所から取ってくれるので、自分勝手に取れないそうです。

このメインの直球のような鴨料理には、南西地方の偉大なワイン、マデイランの2002年シャトー・モンテュスのプレステージを合わせてくれました。タナー100%です。赤黒いとても濃い色で、トロッとしています。ワインが強すぎないかと思いましたが、鴨を食べてワインを飲んでみますと、これがまたぴったりのマリアージュで一同驚きでした。

次はチーズです。柏餅のように葉にくるまれたヤギのカベク・フィル、羊のブルー・ド・メメル、もうひとつ羊のオッソー・イラティの3種類です。それに、89年のカオールを合わせてくれました。ブドウはマルベックです。熟成が進んでいて、今飲むべきワインでした。ハーブの香りや干し柿の風味が出ています。チーズの付け合わせの、レモンピールとアーモンドのほかに、カシスのジュレがあり、それに何か、ハーブの香りが入っています。皆、なかなか当たらなかったのですが、正解はローズマリー、ミント、オレガノの3種類でした。こういった

les recettes originales de
MICHEL GUERARD
LA CUISINE
ROBERT LAFFONT

IROULEGUY
HERRI MINT
MADIRAN
Cahors

芸の細かさもゲラールの料理ですね。

そして、デザートは先程から、強いバニラとバターの香りが厨房内から香ってくるので、何だろうと一同楽しみにしていたら、なんと、丸ごとのリンゴが出てきました。

これはリンゴのボンファム風というゲラールのスペシャリテのひとつです。トロッとしたアプリコット・バターソースがたっぷりとリンゴにふりかけられています。丸ごとのリンゴの蓋を取ると、くりぬかれた芯の部分の空洞に、アーモンド、アンズ、そしてラム酒が詰まっていました。ナイフでリンゴを切って食べます。リンゴの味もそれほど酸味がないので聞いてみると、サンフジというリンゴでした。アプリコット・バターソースが本当に美味しいです。これは食べ応えのある、パンチの利いた素晴らしいデザートでした。これにもワインが用意されていました。シャトー・ヴェラという、モワルーズ（甘い）なワインです。ブドウはプチマンサンとグロマンサンです。ワインも今日は全て南西地方で用意いただき、完璧なゲラール料理の再現ができました。ゲラールの名著、『キュイジーヌ・グルマン』には、ほかにどのような素晴らしい料理が隠されているのでしょうか？気がかりになりました。

普段、モワルーズでは、油を使わない料理をお出ししているので、1本450グラムのバターが2週間持つそうです。それが、今日の古典料理のために用意したバターは、これだけで2本使ったそうです。

気が付くと、12時から始まった古典料理の会は、15時を回っていました。

皆、それぞれ、流れ解散で帰途につきました。

6　フランス料理の長い歴史を飾る料理、仔鴨、血のソース、ジャガイモ添え

今日は、市ヶ谷のシェ・オリヴィエにて、トゥール・ダルジャンの

古典料理の会に行きました。シェフのオリヴィエさんは、ボルドー出身で、東京のトゥール・ダルジャンのスーシェフを経て、フランス料理の学校コルドンブルーの教授になり、独立を果たしシェ・オリヴィエを開きました。

ゆえに、トゥール・ダルジャンの古典料理は知り尽くしているわけです。

トゥール・ダルジャンといえば、仔鴨の血入りソースが有名なので、お願いしたところ、今、血は輸入ができないので不可能ですとのお答えで、それでは、長年のスペシャリテの中から、話題性のある料理で結構ですとお願いしていました。

お店に到着すると、あの金属製のどっしりと重い鴨の血を絞る装置が置いてあるではないですか。マダムに尋ねると、「冷凍の血の輸入ができないので、それならばと、今日、皆さんの目の前で血を絞ることにしました。鴨の血入りソースが今日のメインです」との嬉しいお答えで、私は、今日の23名全員が大喜びすると、感動してしまいました。血入りソースはできませんと答えても、それで誰も文句は言わないと思うのに、これが本当の顧客満足であり、本当のサービスと思い、オリヴィエさんに大感謝です。

この機械は借りてきたのです、と言うので、どこだろうと思い、トゥール・ダルジャンか、広尾のアラジンかと想像しましたら、パッションから借りてきたのだそうです。

後ほどの、目の前での実演、待ち遠しいです。

さて、ウエルカム・シャンパンはマムの定番のコルドン・ルージュです。白地にたすきのような赤い帯（コルドン・ルージュ）のラベルは、日本人にとって、紅白で、縁起の良いラベルなので、結婚式の乾杯などに使われる優れたシャンパンです。またＦ１グランプリで、優勝したドライバーが、壇上であけるシャンパンも、このマムです。

やはり、味わいが軽すぎるクレマンやカヴァではなく、シャンパンの一定水準以上確保している品質は素晴らしいと思い、美味しくいただきました。

今日の料理はすべてトゥール・ダルジャンのスペシャリテです。

前菜は、ウフ（卵）・ラスボーンです。小ぶりのブリオッシュの中を浅くくりぬいて、柔らかめのスクランブルエッグと軽くソテーした小切りのフォアグラが詰めてあり、刻んだトリフの風味が香ります。美味しく、これでひとつの個性的な料理になっていると思いました。ラスボーンの由来を調べてもらいましたが、人名らしいということだけで詳しくは分かりませんでした。

次に、魚は、天然舌平目、エクレヴィスのカーディナル風です。

ここで、本当に久しぶりにエクレヴィス（ザリガニ）が出てくると思わなかったので、「輸入したのですか？」と尋ねると、茨城県の霞ケ浦で養殖しているフレッシュのザリガニが手に入ったのだそうです。これも思いがけない嬉しいことで、オリヴィエさんは、この日のために真っ向から難しい料理にいくつも挑戦してくれたのだと思い、感謝の気持ちがいっぱいになりました。

カーディナルというのは、法皇の真っ赤な法衣のことです。そこからの連想で、真っ赤な鳥のことをカーディナルといい、大リーグのカーディナルスも赤い鳥がマスコットです。マダムが謂れを調べて、トゥール・ダルジャンのそばにカーディナルという名の付いた道路（リュー）があります、と言ってくれましたが、ザリガニの殻のエキスからとった、アメリケーヌソースのようなピンク色のソースを見ると、法衣の赤からきているのだと思いました。このような蘊蓄が私は大好きで、できる限り記録してきました。楽しい蘊蓄が場を盛り上げ、料理ワインをもっと美味しくさせると思っています。

さて、この料理は、半身の細長い舌平目を折り曲げた中に、鯛のムースを詰めています。本来はカワカマスを使うのですが、一番肉質が似ている鯛で代用したということです。スズキですとやや水っぽく仕上がると思います。それが二切れあって、エクレヴィスからとった、美しいピンクの滑らかなソースでたっぷりと舌平目を覆っています。その上に、小指の関節 二つ分ほどの小さな海老たちが載っています。これがエクレヴィスです。

エクレヴィスを食べるのは10年ぶりくらいです。シコシコして活きの良さが分かります。思いがけず食べることができて、オリヴィエさんの好意に大感謝です。

この濃厚なソースに、定番ですとシャブリが合うということですが、ソースもしっかりとしているので、もっと濃厚なムルソー・マトロ2009を合わせてくれました。シャブリよりもトロ味があって酸味も丁度よく、良いマリアージュでした。

さて、いよいよメインのフランス産、ヒュルゴー家の仔鴨、血のソース、ジャガイモ添えです。

鴨は4種類に呼び名が分かれます。オスの親がカナール、オスの子供がカヌトン、メスの親がキャヌ、メスの子供がキャネットといいます。今日のメニューにはカヌトンと書いてあるので、オスの仔鴨です。でも素晴らしく大きな鴨でした。

マダムが、軽く火を通した丸ごとの鴨を銀盆に載せて持ってきました。皆の目の前で、デクパージュして、肉を削ぎ落された鴨が残りました。これを調理場に戻し、しばらくして骨ごと細かく砕いたものをまた持ってきました。

砕いた鴨を、血を絞る容器に骨ごと詰めて、血が滑らかに液体になじむようにブイヨンも入れ、上からハンドルを回して、プレスしていきます。間もなく、下の出口から、赤い糸のような血が一筋、流れてきました。皆さん、目の前でこのアクションが見られて本当に良かったと思いました。ビデオを撮った方もいたようです。

受け皿に取った生血を厨房に持っていきました。赤ワインソースにこの生血を混ぜて濃厚なソースに仕上げるのです。

トゥール・ダルジャンでも、カナリアルという血を絞る専門職がしょっちゅう実演をするのですが、遠くなのでよく見えないのです。

それを目の前で見ることができ私も大満足です。血を混ぜたソースで良かったのに、それが不可能になったからといって、原点を初めからやろうと、こんな面倒なことを嫌がらずに平然と実行してくれたオリヴィエさんは、困難でもやるときはやるといったような腹の座っている方と思いました。

さて、細長く切った数切れの仔鴨の胸肉にたっぷりの血入りソースがかけられて運ばれてきました。レバーっぽいこの血入りソースの風味、懐かしく思い出されます。間違いなく長いフランス料理の歴史の1ページを飾る料理です。今日これが食べられると思わなかった望外の喜び、皆さんに感謝です。

ここで、胸肉だけなので、足は？と、思い出したことがあります。

大昔、必ず、「美味しかったですか？」と聞かれるので「ウイ」と答えるのですよと、パリのトゥール・ダルジャンの本店に行ったとき、ホテルのコンシェルジュにそんなことを教わったのを思い出しました。「ウイ」と答えると、足の部分を香ばしくソテーして、鴨のサラダというサイドディッシュにして持ってきてくれるのでした。

そんなことを思っていたら、今日はそんな儀式なしに、足の部分のサラダを持ってきてくれました。塩味が軽く美味しいです。もう、何から何まで完璧で大満足です。

この血入りソースに、ワインは何を合わせるのかと思いましたら、オリヴィエさんの考えで、重たいソースにフルボディのワインを合わせるのでは、いかにも重すぎてしまうので、軽めのワインで合わせるということで、プロ・ルカレル2010、カリニャン100%のマグナムを注いでくれました。このワイン、色は濃い目ですが、フレッシュ感があり、濃いソースとの優れたマリアージュ、オリヴィエさんの提案に大満足でした。

さて、デザートはこれも23名に同時に出すのは大変なことなのに、やってくれた、これもトゥール・ダルジャンのスペシャリテ、オレンジのスフレ、バニラアイスクリーム添えです。大き目のスフレが見事な膨らみで持ってこられました。スプーンを入れると、オレンジの風味が強いので何からなのかなと思ったら、コンフィになったオレンジの皮が、小さく刻まれて幾つも入っていました。グランマニエも入っています。今日は、美味しい、の連発で、最後まで大いに楽しむことができました。

最後の小菓子の郷土菓子カヌレもさすがボルドー出身のオリヴィエさん、皮がパリッとして中が柔らかく、これまでもが大満足でした。

ちなみにカヌレという意味は、「筋の付いた」という意味です。フランス語の響きが素敵なので、「筋付き」と訳さないで、「カヌレ」という発音のままのほうがおしゃれでいいと思います。

今日はオリヴィエさんの実力と誠実さを十二分に堪能しました。

今日の古典料理に出席のレベルの高い方々も大満足の様子です。本当に素晴らしいひと時を過ごせて、オリヴィエさん、お店のスタッフ、幹事の松崎さん、そして貸し切りできていただいたお客様、皆さんに大感謝です。これこそ、古典料理の開催意義が大いにあった一夜でした。

困難な課題にチャレンジして高度な顧客満足を得る、それを実践したオリヴィエさんを心より尊敬します。

7 “ソーモン・オゼイユ”の本当の味に結着がつく!?

今日のお昼は、新宿センチュリー・ハイアットのミッシェル・トロワグロにての、古典料理の会に出席しました。

この過去の古典料理の会でも、各シェフがたびたび取り上げていただけるほどの人気メニュー、トロワグロがオリジナルのソーモン・オゼイユが、今日ようやくその本家が登場することによって、本当の味というものに決着がつくのではないかと期待しています。

というのも、これまでを振り返ってみますと、シェフが高名なこのメニューを取り上げる意欲はありがたいと思うのですが、オゼイユ(スカンポ）というのはとても酸味が強い食材です。その鋭い酸味のソースを期待していたところ、出てきた料理はソースにバターが入っていたりしていて、より食べやすくということでしょうが、まろやかな味になってしまっていて、はっきり言って、万人向けのようなアレンジで毎回期待外れでした。古典料理の会と銘打っているのですから、「食べやすい」などはこのメンバーには関係なく、限りなくオリジナルに近づいてくれないと私は困るのです。以前、今日のシェフ、ギヨーム・ブラカヴァルと話していたら、「ソーモン・オゼイユという料理は、強い酸味が命だね」とか「この料理にはバターは使わないよ」とか、しっかり分かっているような話をしていたので、今日こそ、集まっていただいた食通の皆さんに、創作当初のオリジナルの味が味わえる機会がきたと楽しみにしてやってきました。ソムリエは、強い酸味のソースに、どんなワインを合わせてくれるのでしょうか。

前回は、「シャケの薄切りスカンポソース」という名前がメニューに印刷されているのに、どう見ても薄くはなく朝食の塩ジャケのような形をしたものが出てきたのです。こうまで違うものを平気で出されると、お客様を馬鹿にしているレベルではないかとも思ってしまいましたが、幸い皆さん紳士淑女でおられたので、表立ったトラブルはなかったですが、高度な美食の会だけに完璧な再現を願う趣旨をもっと理解してほしかったです。

さて、最初は、デヴァル・ルロワのトロワグロのラベルの入ったシャンパンです。3種混合ですが、泡も繊細で香りも優しい優雅なシャンパンでした。よく比較されるボキューズのほうは直球ストレート、トロワグロのほうは、繊細で優雅な料理と、私は思っているのですが、まさにこのシャンパンは、トロワグロの料理の特徴をよく表した風味ではないかと思いました。トロワグロのラベルなのでソムリエに、「グラスでお願いすると、このシャンパンが出てくるのですか？」と尋ねたら、「違います」とのことでした。特別にこのシャンパンを出してくれたようでした。

アミューズは、マリネしたプチトマトのキャラメリゼ・細かく刻んだショウガ添え、ヒヨコマメのペーストの軽い揚げ物・ミント風味、小さく切ったマグロのコリアンダー風味の3品で、どれも美味しくシャンパンによく合いました。アミューズの2つ目は、白ワインで蒸した小さなハマグリ・ショウガとシソ風味が色も鮮やかなパッションフルーツのムースの上に載っていました。これも、美しく優雅なトロワグロのスタイルそのものの1品でした。クロワッサンの生地を使ったような円筒形のパンと、無塩バターに塩を振ったバターがきました。

前菜は、フォアグラのヴェロアです。ヴェロアとはヴェルベットの意味で、滑らかなフォアグラのフラン（茶碗蒸し状）の料理です。お皿に浅くフォアグラのフランが敷かれて、その上には飴色の鴨のコンソメが覆っていて、ジロール、ナッツ、オレンジが散りばめられています。これは1990年代に登場したメニューだそうですが、これもトロワグロらしいメニューで嬉しかったです。何より本当に美味しいです。この料理は地方料理を取り上げて洗練させたものです。有名店はそれがどの店も上手であると思っています。

メートル・ド・テルの丸野さんが解説をしてくれます。トロワグロは、有名になったジャンとピエールの父の、ジャン・バチスト・トロワグロがブルゴーニュで営んでいたカフェをたたんで、今の地、リヨンから1時間ほどのロアンヌでレストランを開いたのが1930年のことでした。ジャン・バチストの妻はイタリア人だそうです。その後、ジャンとピエールが父から引き継ぎ、1955年に一つ星、65年に二つ星、そして68年に三つ星を獲得し、それから46年間三つ星を守っている稀有なレストランです。日本ではソースとしてのトロワグロが有名ですが、このような評価は日本だけのようです。これは日本人一番弟子の、シェ・イノの井上旭さんが、腕前が良く特にソースが素晴らしいこともあって、また、兄のジャンが、1950年当時世界最高峰のフェルナン・ポワンのピラミッドでソーシエだったことからきた伝説であると思います。ちなみにこのときの肉の主任がボキューズで、アラン・シャペルとロジェ・ヴェルジェ（南仏のムーラン・ド・ムージャン）、ルイ・ウーティエ（南仏のロアジス）という、そうそうたるその後の三つ星シェフは、まだポワンの店のコミだったのです。当時のピラミッドはドリームチームのような店だったのですね。いかにポワンが偉大だったのかがわかります。この兄のジャンは残念なことに1983年に交通事故で死去しました。残されたピエールが店を守り、1995年に引退し、次男のミシェルに譲りました。しかし、ピエールは引退後も日本には2008年まで、年に1回来日し、このセンチュリー・ハイアットで素晴らしいフェアを開いてくれていました。私は皆勤賞でした。

丸野さんがミシェルの料理本を見せてくれました。本の題名も、さすがトロワグロが大事にしているそのものズバリの『酸味の本』という題でした。

さて、次は、いよいよ世界のレストランから最もコピーされてきた料理と呼ばれる、ソーモン・オゼイユ（スカンポ）です。この料理を当時の一流評論家の、ロベール・クールティーヌが絶賛したことで、トロワグロの名前が一気にメジャーになったようです。1962年発表のこの料理は、フュメ・ド・ポワソン、エシャロット、ノイリー酒のソースで、薄切りのソーモンを当時のフライパンで半生で仕上げるのも難しかったようですね。これはトロワグロの店の庭に自生していたスカンポを取り入れた、酸味に特徴のある料理です。今日は千葉県産のスカンポだそうです。丸野さんが、雑草のような生のスカンポを持ってきてくれました。私はちぎって食べましたが、茎の部分に酸味があるようで、葉は何の味もしませんでした。

この料理・ワイン、両方の酸味の心地良さということで、2011年のサンセールを合わせてくれました。酸味の鋭くない穏やかな風味のサンセールでした。

さて、今日の本家のソーモン・オゼイユの味は、食べていくと口の中に徐々に酸味が感じられていくようであり、私の記憶に残っていた、強烈な酸味ではありませんでした。こうなると若いときの私の舌が敏感すぎたとしか思えません。今日のこの味が正解なのだと思いました。

そしてメインは、和牛フィレ肉の赤ワインソース・フォレ風グラタンです。オリジナルはシャロレー牛を使うようです。赤ワインソースは熱々をメートルたちが目の前でとっくりから注いでくれました。サービスの方は、指を熱さから我慢することも仕事のうちなのですね。この赤ワインソースはボジョレーのフルーリーという赤ワインなので、品種はガメイです。1950年ころから出していたメニューだそうです。

今日のメニューに書かれている「古きロアンヌへの旅」という題名があまりにも素晴らしいのでグッときています。ソースがブルゴーニュなので、牛ではありますが当然赤ワインもブルゴーニュです。2011年のジヴリーのラ・グラン・バージュです。この赤ワインは今抜栓したところなのに、グラスの中は素晴らしい香りで満ちてきています。口に含んでも本当に美味しいワインです。思わずこの店でいくらするワインですかと尋ねたら、9,000円ですということなので、酒屋で半額としてもこの素晴らしさでは、今日の13人の方は、皆買いたくなってしまったようです。

さて付け合わせのフォレ風グラタンは、定番のポテトのグラタン・ドフィノワとどう違うかですが、フォレ風のほうはチーズがグリュイエルチーズで、さらにニンニクも入っている、その違いだそうです。フォレというのは地名で、リヨンの西にあり、このグラタンも郷土料理だそうです。

チーズは3種類です。まずブルゴーニュのエポワスに灰をまぶして味を柔らかく仕上げたものに、付け合わせは桃、ルブロションに青梅、ブリー・ド・モーにマンゴーのコンフィチュールをそれぞれ合わせました。パンもナッツがいっぱい詰まった、持つとずっしりと重たい大きなパンがきました。

デザートは2品です。まずこれも郷土料理を洗練させたタルト・シュクレ（甘い）という2000年発表のレモン風味のそば粉のタルトです。素朴で美味しいです。

これに甘口ワイン、2010モーリーを注いでもらいました。白でなく、この赤ワインの甘口を注いだというのも、メインがチョコレートのデザートだからです。

メインのデザートは、ダリオール・ショコラという1995年発表のその当時では珍しい、中がとろけて出てくるフォンダン・ショコラです。ダリオールというのは、プリンのような形のことをいいます。

ピエールが学んでいた、保養所の三つ星、ミッシェル・ゲラールがオリジナルだそうです。こんな昔からフォンダン・ショコラがあったというのは驚きでした。添えてあるカシスのアイスクリームは、また、酸味を抑えていて、これもとても美味しい味でした。酸味の強い風味は逆に抑えて作るなど、酸味の使い手の名人、トロワグロらしい思想だと思いました。

コーヒーに小菓子をいただいていると、シェフのギヨームがパテシエの若いフランス人と、個室まで挨拶にきてくれました。

今日の料理・ワインとも完璧で、文句なしです。皆大満足でした。12時に始まった食事会は、気が付くと15時半になっていました。

次回の古典料理の会は、昨年大好評であったので、椿山荘のカメリアにて、ダニエル・パケさんによる、マキシム100年の歴史からの古典料理の第二弾を計画しています。前回大絶賛であった、辻静雄さんの著作にも出てくるポタージュ・ビリビだけは再登場をお願いしています。

この会も本当に骨格がしっかりとしてきました。参加する方も皆さん打てば響く感性の持ち主で嬉しい限りです。ますます、温故知新ではないですが、時として、一世を風靡した昔のスペシャリテを味わう必要性を感じてきています。

8　病みつきに…80種秘伝の薬草入りのリキュールが奏でる高貴な香りのシャーベット

今日は待ち遠しかった椿山荘のカメリアでの、ダニエル・パケシェフによる、マキシムの歴史からの古典料理の会に行きました。昨年の秋に続いての第2回目です。総勢21名の美食家が集まり壮観でした。

ソムリエのオリヴィエ・ゴーランさんがまず、最初のシャンパン、ポール・ダンジャンのマグナムを皆に注いでくれました。

このシャンパンは、古典料理の幹事をお願いしている松崎さんがわざわざ先日、シャンパーニュ地方を訪問した際に、この日の会食のために重たいマグナムを持って帰ってきてくれたものです。

なぜこのシャンパンが今日のマキシムの古典料理の幕開けにふさわしいかということは、このメーカーは、現在パリのマキシムのハウスシャンパンに指定されていて、マキシムのラベルを貼っている唯一のシャンパン・メーカーだからです。

ブドウはブランド・ノワールですが、飲んでみて普段と違うと感じたことは、やはり、蔵元から直接運んできてくれたおかげで、あちこち温度管理のできていない保税倉庫で待機したり、輸送で揺られていたりしていないという、生のフレッシュ感を驚くほど感じたということです。動かさないということがそれほどありがたいことと実感されて、素晴らしかったです。地元のワインは地元で飲むと、ことのほか美味しいということがよくわかります。まずは松崎さんに大感謝です。

さて、アミューズは、殻つきエスカルゴです。細く切ったパンが2本添えられていて、この役目は黒々としたエスカルゴの本体を二股フォークで取り出して味を楽しんだ後、殻に残った汁にパンを差し込んで吸った汁を味わうためです。

前菜は鴨とフォアグラのテリーヌ、アレックス・アンベール風です。

アンベールシェフは、マキシムの歴史の中で全盛期のひとつといっていい時代の1955～68年まで料理長を務めた有名な方です。それまでのパテはやや固めであったものを、アンベールさんは初めてフォアグラを入れることによって、食感を柔らかくしたという謂れのある歴史的な前菜です。テリーヌの脇にはクルミが添えられていて、特別なクルミパンまでもきたのですが、これまでもが当時のメニュー通りだったかもしれないと、忠実な再現ぶりに嬉しくなりました。クルミとテリーヌの相性の素晴らしいことを発見しました。

それにマルセル・ダイスの2011アルザスが合わされました。これは畑に6種類のブドウが植えられていて、それをまとめて収穫したという、珍しい6種類混合の白ワインです。アルザスの代表的なブドウのリースリングだけですと時として酸味が強く飲みにくい場合があるのですが、この6種類混合はソフトで飲みやすく、私の好きな風味のワインでした。

次はマキシムで最も有名なスープ、ポタージュ・ビリビです。このスープだけは昨年あまりに美味しかったので、今年もリクエストさせてもらったのです。ビリビとはBilly byという綴りです。昨年はムール貝が小ぶりでしたが、今回はモンサンミシェル産の立派なムール貝が白いポタージュの中にたくさん沈んでいて豪華でした。しかし、難をいうなら、完璧だった昨年よりもやや塩味がきついのではないかと感じましたので、スープの合い間にパンを口に含んで塩味の強さを和らげながら食べました。

次の魚料理は、今日のコースの白眉ともいえる凝った料理、バルビュー（ひらめの一種・オヒョウに近い）とオマール海老のムースのスフレ、モリーユ茸のタルトレットとペトンクル（ホタテ）を詰めたプチトマト添えです。ソースはもちろん古典を感じさせるオマールの殻からとったソースです。総勢21人なので大きなヒラメが1匹では足りず2匹調理されてきて壮観でした。肉厚のヒラメの身とオマールのムースとが二層になっていて、上にはさらにオマールの切り身が載っています。小さなタルトレットの中に刻んだモリーユ茸が入っているのも古典的な盛り付けで最近は見ないので懐かしい感じでした。くりぬいたプチトマトの中には小さく刻んだフレッシュなホタテが入っていて、これも本当に美味しかったです。この料理を創るには普段の料理の何倍もの工数がかかっていることは間違いなく、皆さんを喜ばせてあげようと労力を惜しまないパケさんの気持ちに頭が下がります。この料理はオリヴィエさんのデクパージュの実演もあり、皆さん写真を撮りにいって席ががら空きになるほど最高に盛り上がりました。これぞ古典料理の楽しみの神髄と思いました。これに2011年のプイイ・フュメを合わせてくれました。ブドウはもちろん、ソーヴィニヨン・ブランです。さっきのアルザスよりも酸味が強く手応えがありました。

そしてお口直しは、シャルトルーズ・ヴェール（緑）のシャーベットです。普通はここでグラニュー糖の語源となる、グラニテというざらざらした氷菓がくるのですが、今日は滑らかなシャーベットできました。この、秘伝の薬草が80種類くらい入っているといわれる高価なシャルトルーズというリキュールは度数が50度くらいあるようですが、この香りの高貴な素晴らしさは病みつきになるほどです。その得も言われぬ素晴らしい香りのシャーベット、本当に久しぶりに食べることができて嬉しいです。このシャルトルーズ風味のグラニテは、かつてのグランメゾンのジョージアンクラブの定番でした。この珍しいリキュールをグラニテにするセンスの良さが素晴らしいと思いました。この風味のグラニテの元祖は、ジョージアンの久高シェフの師匠、薬剤師出身のブルターニュの三つ星シェフ、オリヴィエ・ロランジェのオリジナルと聞いています。

そして、いよいよ今日のメイン、仔羊鞍下肉のファルシ（詰め物）ベル・オテロ風、ポムマキシム、ニンジンとインゲンのピューレ添えです。

この柔らかな鞍下肉の隙間にフォアグラのムースが詰めてあります。これだけで現代の料理ではない、古典的な調理であることがわか

カメリア　古典料理の会

ると思います。羊を大きなブロックで調理して切り分けて盛り付けるのですが、切り身にフォアグラが詰まっているのがよく見えます。これもパケさん、大変面倒な料理をよくやってくれたと感謝の気持ちが起きました。1929年ころの料理だそうです。この名前のついている、ベル（きれいな）･オテロという女性は、スペイン生まれのダンサーで、同伴者としてマキシムでの人気が高いばかりでなく、特に胸の美しさが抜群で、ベル・オテロの胸と同じになるといわれる服が流行ったというほどです。ポムマキシムというのは、表面がカリッとしていて中はしっとりとしている薄切りにしたポテトのソテーです。昨年は、これもマキシム名物の、珍しい、中が空の膨らんだポテトのフライが出ましたね。

これにアルベール・ビショーの2007ジュヴレ・シャンベルタンを合わせてくれました。優しい風味の仔羊と合うということで、あまり重くない赤ワインをチョイスしたということで、マリアージュ、ピッタリでした。

デザートはフランボワーズのミルフィーユです。これもミルフィーユのクッキーを挟んで、フランボワーズのムースと紅茶のような風味のムースとの二階建てで、生クリームのデコレーションなどもあって、これも凝ったデザートでした。ちなみに、イチゴのミルフィーユは銀座のマキシム・ド・パリの看板ケーキになりましたが、それは別名ナポレオン･パイといいます。なぜその名前がついているかなのですが、それは風味づけのお酒にブランデーのナポレオンを使っているからです。マキシムでの食事の最後に、デザートワゴンに必ずナポレオン・パイがあり、その場で切ってくれますが、これがデパートで買うナポレオン・パイよりも、別格と思うほど美味しさが違うのです。ここにいる生き証人が言っていますので、ぜひお確かめください。

そしてコーヒーと小菓子です。イチゴのパートフィロ（ゼリー）と梅の入ったミニフルーツケーキです。

最後にパケ料理長が挨拶においでになり、また、皆さんとのにぎやかな写真撮影タイムになりました。

古典料理も二十数回重ねてきて、最近は、集まっていただく美食家の皆さんとお店との呼吸が古典料理というキーワードでしっかりと繋がっているという感じがして本当に嬉しい限りです。いろいろなことが当初の私の意図していたレベル以上になってきたと感じ、お店と皆さんとに敬意を表したくなります。もう皆さん、本物を見分ける力は全く大丈夫と思い本当に嬉しいです。

帰りにがけに見送っていただいた支配人が、「スタッフ皆意欲的で、よろしければ来年もやらせていただきたいです」というお言葉を聞いて「本当にありがとうございます」という気持ちで帰途につきました。

9　シェフのこだわりは真のプロフェッショナルの現れ

今日は4度目になる、浅草の一つ星、オマージュでの古典料理の会、オート・キュイジーヌに行きました。

今日も12名の常連の方々が集まり、あたかも同窓会のような和やかさです。荒井シェフも、お忙しい中、今宵一夜のための再度のチャレンジ、本当にありがたく感謝します。

まずは、大きな“D”のロゴが印象的な、シャンパン・ドノン・エ・ルパージュで乾杯です。ピノ・ノワール100%の飲んだときの酸味の手ごたえのある良いシャンパンでした。

それに、このお店の名物、ピンチョス・スタイルの、アミューズ・オマージュ7種類が出ました。

竹炭の入ったオリーブのピューレ・ヨーグルトソース、赤パプリカの団子・赤唐辛子風味、勝浦産サワラのマリネ・白ゴマ・カブとともに、ベシャメルソースの入った球状のミニクリームコロッケ、ナスと胡麻の滑らかなムース、ブロッコリーとアンチョビーのクリーム、フォアグラのフラン・バルサミコ・イチゴ添え、それぞれ個性的な味わいがあり、もう大満足です。特にフォアグラのフランの身の詰まり方・味わいの良さはさすがと思いました。のっけから小さな質の良いお通し7種類に囲まれた幸せ感はいいですね。

前菜は、和歌山県産野兎のガランティーヌです。私は「よく今日、間に合いましたね」とお聞きすると、荒井シェフは「リエーブル(野兎)を頼んでいましたら、2月15日に獲れたとの連絡がありました。約2週間の熟成期間が持てて最高の状態の肉になりました」とのお答えでした。「もし、獲れなかったら違う料理を考えていました。頭を撃たれて死んだので、散弾銃の弾が身のほうに入っている可能性はないと思います」とのお答えには、私たちのために、獲れなかったときのことまでいろいろと考えていただいてと、恐縮しました。

野兎の肉は赤みがかっていて、いかにも美味しそうです。ナイフを入れると肉が強いので抵抗感がありました。こんなに歯ごたえのある肉を食べたのは久しぶりです。その肉に巻かれた渦の真ん中に入っているフォアグラの質も高く、付け合わせの干し柿とも、甘いカシスのテリーヌとの相性も抜群でした。トリフの香りのついた酸味のあるラヴィゴットソースもまさに古典的なソースで、嬉しいです。またウサギにニンジンということで、野菜の付け合わせはニンジンの細切りのマリネとニンジンのムースでしたが、これも野兎の肉との相性も良かったです。

この堂々とした料理はエスコフィエのレシピからだそうです。

これに2011サン・トーバン・プルミエ・クリュを合わせました。ブドウはシャルドネです。果実味・酸味のしっかりとしたパワーのある白で、野兎に負けない良いマリアージュでした。

魚は、オマール・ブルー・ア・ラ・クレームです。エビの殻を砕いてソースにしたのがアメリケーヌソースですが、今日のソースは、エビの殻にクリームしか加えていないソースなので、こんなにトロッとしている濃厚なピンクのソースは初めてでした。ソースの味自体に手ごたえがありました。オマールの身も、バターを載せて蒸したもので、プリプリしているエビにバターが浸み込んでいるので、とてもリッチな風味がしました。一緒に添えられているチヂミホウレンソウがクラシックな料理を感じさせます。ボキューズもホウレンソウの使い方が上手でしたね。

さて今日のメインは、トゥレーヌ産鴨のシャルトリューズ風です。鴨肉には、コニャック、マデラ風味の内臓のエッセンスの入った濃厚な濁った色のソースが添えられて、これぞクラシックで大満足でした。シャルトリューズというのは有名な修道院の名前です。修道院はワインも野菜も作っていました。この料理にその名前がついているのは、円筒形にセルクルで固められた添えられた野菜の形状のことを指しているのです。この野菜で円筒形になったその中心には、キノコのデュクセルや胸肉のムースがプリンのような滑らかさになって入っていました。このムースがとっても美味しかったです。荒井シェフの古典への挑戦は、レシピの忠実な再現だけでなく、美味しさも兼ね備えているところが素晴らしいと思います。オマージュでは何を食べても美味しいのです。これは簡単なことではないと思います。形は古典に似ていても、全然美味しくない料理もずいぶん食べていますので、私はシェフの持つ感性の大切さを感じている一人です。この料理は、野菜の付け合わせだけは大料理長アントナン・カレームの発案で、鳩の料理をエスコフィエが洗練させて完成し、料理書にも載っている正統的な古典料理です。

この料理で古典とは違うレシピがひとつあります。それは荒井シェフの発想で、インゲンなどの野菜の色を生き生きと出すために、茹でる温度を60度で40分にしているところです。この料理の完成された時代には、色の鮮やかさということよりも、とにかく柔らかくなるまで茹でた野菜ばかりでした。ゆえに荒井シェフは「今日の野菜を昔の人が食べたならば、『生茹でだ』と叱ったことでしょう」というのも分かります。

このメインに、ラングドックの赤2005ベイルローズを合わせました。ブドウはシラー85%、グルナッシュ15%です。

今日の優れた古典料理を食べ進めてきて、12名の古典料理好きの皆さん、大満足です。荒井シェフは、「普段の料理の倍も手間のかかる古典料理は、やりがいがあるけれど、毎日ではとても大変なことになるでしょう」との感想です。「でもプライドがありますから、変な料理は出せません」との真のプロフェッショナルの意志の強い言葉が出ました。

デザートは、縦長のワイングラスに入ってきました。ショコラ・リエジョワーズです。このデザートは、その形からいってパフェの原型なのかと思いました。

このデザートに使っているチョコレートは、荒井シェフが、ベネズエラからカカオを取り寄せて原料から作ったそうです。荒井シェフのこだわりには頭が下がります。前回も、本物のリヨン風クネルを作るというので、日本で獲れる白身魚を使わないで、本場から、カワカマスを輸入して作ってくれた迫力には一同驚きました。

このデザートは、クレームシャンティというヴァニラ風味の入ったクリームが底に溜まっていて、その上にレモン風味とコーヒー風味のカキ氷があり、その上のショコラのアイスクリームとの組み合わせの妙を楽しみます。ノワゼットも入っていました。

この料理の元の名前はヴィエノワーズといって、ウイーン風という意味です。ウインナコーヒーがルーツですね。それがなぜ、リエージュ風になったのかというと、第一次大戦で、フランスはウイーンと戦争をして勝った歴史がありました。そこで、このフランスでも人気のあるウイーンのデザートに、敵の名前がついているのはよろしくないという理由で、自国の町の名前に変えてしまい、心に引っ掛かりをなくして、デザートを存分に楽しんだという歴史的なデザートです。

クロワッサンという三日月の形をしたパンにも、これと同じような歴史がありますね。昔、トルコ軍を撃退した記念に、トルコの旗の三日月のデザインをまねて、三日月型のパンを作って、それを勝ったフランス人が食べてしまう、ということで広まったのです。フランス人は何かあるとすぐ食べ物にしてしまうのでしょうか。これに甘口のラタフィアという18度ある酒精強化ワインを合わせてくれました。

そしてコーヒーと小菓子です。オマージュのスペシャリテが2品出てきました。浅草に根を張ったレストランらしく、人形焼きの形に入った焼きたてのマドレーヌと、細長いグラスに入った、香ばしい香りが雷おこし風味そっくりの豆乳から作ったブランマンジェです。この小菓子にしても、同じマドレーヌもブランマンジェも、数多くの個性的な味わいがありますが、荒井シェフの味付けは本当に美味しいのです。

今日の古典料理も一同大満足で流れ解散しました。私はほろ酔いで、まだ風の冷たい中、歩いて我が家に着きました。

10　古典料理を愛する人が集まった素晴らしい会

今日は、新宿伊勢丹4階のサロン・ジャック・ボリーにて、ボリーさんの古典料理を味わう会に行きました。この企画が実現できて本当に嬉しいです。

まずはシャンパン、アルフレッド・グラシアン・ブリュットで乾杯です。このシャンパンは小クリュッグと呼ばれるほどの樽使いが上手なメーカーだそうです。ブドウはシャルドネ45%、ピノ・ムニエ43%、ピノ・ノワール11%です。ロオジェ出身の支配人の牛腸（ごちょう）さんは、古典料理の会だけに、このメーカーのもうひとつのブランド“ナチュール”よりもコクのある、古典的な樽香のあるこのタイプを選んだそうです。そして名物の大きなグジェールがきました。中が柔らかく、グリュイエルチーズの風味が強く、美味しいです。穏やかな雰囲気のなかに10名の会は始まりました。半ば同窓会です。

アミューズは、クルージェット（ズッキーニ）の冷製ヴルーテ・ほのかに香るミントとメープルシロップのクリーム・カレー風味のエピス（香辛料）をアクセントにです。鮮やか過ぎるグリーンなので聞いてみると、ズッキーニの外側の色の濃い部分だけを使ってヴルーテ（滑らかな）を造ったので、このような鮮やかな色になるのだそうです。上に載っているミントの葉が、パリパリに乾燥しているのは、スチームオーヴンで水分を飛ばしているからです。

前菜はフランス産鴨のフォアグラのコンフィ・イチジクのチャツネを添えてです。中が淡いピンク色をしているフォアグラは、ねっとりとして本当に美味しいです。甘いイチジクのチャツネの付け合わせは、いかにも古典的な付け合せですね。ソースは煮詰めたバニュルスのソースと豪華です。フォアグラとイチジクとの大きさの比率も決まっていて、添えてあるイチジクはフォアグラの３分の１の大きさであるべきだそうです。

それに、アルザスの2011ローズソバージュ・マルク・テンペを合わせます。ラベルが美しいです。ブドウはピノ・ノワール70%、ピノ・グリ30%です。甘口というわけではないのですが、ブドウに貴腐菌がついた年しか造らない珍しいワインだそうです。この2011年のあとの、2012、2013年は造らなかったそうで、もし2014年が造れたとしても、リリースは2017年まで待たなければならないということです。このきれいなオレンジ色をしたワインは、スパイスの感じを求めてフォアグラと合わせたそうです。ワインがソースの一部のようにフォアグラのねっとりさについてくる感じです。古典的なフォアグラのコンフィが食べられて、もう大満足です。

魚は、「これが今日の頂点のメニューかもしれません」と牛腸さんがいう、温かいオマール海老のテリーヌ・モザイク仕立て・ソースコラリーヌです。

大振りな四角いテリーヌの縁を彩る黄色いクネルの部分は舌平目とホタテのクネルです。真ん中にオマールの断面が３匹、その下には粉末状のトリフが横に長く入っていて、オマールの上部には刻んだパセリの層が横一文字に入っています。ソースコラリーヌは、エビの殻とミソからできた濃厚なソースでオレンジ色をしています。とてもカラフルで美しいテリーヌでした。ふんだんにコクがありながら重くないテリーヌです。「こんなに柔らかなテリーヌをどう切るのですか？」と訊ねたら、牛腸さんは「おっしゃる通りで、温かいテリーヌではきれいに切れません。冷やして硬いままのテリーヌを切り分けてから、一枚一枚お皿に盛り付けて温めるのです。ソースに浮いている感じなので、お皿を傾けると動くので慎重に運びます。昔、駆け出しのころ、シルバーの大きな蓋にかぶせてお客様に運んだところ、蓋をあけたら身が皿からずれていて大慌てしました」と思い出を語ってくれました。

これに、2010 ピュリニー・モンラッシェ・バンジャマン・ルルーを合わせました。ミネラル感がしっかりとしていて、とげとげしさがまるでなく、アフターがクリーミーさを感じる素晴らしい白ワインでした。クリーミーとはこういう感じをいうのですね。バンジャマン・ルルーの特徴が良く出たワインのようです。

とても良いマリアージュなので、「ボリーさんもこのワインとのマリアージュがお好みなのですか？」と訊ねたら、「ボリーさんのワインのチョイスは、マリアージュさせるというよりも、どんな料理でも好きなワインばかり飲むような感じで、ソムリエからいわせると偏りがずいぶんある人と思います。シャルドネとブルゴーニュのワインがお好きで、ボルドーは嫌いのようです。シャンパンはしっかり目がお好きです」とのことでした。

ボリーさんの料理から、話はちょっとそれますが、魚のテリーヌを星つきのレストランで初めて出したのは、今は引退している三つ星シェフ、アルケストラートのアラン・サンドランス氏と聞いています。彼は後に、名門のルッカ・カールトンを買収して一段格上のその店に移りました。彼は非常に優れたアイデアマンで、フレンチ業界に数々の新風を吹き込んでいます。魚のテリーヌ以外にもあります。アミューズ・ブッシュも、ムニュ・デギュスタシオンも彼の創作です。人気シェフなので、彼はたびたび招かれて日本でフェアを行うごとに、毎夜、優れた料亭に行き、日本料理の研究をしました。感動を受けたその結晶が、今日では一般的になっている形式、お通しがアミューズに、会席料理でのたくさんのお皿に色々な料理が次々と出てくるのをムニュ・デギュスタシオンという表現で、自分の店で始めたのが評判になり、それが今では当たり前にまでなっているのです。ちなみに彼のスペシャリテは、鴨のハチミツ風味です。ハチミツの入った大甕の中に鴨を切り身のまま漬けこんだ下ごしらえをする料理です。昔、ルッカ・カールトンまで行って食べたことがありますが、一口にいうと、北京ダックのような料理でした。皮目にハチミツがしみこんでいて、カリカリの皮が香ばしくて美味しかったのを覚えています。

話がそれてしまいましたが、このボリーさんのオマール海老のテリーヌは、銀座通りの7、8階にあったころのロオジエで食べた記憶があります。中身のモザイク模様は多少違っていたかもしれません。ゆえに30年ぶりくらいでしょうか。かすかな記憶しかありませんが、今日のテリーヌの大きさは紛れもなくボリーさんサイズですね。パテ・ド・カンパーニュもフォアグラのテリーヌも、昔のロオジエで食べるサイズは大きくてその迫力にまず驚いたものでした。今日、それと同じサイズで出てきたことに感激しました。サイズまで変えずにオリジナルのままに出してくれた、なかなかできないことをしていただき大感謝です。これこそ至福のときで、一同盛り上がっています。それにしてもこのワイン、ピュリニーも素晴らしいワインですね。

さて、メインは熊本県産あか牛フィレ肉の岩塩パイ包み焼きソース・ジュ・トリフです。600グラムの牛フィレ肉を岩塩で包んだものが、二つ運ばれてきました。目の前でデクパージュしてくれるのです。切り分けたフィレ肉は柔らかく赤みが差して、素晴らしいでき栄えでした。トリフのジュソースは刻みトリフが入っていないだけで、優れたペリグーソースと変わらない香りの高さのソースでした。百合根とアスパラソバージュとの付け合わせもいいですね。これに、2010エルミタージュ・ルージュ・ファルコネ・ジャン・ルイ・シャーヴ・セレクションを合わせてくれました。ブドウはシラー100%です。

フィレ肉なので油分が入っていないだけ、しっかりとした赤ワインのほうがいいそうです。造り手はシラーの魔術師と呼ばれるシラーの三大造り手の一人だそうです。この赤ワインもよく濃厚なソースにマリアージュしていました。この赤ワインを贅沢に煮詰めたら、この牛に最高のソースになるそうです。

この包んである岩塩は、しょっぱいだけなので捨てるそうです。岩塩包みは、そのままでは塩分がドンドン浸透してきてしまうので、塩分調節のために肉と岩塩との間には薄いパイ生地が入っています。この岩塩包みは、火の入れ方が弱いと肉にまだ血が混ざった状態になり、またたんぱく質の凝固に問題が生じるので、60度ほどの低温で、レシピを頼りにするというよりも、シェフの感性で火入れするそうです。このメインは素晴らしい火入れのフィレでした。

皆さん詳しいので、イノシン酸とグルタミン酸との相性の話とか、相当ハイレベルな話が飛び交ってきています。

そして柚子風味のシャンパンのソルベがきました。このソルベに使っているシャンパンはペルシモネという一流のシャンパンです。ブドウは、ピノ・ノワール70%、シャルドネ30%です。5,000円のシャンパンで10人分ならば一杯の原価で500円もするのですね。今日は贅沢ですね。皆さんから、良い素材を使えば、確実に味は美味しくなると、実体験からのご意見、迫力がありました。

そしてデザートは、この店の名物の質の高いデザートワゴンです。私は、イル・フロッタント、ガトー・オペラ、そしてレモンのタルトにしました。レモンのタルトは初めての挑戦でしたが、やはり、酸味の強い、分厚いねっとりとしたレモンクリームです。予想通りボリーさん好みで美味しかったです。サヴァラン、パリブレスト、アプリコットのタルト、ヴァシュラン、イチゴだけしか使っていないコンポート、など目移りするほど皆素晴らしいのですが次回のためにとっておきます。添えられたミルクのアイスクリームが、優しい味で美味しかったです。

期待にたがわぬ素晴らしいコースメニューでした。

どの料理も完璧な仕上がりなので、私は大塚浩介調理長に、「料理のでき栄えが見事なのは、ボリーさんの指導がこまかく入ったのですか？」と訊ねると、普段から懇切丁寧な指導はしてくれないようで、また、ボリーさんは辛口のコメントが多く、余り褒めてくれないそうです。まだ30歳半ばの大塚料理長の感性の高さに敬意を表します。

このようなしっかりとした、今となっては古典的なカテゴリーに入る料理を愛する方々が、これだけ集まって楽しく歓談している風景は、以前ならば考えられないことでした。皆さん素晴らしいと言ってくれて感激です。私と好みが同じなのは、なんと心強いことでしょう。各レストランに現代フレンチの原点である古典料理をしっかりと守っていってほしいと願います。

「1年に一度くらいはこういう夕べを」と、お願いして大満足でお店を後にしました。

11　50年の歴史に幕を下ろすマキシム・ド・パリの古典料理の会

今夕は、古典料理の会を、1966年11月創業で、2015年6月末をもって50年の歴史に幕を下ろす、銀座のフランス料理の名店、マキシム・ド・パリにて開催する記念すべき日になりました。今まで日本に正統的なフレンチを根付かせ、牽引してきたマキシムの影響力は、計り知れないものがあると心より感謝しています。横綱格のマキシムの閉店が決まるのと並行して、ようやく古典を賛美する古典料理の会が開催できるのも、何と皮肉なめぐり合わせでしょうか。

マキシムのオープン当初は、最初に出されるパンは、シャンピニオンというパンでした。すると、日本の名だたるホテルや小川軒などの高級洋食店の多くが、お店で出すパンをシャンピニオンに換えたのでした。また、バターは、小さく切って上下合わせる木製の型に入れて、くるっと丸く整えたバターを小皿に十数個出されたものでした。すると、帝国ホテルのフォンテンブローはじめ、有名店が皆その形をまねたほどの影響力がありました。

マキシム・ド・パリのアールヌーボー調の豪華な室内がかもし出す高貴な雰囲気は一種独特なものでした。またサービススタッフ全員がモーニングの正装という重厚さが客を王侯貴族のように扱ってくれる別世界の感がありました。さらに、コミ（サービス・アシスタント）が料理を客の目の前に運んでくると、そのテーブルの正スタッフが恭しく料理を皿に移し変えて供するデクパージュも華やかで、ホール全体が他のお店とは全く別の異次元空間のようでした。

1966年というと私が20歳になりたてのころでしたが、辻静雄さんの著書の影響で、どうしても本物のフレンチを食べたくて、マキシムに通いました。もううろ覚えなのですが、当時、アーティチョークやグリーンアスパラがまだ一般的でないころに、マキシムで食べた記憶があるのです。きっと、フランス料理に使う野菜を輸入していたのではないでしょうか。20歳の若造が、弟 二人を連れて、着慣れないジャケット着用で、舌平目を食べに行ったときのことです。お小遣いが厳しいので、「ソール・アルベールを、二人前でいいです。分けて食べますから」とお願いしたのですが、一人 一匹ずつきてしまったのです。風格のあるメートルが困った顔をしている私に耳打ちするように「今日は小ぶりなのがありましたので、お代金は 二人前で結構です」というのです。私はそのサービスの洗練さに驚いてしまいました。そのあとにも、このような際立ったサービスを何度も体験し、私はますますマキシムのファンになりました。現在の私が、親切な人の部類に入っているとしたならば、このような素晴らしいサービスを受け、自分も心がけたいと思うようになったからであると思います。すべてマキシムのおかげと感謝したい気持ちです。

私は、料理もサービスも、これが本物であると、断然マキシムのフアンになりました。ゆえに、通い始めたころは、本格的なフランス料理というものは、店内の装飾がベルエポック調で、必ず料理は目の前で別な皿に移し替えて出すものであると思っていました。そのころのメニューのサイドディッシュの野菜の項目は、ホウレンソウやポテトなど、チョイスしないと主菜しか皿になくて、付け合わせの野菜はまるでなし、という殺風景さでしたが、これもそういうものであると思っていました。

シーザーズサラダの、目の前で、「アンチョビーはこれくらいでいいですか？」「チーズの量はいかがしましょうか？」と客の好みどおりの味付けをしてくれるのも、これが本当のフレンチのサービスなのだと思っていました。でもこれがマキシムの唯一無二の独自性だったのですね。毎夜、ピアノとヴァイオリンとの生演奏があるのも、マキシムの独壇場でした。私は各テーブル順番に、リクエストを求めてくるフルトヴェングラーのような風格のある外国人のヴァイオリニストに、何をリクエストしようか、考えながら入店したものでした。曲の範囲はポピュラーソングとシャンソンです。秋ならば枯葉がいいのですが、私の前の人がリクエストしてしまうと、あと、知っている曲は何だろうとパニックになりました。一時期、タイタニックのテーマが毎夜リクエストされるようなときもありましたね。結婚記念日に、愛の讃歌をリクエストしたら、結婚20年選手の妻は、純粋に感動してくれるよりも、「わはは」と豪快に笑い飛ばしたものでした。私の予約する席は、ホールの一番奥の、ステージの見える、二人が横に座る席が3つだけあるのですが、いつもその席にしました。ひとりが振り返って音楽を聴くのは、自然ではありませんので。この席はいつでも二人が手を握れる席で特等席だと思います。

会社に入ってから、マキシムに、得意先のカルピスの購買の方をご招待したとき、出されたバターを指差して、「これが当社の純粋なバターなのだ！」と誇らしげにされていたのを思い出します。マキシムで採用されたカルピスバターは、それ自体が優良という証明をもらったのと同じで、日本の名だたるお店、レカン、ベルエポックなどに次々と入っていったということです。「マキシムに入っているなら、うちでも使っていいよ」という仕入れの責任者の言葉は、それほどマキシムを各店が目標にしていたのだということですね。

今日は素晴らしいワイン群だったのですが、お店との約束で説明は省きます。

さてマキシムの古典料理の会の幕開けのアミューズは、カエルのフリット・ニンニク風味のパセリのクーリーです。ピンポン玉よりやや小さなフリットは一口でいただきましたが、温かさが程よく、鮮やかな緑色のパセリのクーリーも苦味がなく、ほっとするアミューズでした。

前菜は、ズワイガニのサラダ・パリジェンヌ風です。表面が卵の白身と黄身の砕いたもの二つに色別れしていて、ドームの中には、ズワイガニとアーティチョークやレタスなどが入っています。昔よくあった飾りつけで懐かしいです。新鮮な美味しさがありました。

次はポタージュ・ビリビです。椿山荘でのマキシムの古典料理の会で大好評でしたので、再び登場です。今回のムール貝は大ぶりでした。また、日本人には強すぎると感じるほどのギリギリまでの塩加減も、レシピどおり健在でした。マキシムのポタージュは、このビリビと、オマールのビスクが代表的と思います。オマールのビスクについては、昔、山本益弘さんが「いまどきこんな濃厚なスープを好むお客さんがいるのだろうか？」といって、味の濃すぎることを問題提起したのですが、その直後に訪問した私に、大西ソムリエがその話をしてくれて、マキシムは「評論家の提案だけでレシピを変えるつもりなどありません」という姿勢を語ってくれたのを思い出しました。

魚は、オマールのテルミドールです。活きのよいオマールを半身にして、ベシャメルソースのような白いソースをかけて火を入れています。付け合わせのソースは、相当殻を使ったと思われる濃厚なアメリケーヌソースで、これが抜群に美味しかったです。オマールのちょうど頭の部分の白いソースが盛り上がっているのを、なんでかな？とフォークですくってみたら、はさみの中の見事な肉が姿ごと出てきました。

メインは牛フィレ肉のウエリントン風・ソースペリグー（刻みトリフソース）・ポテトマキシム添えです。これはフィレ肉をシャンピニオンのデュクセルなどで覆って、さらにその上からパイ包みで焼き上げた、手の込んだ料理です。添えられたバターの良い香りのする懐かしいポテトマキシムのなんと美味しいことでしょうか。

このウエリントン風もオマールのテルミドールも、古典的な料理ではありますが、マキシム独自のスペシャリテではありません。確か、その当時の高級料理を集大成したエスコフィエの料理書に載っていたのではないかと思います。

このウエリントンというのは、イギリスのウエリントン侯爵、アーサー・ウエルズリーのことです。彼はイギリス軍の将軍としてナポレオン軍を破ったことで著名な軍人です。ベートーベンもこの将軍を讃えて、戦争交響曲という楽曲を作ったようですが、ベートーベンらしさが感じられないようで、マイナーな曲になっていますね。だからこの料理は、古典ではありますがイギリスの料理であると思います。

デザートは、ひところ高級ケーキの定番になっていたイチゴのミルフィーユです。添えられたカシスのソルベが滑らかです。このケーキ、昔はナポレオンパイと呼んでいて、ふんだんにブランデーのナポレオンクラスを使っていたため、お酒の弱かった私は，顔が真っ赤になり息が苦しくなったことがありました。今はお酒はカットしているようで、名前もミルフィーユとしてあるのですね。お菓子といえば、これも創業期のころだと思いますが、マキシムの売店で洋ナシのジャムを買ったことがありました。家に持ち帰って、朝、トーストに塗ったところ、ジャムの甘味は砂糖からではなくて蜂蜜を使っていたのを思い出しました。とても美味しくて、マキシムは何から何まですごいと感動したのを覚えています。

本格フレンチの世界に数々の影響を与えてきたマキシムが、半世紀を経て閉店にいたったことはとてもさびしいことです。この理由は様々な憶測で聞いていますが、本当の理由は、支配人にも知らされていないようです。ソニーの創業者の盛田さんの肝いりでできたマキシムも、今から10年前の40周年のときに、パリの本家のマキシムとの契約も切れたようで、その後10年経営して、今回閉店ということになったようです。ソニービルの建て替えに伴っての閉店というのもデマのようでした。

ニューイヤーズイヴの日、12時直前のカウントダウンが始まると、お客様一人一人に、毛糸のボールがたくさん入ったパンを運ぶための籠を渡されます。一瞬室内が真っ暗になって、再び灯りがつくと、その籠からボールを握り、ドレスやタキシードの正装のお客様同士がぶつけあいを始めるのです。お店の支配人もぶつけてくるのです。30秒ほど大乱闘になって、そのあとはストップがかかり、「ハッピーニューイヤー」と、皆さん、おめでとうを言い合うのでした。そんなこともありました。数々の楽しい思い出のあったマキシムが消えてしまうのは、本当に残念でなりません。でも、最後の月にこのような素晴らしい晩餐会を開催できて良かったです。

14名の美食家たちは、今日も感動したせいでしょうか、皆で記念写真を撮る約束も忘れて流れ解散しました。

12　一度は食してほしい、ジビエ料理“リエーブル・ロワイヤル”

今日のお昼は、外苑前に引っ越した、新生フロリレージュでの、古典料理の会です。今度のお店は完璧なオープンキッチンなので、15名の常連が、中央のオープンキッチンを囲んで三方向のカウンターから、川手シェフとそのスタッフたちの行動を見守るシチュエーションです。過去、何度も川手さんの古典料理への造詣の深さに感動しているので、今日も常連がワクワクして集まりました。
まずは、落ち葉を焚火にしたあとの、中に熱い美味しそうなものが入っていそうな大きな木の鉢がきました。この枯葉にそっくりなのはほうじ茶の葉だそうです。もう盆栽のような芸術品のようですね。枯葉に刺さっている串をつまむと、その先端に、“ミニ焼き芋”が刺さって出てきました。大がかりですがこれがアミューズです。サツマイモはホクホクして美味しいです。
それにシャンパン、エチエンヌ・ルフェーブル・ブラン・ド・ノワール・グラン・クリュで乾杯です。ブドウはピノ・ノワール100%です。
続いて、2つ目のアミューズ“グジェール・モンドール”です。グジェールの中に、ジャガイモのピューレとねっとりとしているモンドール・チーズを練り合わせたものを入れています。
食事のスタートに、グジェールを食べるとなぜかほっとするのも、フランス人にとってのグジェールとワインとは、まさに日本人にとってのビールと枝豆と同じ感覚ではないでしょうか。
前菜は“北海道昆布森の牡蠣のショーフロワ”です。この牡蠣の大きく見事なこと、素晴らしいです。その牡蠣の身を濃いクリームにくぐらせ厚く纏わせて、レモン汁とシャンパンの風味をつけて、身の上にキャビアがたくさん添えられて牡蠣殻に戻されて持ってきました。本当に美味しい滑らかな牡蠣で驚きました。
これに、ドメイン・ロウル・ブルデルバック・クロ・デ・フレールのリースリングを合わせました。ミルキーな牡蠣に、シャルドネよりもミネラル感の穏やかなリースリングで、やさしい風味同士でマリアージュさせたという感じです。
次は、“ラヴィオリ・コンソメ”です。鹿から出汁を取った濃いコンソメの壺の中に、鹿肉のミンチを詰めたラヴィオリが、数個沈んでいます。その上には秋トリフのスライスが数枚散らしてあります。これはまさに、ジビエ料理ではないですか。本当に丁寧に作ったコンソメスープは絶品で、一気に飲み干すのがもったいないので、ちびちびと飲みました。

これに、ルイ・ラトゥールの2004ムルソー・ペリエール・プルミエ・クリュを合わせました。コンソメに合わせるワインは難しいところですが、しっかりと作ったコンソメは、シェリーっぽい風味が感じられますので、そこをポイントに、シェリー酒まではいかなくとも、古酒に近い11年も経っている、シェリー香の出ていそうなムルソーを合わせてみたということです。このムルソーも相当良いワインと思いました。

ここで、牡蠣のショーフロワも、ラヴィオリも、昔から食べているのですが、フレンチの古典としては、どのくらいの歴史があるのか、川手シェフに尋ねたところ、この時代ぐらいからといった明確な解明ができていないくらい、昔から一般的に食べられていた料理だそうです。現在フランス領の、サヴォワ地方は、かつてはイタリアの一部だったので、その地方では、パスタやラヴィオリは当たり前に食べられていて、今でも、フランスなのに、隣はイタリアということもあって、コースに普通にパスタの出るレストランが多いのです。

この二つの料理、古典には違いありませんが、ルーツを探るのは難しそうですね。

次は“鳩のシャルトリューズ”です。鳩の肉をキャベツで包んで調理することをシャルトリューズというのだそうです。高級なリキュールの名前にもなっている“シャルトリューズ”というのは修道院の名前だと思いますが、なぜこの料理にそのような名前が付けられたのか、シャルトリューズについて調べましたところ、「野菜が層になるようにドーム型に敷き、中に詰め物をした料理。かつては野菜だけで作っていたので、菜食主義者だったシャルトル修道会の名を冠した。手間と時間がかかるので、最近ではあまりつくらない」《白水社『フランス食の事典』より》とありました。

また、松崎沙織さんから「アントワーヌ・カレムがアントレの女王と位置付けた料理、と横浜のシェフが書かれているのを見つけましたが、古典料理の会をきっかけに新しく紐解かれていく歴史を楽しめて何よりです」とのコメントをいただきました。

おっしゃる通り、なぜこのようなネーミングなのか、なぜこの料理ができ上がったのかといった「謎」を解明するのも、古典料理の会の醍醐味ですね。

さて、上に載せられているたくさんのキノコは、濃い目のボルドレイズの味付けだそうです。これも、見るからに古典的であり、今、こういった料理はまず見ないですね。もっとボリュームがあったら、立派にメインを張れる料理と思います。

これに2007シャンボール・ミュズィニーを合わせてくれました。しっかりとした味わいの料理に、しっかりとした赤ワインですね。良いマリアージュで嬉しいです。

そしてメインは“サングリア（猪）のロワイヤル”です。これもジビエ料理です。今日はメインが二つあるようで、川手シェフ、相当気合いが入っていると感じました。

ジビエでロワイヤルというと、“リエーブル（野兎）・ロワイヤル”をすぐに思い出します。そのリエーブル・ロワイヤルの“ロワイヤル”という意味ですが、料理法は、仕込みに数日前から赤ワインに漬け込んだ3キロはある野兎一羽分を、オーヴンで、大きなスプーンで赤ワインをかけ続けながら焼き上げるのです。焼きが強くなっていくにつれて、野兎のピンと立った耳が、溶けだして下に垂れてきます。その耳の溶けて垂れ下がった姿が、トランプでよく見る王様の耳に当たる部分の飾りに似ていることから、王様風（ロワイヤル）と、呼ぶようになったのです。これは大まじめな話です。このリエーブル・ロワイヤルはジビエ料理の頂点をなす料理のひとつです。フレンチファンの方であるならば、一生に一度は食べていただきたい名物料理です。

このような謂れがあるので、私は、今日のサングリアのロワイヤルは、ウサギではなく、それを今日はイノシシの肉で行った同じような料理ではないかとはじめ思いました。

ところが、ロワイヤルにはもうひとつ正式な料理法があって、それはフォアグラを肉に巻き込んで調理する方法のことも、ロワイヤルというのです。今日のイノシシの料理は、こちらのロワイヤルの意味でした。

川手シェフの学んだ、モンペリエの三つ星、ジャルダン・デ・サンスの周りは山と野原ばかりで、それこそイノシシを獲っても獲っても現れるようなところだったそうです。ゆえに、このイノシシのロワイヤルは、彼にとって何度も作ったお手の物の料理だそうです。

添えてある、“根セロリのピューレ”も、古典レシピ通りだそうです。濃厚な見事なソースとともに、真ん中に巻かれている良質のフォアグラが、この料理の重厚感を増していますね。

このメインにどんなワインを合わせるのでしょうか。

それは、ポムロールの1997シャトー・ラ・コンセイアントという素晴らしいワインを合わせてくれたのでした。このワインをソースにも入れているそうで、なんと贅沢なことでしょうか。

川手シェフがフランスの調理の進化を語ります。「今、フランスの魚事情は、魚の傷み具合や鮮度が違うので、網捕りから釣竿で獲るように進化したばかりであって、日本では当たり前の高度な魚の神経〆といった技法などは、まだまだこれからです。ずいぶん遅れたところがあるのです。いま、うまみの研究を含めて、神経〆の素晴らしさなど、いろいろと日本に真剣に学ぶ姿勢になってきたというところではないでしょうか」。私も日本人調理師が神経〆をフレンチシェフたちに教えている番組を見たことがあります。

デザートは“パリ・ブレスト・マロンのアイスクリームとマロンのパウダー添え”です。

この、パリ＝ブレスト間の有名な自転車レースの100周年を記念してできた、自転車のタイヤをかたどった、巨大なリングシュークリームの中は、もちろん生クリームなどではなく、バタークリームです。

クリスマスのころ出回るクリスマスケーキはフレッシュさを感じさせる生クリームが上で、バタークリームは、保存が利くので夏頃から作って冷凍しているということで、安っぽいというイメージが定着してしまいましたが、本当は生クリーム・バタークリーム、それぞれ個性が違う別物であり同格なのです。ゆえに、古典の会としては、馬鹿にされていたバタークリームの復権を推進するのは当たり前に大事なことであり、このデザート、本当に大歓迎です。

普段のバタークリームはもっと固めなのですが、今日のパリ・ブレストはでき立てであり、とてもまろやかなバターそのものの舌触りで素晴らしいです。添えてある“マロンのアイスクリーム”の風味も素晴らしいです。

このデザートまでも、合わせるワインがきました。

ソーテルヌの素晴らしい貴腐ワイン、2006シャトー・クーテがくるとは思いませんでした。

そして、エスプレッソに、小菓子ですが、ヨーロッパで流通している食べられる種類の“ほうずき”のパート・ド・フリュイという、外側を飴で包んだお菓子がきました。この飴で包んだイチゴやブドウは、先日閉店したマキシム・ド・パリのスペシャリテでしたね。懐かしいです。

ほうずきが、ごっついプレートに載ってきているなと、よく見たら、それはコルク樫の木の分厚い表皮そのままでした。

今日の古典料理の素晴らしい調理の数々、そして合わせるワイン群の質の高さ、私の想像をはるかに超えたおもてなしであり、ここまでしていただいて赤字になっていないか、とても心配です。本当に心から川手シェフはじめスタッフの皆さんに感謝します。

古典料理に魅力を感じている方々もだんだん増えてきて心強い限りです。

今、古典料理を一生懸命推進しているのも、正統的な古典料理の継承を共感する方々とたくさん友人になって、方向が曲がっていかないように、皆さんにしっかりと見守っていっていただきたいと願っているからです。提供するお店の側の真剣さも、毎回肌に伝わってきます。嬉しい限りです。

この古典料理の会が、本格的な軌道に乗ってきている手ごたえを感じ、大満足で帰途につきました。

13　まさしく古典料理の会、30年ぶりの珍品料理に出遇う！

今夕は、今年初の古典料理の会で、西麻布のアムールに行きました。

後藤シェフは、この業界18年目だそうですが、お父さんもフレンチのシェフだったそうで、貴重な文献をたくさんお持ちになっていて、その一部をご披露いただきました。

今日も30年前から40年前のヌーベル・キュイジーヌの全盛時代の、一世を風靡した料理を再現し楽しめるのでワクワクしています。

まずはシャンパン、ジャクソンで乾杯です。ドサージュは3.5グラムです。優れたシャンパンなので、冷やし過ぎずちょうど良い温度設定です。しかもマグナムで、風味がこなれていてのっけから大満足です。どなたかがヨーグルトの風味がすると言っていました。

並べてある今日の4種類のワインを、ボトルが大きいようなので、よく見ると、4種類ともマグナムでした。よく銘醸ワインをマグナムで揃えたものだと感心しました。

このシャンパンに対してのアミューズは、アラン・シャペルのスペシャリテのフリットで、今日は“ワカサギとタラノメのフリット”です。素手でつまむこの感触が良いですね。この食べ方を70年代に早くも提案したシャペルはやはり天才であったと思います。添えてあるのは抹茶のパウダーとすだち塩です。ナスタチウムとかいう葉の上には柚子胡椒のペーストがあり、ほのかにカレーの風味づけされたワカサギの軽いフリットをディップして美味しくいただきました。

前菜はソーリューの歴史的な名店、ラ・コート・ドール（黄金の丘）の故ベルナール・ロワゾーのスペシャリテの“グルヌイユ（蛙の腿肉）・パセリソース・ニンニクのピューレ添え”です。小さな骨付きの蛙の腿肉が8つ、クリーム色のニンニクのピューレを、円を描いて囲んでいます。そしてベースには鮮やかな緑のパセリのソースで本当に美しい料理です。久しぶりにこの完璧な料理をいただきました。後藤シェフの感性は高く、本当に美味しいです。ちなみにこの料理は、トロワグロのスペシャリテでもありますが、トロワグロはパセリではなく、ホウレンソウを使っていましたね。

この料理に、レ・クロ・ブラン・ド・ヴージョ・プルミエ・クリュ2011を合わせてくれました。ほとんどシャルドネに、少しだけピノ・ブランです。これもマグナムですが、抜栓したときに酸味がやや強く感じられたというので、デカンターされてきました。一口飲んだ印象では、酸味の強さは解消されていて、あたかもモンラッシェのような完璧な風味で驚きました。これもマグナムのなせる業ではないでしょうか。

次はスープで、ポール・ボキューズのスペシャリテの“スープ・オ・トリフVGE”です。このパイ生地で覆われた有名なスープが出るとはまた嬉しいかぎりです。100名からの晩餐会で、冷めないように工夫されたスープということですが、スプーンでパイ生地を割って、中身のスープにパイ生地を落としていただくのですが、パイ生地を落としても味が薄まらないように、濃い目のコンソメで仕上げるのがコツのようです。後藤シェフは、このコンソメをダブルコンソメ（コンソメを作って、それにまたガラを加えてもう一度作るのをダブルコンソメと言います）に仕上げました。オーヴンで熱するとやや水分が飛んで、濃い目になるようですが、このスープ、レシピ通りフォアグラも入っていて完璧な仕上がりでした。なんといってもパイ生地を割った瞬間に立ち昇る黒トリフの香りがこの料理の命ですね。

これに、アルノー・アントのブルゴーニュ2005を合わせました。

トリフとフォアグラの風味を優しく受け止めてくれるような包容力のあるワインで、ガメイ100%とは思えない素晴らしい風味でした。スープには、ワインを合わせにくいので飛ばすといいますが、この赤ワイン、よく合いました。こんなガメイ100%は初めてで、つくづく世の中は広いと感じました。

さて、メインは“骨付き仔牛肉のプリンス・オルロフ風”です。私も30年ぶり二度目の“珍品的”な料理です。よくぞこのような忘れられた料理を再現してくれました。私が30年前に食べたのは、赤坂見附の駅ビルのベルビュー赤坂の4階にあった小さなレストランでした。

プリンス・オルロフというのはロシアの皇太子の名前です。この料理は、モルネーソースという、ねっとりとしていて、チーズや卵黄の入ったグラタンのようなソースを仔牛肉の表面に分厚く塗って焼き上げる料理です。いかにも古典的な重たい料理なので、まず通常のメニューではお目にかかったことがありません。後藤シェフはモルネーソースを塗ってから焼き上げると、せっかくの仔牛肉がバサバサになってしまうので、このブルターニュ産の骨付きバラ肉を焼き上げてから、モルネーソースを塗るという手法を用いたそうで、正解と思える素晴らしい仕上がりになっていました。ソース・スービーズというタマネギ主体の軽いソースがまたよく合いました。添えられたきゅうりのマリネの相性が絶品と思いました。このきゅうりがあるのとないのとでは大きく違うと思いました。

現代ではすっかり忘れ去られたモルネーソースに再び出遇うことができて感慨深いです。

後藤シェフのお父さんにぜひ今夜のことをご報告してほしいと思いました。

そしてこれに合わせるワインは、シャトー・ジスクール・マグナム1996です。カベルネ55%、あとメルローとプチ・ベルドーです。こんなに飲みやすくこなれたボルドーも珍しい感じがしました。今日のワイン群も素晴らしいワイン群でした。

さて、感動ひとしきりの古典料理も終わりに近づき、デザートになりました。これも懐かしい“ババ・オ・ラム”です。後藤シェフの計らいで丸ごとの大きなババを持ってきてくれました。この出し方も古典的で素晴らしいですね。ラム酒は強いので、自分で適量をかける仕組みにしてくれましたが、一方、シロップも用意されて、ケーキにびしょびしょになるまでかけて召し上がれということで、これはアルコールに弱い私には魅力的なので相当かけていただきました。

それに甘口ワイン、ムーラン 1968 が特別にサービスされました。色は紅茶色までに進んでいますが、酸味のしっかりとある遅摘みワインで大満足でした。

そしてエスプレッソに、アムール名物のミニショートケーキを含む小菓子が 5 点きて、大興奮の 4 年目に入った古典の会もお開きになりました。古典フレンチを支えていただけるコアメンバー層が本当に厚くなって何よりですが、今日お集まりになった方々も、楽しみながらの味覚の確かさは本当に心強いです。相当高度な話題が飛び交いましたね。

ぜひ、皆さん、フレンチの歴史的な料理を正しい方向に導いていってほしいと願っています。

14　いつか食べてみたかった幻の料理“ツグミのパテ”の再現に感動！

今夕は、浅草のミシュランの一つ星、安定した美味しさで固定客の多い人気店、オマージュでの古典料理の会です。毎年 1 回以上、開催していただいています。荒井シェフの引き出しの幅の広さは、只者ではないと思っています。14 名で貸し切りの予定が、17 名とこれ以上ない満席になりました。

まずは、古典料理にふさわしいヴィンテージ・シャンパン、1996クリスチャン・セネで一同乾杯しました。ヴィンテージ・シャンパン特有の、梅酒にも似た古酒の独特な香りと黄色みがかった豊かな熟成の色合いに大満足です。最初からこのような贅沢、本当に素晴らしい一夜になりそうな予感です。

オリーブの表面に粉を振って調理したアミューズをいただき、続いて前菜は“ヒヨドリのパテ”です。日本の種のミカンヒヨドリを骨や内臓ごとミキサーにかけて、滑らかさを出すために2回も裏ごしをしたそうです。チョコレート色をした、卵型に形成された柔らかなパテを食べると、その野性味の中にシェフの技術で洗練された美味しさを感じ感動しました。

この料理の原型は、トロワグロのスペシャリテの“ツグミのパテ”です。私も写真でしか見たことがなく、いつか食べてみたいと思いつつ忘れていた幻の料理を、今日、オマージュで再現していただき、とても面倒な料理だけに食べることができ、感謝に堪えません。パテの下、皿に薄く引いた透明なシャルドネのジュレをフォークで掬ってパテと合わせていただきました。ジュレのさわやかな味わいも素晴らしい味わいです。この素晴らしい料理を前菜に持ってくる荒井シェフの感性と調理技術に敬意を表します。パテの上に載せてある、ナスタチウムも縁を綺麗にカットしている芸の細かさがあります。

今日は料理に合わせたバイザグラスも楽しみです。ヒヨドリのパテには、2012コート・ド・ニュイ・ヴィラージュを合わせてくれました。ブドウはシャルドネ100%です。この白ワイン、酸味が少なくとてもバランスが良く、飛んだ表現をしますと、私の舌ではモンラッシェに近い味わいと感じました。

次は“アカザエビのホウレンソウ包み・ソースシヴェ”です。エビの殻からの濃厚なシヴェソースが、ホウレンソウで包んだアカザエビをより美味しく引き立てています。この料理の原型は、ジョエル・ロブションの“オマール・ソースシヴェ”と荒井シェフの解説です。本当に美味しいです。シェフの決定づける味わいのバランス感覚が素晴らしいと感じます。

それに赤ワイン2014サン・トーバン・プルミエ・クリュ・レ・ピタンジュレを合わせました。ブドウはピノ・ノワールです。早めに抜栓をしたのか聞かなかったのですが、一口含んだ時からまろやかで、今まで飲んでいたサン・トーバンとは別物の感があります。素晴らしい料理と素晴らしいワインのマリアージュ、今日はテンションが初めから高くなっています。

次の料理は“真鴨と紀州鴨のパテ・アンクルート・ビーツ添え”です。ビーツと赤い色が似ているラズベリーのパウダーが振ってあります。2種類の鴨の味比べ、かみしめて食べました。パテ・アンクルートのルーツは、昔からある調理法らしいですが、今から60年ほど前の、フェルナン・ポワンと並び称されるラ・コート・ドールの大料理長、アレクサンドル・デュメーヌのパテ・アンクルートの評判が高く、それが原型となっているという説があるようです。荒井シェフに「アレクサンドル・デュメーヌといえば、若鶏の壺蒸アレクサンドル・デュメーヌ風を次回の古典料理でお願いできないか」と尋ねました。荒井シェフは、「概略を文献で読んだことがあるので、研究してみましょう」と言ってくれました。壺蒸の鶏料理といえば、中華料理の、僧侶までもが塀を飛び越えてでも食べに寄ってくる“乞食鶏”という料理に似ているのかもしれませんが、ぜひ実現してほしいと願っています。

このパテ・アンクルートに、2012ニュイ・サン・ジョルジュ・レ・ラヴィエールを合わせてくれました。この赤ワインがまた別な個性で美味しく、まだ通過点なのですが、もう大満足の一夜です。

そして今日のメインは、村越シャムロックの鶏料理が2種類です。

まずは“胸肉のドゥミ・ドゥイユ・レバーのソース”です。荒井シェフが大きな楕円形の黒い鉄鍋を持ってきて蓋を開けました。その中には黒トリフのスライスを、肉と皮の間にたくさん挟んだ（ドゥミ・ドゥイユ）大きな鶏が２羽、美味しそうに収まっていました。
この料理は、あらかじめ鶏をトリフのジュースの中に漬け込んで準備するそうです。レバーのソースは、この鶏が新鮮だから臭みを取る作業もしないでシンプルに作れたそうです。
確かに、このレバーソース、独特な風味があり美味しいです。
この料理に、サンテミリオンの2002シャトー・ベリール・モンドーを合わせてくれました。カベルネの比率が高いようですが、渋くはなく、本当に飲みやすいボルドーです。今日は、美味しいのは料理だけでなく、ワイン群にも驚かされています。
次の料理は“腿肉のロースト・モリーユ詰め・ソース・ヴァンジョーヌ（黄色いワイン）”です。これに、ヴァンジョーヌの2009シャトー・シャロンを合わせました。ソース・ヴァンジョーヌもこのシャトー・シャロンとモリーユ茸を煮詰めて作ったそうです。煮込んだモリーユ茸の味わいが濃く、美味しかったです。
デザートの初めは“雷おこし風味のブランマンジェ”です。膜で包まれたドロッとしたクリームを口に含むとまさに雷おこしの味わいがしました。
メインのデザートは“レモン・クリームを挟んだガボット”です。ガボットというのは、ブルターニュの古典的な郷土菓子で、薄く焼いたクレープのことです。それが何層にもなっていて、その間には味の濃いレモンのアイスクリームが挟まっています。そして上のアイスクリームには、何かミントのような風味がすると思ったら、それはモミの木の香りのするアイスクリームでした。荒井シェフに、「モミの木のリキュールの風味ですか？」と尋ねたところ、北海道の森林伐採場に頼んで、樅ノ木の葉を取り寄せて、その大量の葉を牛乳に漬け込んで、香りを抽出したそうです。北欧では食材としてよく使うようです。それにしてもこんなに手間をかけてまで、私たちを満足させようとしてくださるその心意気に感謝の気持ちが起きます。
そしてコーヒーに小菓子“浅草の小桜カリントとカヌレ”です。そして最後にこれも名物の、今焼き上げたばかりの、“浅草名物人形焼の形をしているマドレーヌ”です。

最後に浅草ゆかりの小菓子が出るところなどは、地域密着で嬉しい気持ちが起きます。

今日の古典料理の会も、内容が素晴らしく、出席された方々の絶賛の声を聞きますと、関係者の方々に心より感謝する気持ちです。この古典の会、代々受け継がれて、原点を忘れない会として末永く開催してほしいと願っています。

15　シェフの心意気に大感謝！　古典料理を忠実に再現、貴重な書物の写真通りのプレゼン

今夕は、恵比寿に移転された堂々とした一軒家のレストラン、一つ星のアムールでの古典料理の会です。過去に2回開催していただき、感動モノのクオリティの高い古典料理を堪能しましたので今日も期待で心が膨らみます。

まずは、シャンパン、ドゥーツ・ブリュット・クラシックで乾杯をしました。冷やす温度も程よく、すっきりとした味わいの中に深いコクが感じられてとても美味しいです。

バイザグラスのマリアージュですので、このドゥーツに対応するアミューズは、“ハマグリの詰め物オーヴン焼き・シャンピニオンのデュクセル”です。後藤シェフは、ジョエル・ロブションのメニューブックから、30年ほど前のこの料理を選びました。フランスでは、ハマグリはなく、見せていただいた原書はハマグリによく似た二枚貝の“プレール”という貝で調理していました。ハマグリは焼くと縮むので、殻から外し縮まない程度に火を入れます。そして身を刻んで、殻に戻し、エスカルゴバターをたっぷりとかけて出されました。ハマグ

リの身を食べた後に、殻に残った汁を一番下に敷いてあるブリオッシュにしみこませて、二度美味しくいただきました。とても味わいが良いです。

続いて前菜は“仔ウサギのムーラン風ゼリー寄せ”です。当時の南フランスの三つ星、ムーラン・ド・ムージャン（ムージャンの風車）のオーナーシェフ、ロジェ・ヴェルジェのスペシャリテです。ヴェルジェ氏もボキューズと並んで、ポワンで働いていましたね。この料理のウサギはラパンで、リエーヴル（野ウサギ）ではなく、飼いウサギです。飼いウサギの肉は鶏肉のようで、南フランスでは日常よく食べられていました。後藤シェフは、レシピ通り作ったけれど、あまり美味しくなかったので、肉を鳥のコンソメで煮て、それで煮凝りを作ってテリーヌに仕上げたそうです。煮凝りの中に入っているトマトの酸味が良いですね。レバーとハツ、腎臓は、ムース状にして添えられています。これも素材が新鮮だからできるのですね。めっぽう美味しかったです。底本のロジェ・ヴェルジェの本を見せてくれました。アンダーラインが引いてあるところを解説してくれたのですが、ウサギ肉でカットしたしっぽやあばら骨は、犬や猫に食べさせると無駄がなくて良いとまで大真面目に書いてあるので笑ってしまいました。

それにサンセール・ウルティマス（最上）2014をマリアージュさせました。最近のサンセールは、酸っぱ過ぎず、軽すぎず、前菜とマリアージュさせるには最適な白ワインのひとつと思いました。

次は“手長エビと半熟卵・エストラゴン風味のヴィネガー仕立て”です。この料理は、ジョルジュ・ブランの本からです。今日のコースの料理の載っている古びた由緒ある原書が数冊積んで置いてあります。後藤シェフのお父さんも、フランス料理のシェフなので、小さい時から家にたくさんあるお父さんの料理書を読んで育ったそうです。

この料理の素材の手長エビ、半熟卵、トマトと相性が良いのだろうかと疑問に思うような組み合わせですが、半熟卵を切り開いて黄身とフレッシュトマトを３分の１になるまで煮詰めたトマトソースを混ぜて手長エビと食べると、さっぱりと濃厚とが絡み合っているようで、軽やかでとても美味しいです。エストラゴンの香りと白ワインヴィネガーがこの三つをつないでいるのでしょうか。この料理は、現代でも全く違和感なく通用する料理と思いました。逆に、30年前でしたら、バターリッチの料理の中にあっては、さぞかしさわやかな一品であったろうと想像します。

これに南の白ワイン、サン・ペレ・レ・セルフ2012を合わせました。樽熟成なので、黄色みがかった色合いです。この生産者はイヴ・キュイロンと言ってコンドリューの生産で有名な方だそうです。ブドウはマルサンヌ100%です。良いマリアージュで今夕も本当に楽しいです。ブレスの鳥の協会の会長を長く務められた、ジョルジュ・ブランさんは、“若鳥のクリーム煮”などのブレス産の鶏の質の高い料理ばかりではないかと私などは想像しますが、こういった料理も発掘していただいた後藤シェフに大感謝です。

次は“ウナギの赤ワイン煮込み”です。過去に何度か食べた“マトロート”というウナギの煮込みは、進んでは食べたくないような印象の料理でした。しかし、後藤シェフの手にかかると、とても魅力的な料理に変身させられてしまうので驚きました。原書によると黒みがかったソースはウナギの血入りだそうです。後藤シェフが日本のウナギをさばいて、血を集めようと思ったのですが、ほとんど血が集まらなかったそうです。そこで、後藤シェフは、この料理をあきらめるのではなくて、スッポンの生き血を必要量集めたそうです。このあたりの料理にかける執念は素晴らしいと敬意を表します。

この料理の原点は、パリの女性シェフのジョルゲット・デスカットさんのレシピからです。生き血だけでなく、10リットルもの赤ワインを使って昨日から一昼夜をかけて仕込んだソースだそうで、今日10名の美食家のために、このスッポンの生き血と大量の赤ワインとで仕上げられたソースは、言葉では言い表せないほどの、一同うなるほどの絶品の味わいでした。プルーンも隠し味で入っています。ほとんど黒い色に近い筒切りにしたウナギの身を骨からほぐすと、中から真っ白いふっくらとした身が覗けます。小骨もなく柔らかな身にコクのある血と赤ワインのソースがしみていて、実に美味しいウナギになっていました。それに赤ワインです。フルール・ド・クリネ2011です。ブドウはメルロー95%、カベルネ・フラン5%です。確かシャトー・クリネはパーカーポイント100点を取ったことのあるワインで、昨年その100点のワインを飲む会があり、飲んで美味しかったことを思い出しました。メルローの、色は濃いけれど、酸味渋みはそれほどでもない飲みやすさを私は好きです。このワインも固くなく美味しいですが、ウナギのソースを食べてクリネに戻ると、クリネが軽くなってしまう現象を感じました。それほどこの赤ワインソースが重厚な味わいであったということですね。こんな重厚なソースを食べられたことに幸せを感じます。

ここまで食べ進めてきて、後藤シェフの今日の料理は、一品一品、全力投球のような感じで、気の抜けた料理はみじんもなく、その情熱に申し訳ない気持ちが起きます。その迫力ある姿勢に一同感動しています。

そしていよいよメインです。現代フランス料理の基礎になる書物を著した、偉大なる料理人オーギュスト・エスコフィエのレシピから“カイヨ・レザン”(ウズラのマスカット添えパイケース)です。—口絵参照—

見せていただいたエスコフィエの貴重な書物のカラー写真通りのプレゼンで、1人1羽、全10名の鶉がきれいに並べられて大きな四角いパイケースに入って銀盆に載ってきました。ここまで忠実に再現していただくとは、後藤シェフのその心意気に、めったに見られない料理だけに今日何回目かですが、大感動しています。今、フランスから野鳥類は輸入禁止なので、名古屋産の鶉だそうです。

この料理のソースはコニャックが入っています。添えられたマスカットも1時間ほどコニャックに漬け込んで風味がしみています。この鶉を食べてマスカットを食べると、そのブドウの粒のさわやかさが、鶉肉をさらに美味しくさせているように感じました。ブドウは何でもいいわけでなく、エスコフィエが吟味した通り、つんとした香りのするマスカットがやはり最適なのだと思いました。添えられたポム・ムースリーヌに埋まっているロワール産のホワイトアスパラも美味しく、大きなモリーユ茸も良い風味です。モリーユはほかのいくつかのキノコと一緒で、春と秋と2回旬がありますので今は旬ですね。

そのメイン料理にマリアージュさせるワインは、プルミエ・クリュのシュヴレ・シャンベルタン・ラヴォー・サンジャック1993です。もう20年以上経っているのに、ワインのスペシャリストの皆さんの評価は、「まだ若い！」でした。私も味わってみて、古酒の趣などはまだ全く感じず、本当に美味しい赤ワインを選んでくれたことに感謝です。

そしてデザートです。デザートは“サントノーレ”です。パリ随一の高級品街のサントノーレ通りにあるパテシエの店が創造したデザートで、オリジナルの通り、巨大な円形のケーキが持ってこられました。皆にご披露し、写真撮影の後、切り分けられてきました。タルト生地の上にパイ生地があり、たっぷりのシャンティ（生クリーム）とバニラビーンズ入りのカスタードクリーム、キャラメルのかかったプチシューなどが、赤い果物を添えて出されました。この生クリームを押し出す金属製の口金も、オリジナルの波型を出すため後藤シェフは探したそうです。そこまでこだわってくれたことにまた、今日何度目かの大感謝です。

それに、酸味のキリッとした甘口ワイン、有名なドメーヌ・ボット・ゲイルのグラン・クリュ・ピノグリ・ゾーネングランツ2008を合わせました。6種類の料理に6種類のマリアージュするワイン、本当に堪能しました。

エスプレッソ・シングルに、小菓子、“レモン風味のギモーヴ、ミニイチゴショートケーキ、抹茶のロールケーキ、マドレーヌ、アーモンド、バラ風味のマカロン”を花弁とともにいただいて、この素晴らしい内容の会もお開きになりました。

1か月ほど後に、このアムールで、浅草の一つ星のオマージュの荒井シェフがやってきて、星付きのシェフ二人が、ひと皿ごとに料理を分けるのではなく、すべての皿を共同で料理を作るという、新しい試みのフェアが予定されています。さぞかし魅力的な料理が出ることと思います。

今日も大満足で、後藤シェフとスタッフの方々に感謝しつつお店を後にしました。

16　豚足料理～４日前から仕込み、消臭、ピンセットで掃除、風味付け……素材をいかに洗練させるか、シェフの腕前に脱帽！

今夕は、新宿伊勢丹内の、ル サロン ジャック・ボリーにて、ボリーさんの料理を楽しむ会に8名の古典料理好きが集まりました。たぶん古典的な料理で構成されたコースだろうと思いますが、ボリーさん自体が“動く古典料理”なので、特に料理のお願いはしませんでした。ただ、皆さん、ボリーさんのパテ・アンクルートを食べたいだろうと「できましたら」とリクエストをしてみましたが、シェフが試作までしたところ、ボリーさんのOKが出なかったということで、それは次回の課題になりました。先送りの楽しみがひとつ増えたと思っています。

今日は、指し値をしたうえでの、フルコースで、ワインもお任せという約束なので、限られた予算の中で、支配人、副支配人がワインをどのようなマリアージュに持っていくか、プロのチョイスを見るのも楽しみです。当然、皆、食いしん坊なので、名物の最後のデザートワゴンは、食べ放題の約束をしています。

さて、最初はシャンパン、タルラン・ブリュット・ナチュレで乾杯しました。セパージュは、3種が33%ずつです。主に2007年のブドウを使ったと裏側に書いてありました。美味しいシャンパンで満足です。

シャンパンに合わせて、アミューズ“潮の香りに包まれた生ウニとフヌイユ（フェンネル・セリ科の多年草で和名はウイキョウ）のバヴァロア仕立て”を合わせました。針を取り除いて丸くなったウニの殻の容器に入った、下からフヌイユのバヴァロア、生ウニ、そしてウニのクリームが重なっていて、その上に秋トリフのスライスが一枚アクセントに置いてあります。小さなスプーンでその層を下から掬うと、断面がきれいに見えて、同時にウニの香りとクリームの滑らかな舌ざわりの心地よい味わいが口の中に広がりました。

前菜は“オマール海老と茄子のコンポート、サラダ仕立て・アプリコットのヴィネグレット・マイクロ野菜添え”です。オマールとアプリコットは両方が引き立って、相性が良いことがわかりました。茄子は、パプリカ・オニオン・ズッキーニなどを刻んで炒め茄子に合わせてコンポートにしてあります。その上にオマールのメダイヨンが、蓋のように載っています。これに白ワイン、2011シュロスブルグ・リースリング・グランクリュを合わせてくれました。最初にグラスできたので、ボトルを見ずに「オマールといえばシャルドネが定番ではないか」と思って飲んだら違いました。それでも、先入観から、「チョークの風味を押さえたシャブリかな？」と、なおかつ思ったのです。プロらしい変化球できましたね。こういう体験が楽しいですね。

支配人は解説します。「ソムリエ試験のとき、300名もいると、最初にグラスを飲んだ人と、最後にグラスを飲んだ人では、冷やしていたワインの温度が上がってしまうので、特に温度の上がったリースリングは当てることが難しくなるのです。そういった思い出がありました。今日は、オマールにアプリコットのソースなので、アプリコットとけんかをしてしまうワインは避けました。また、まとわりつかないタイプのほうが良いと思い、このリースリングに決めました。リースリングは安いイメージがありますが、これはグランクリュで、高い方なのですよ。しかし、高いリースリングを使うのは難しいのです。その価格なら他に代用できるワインがたくさんあるからです」こういった解説は楽しいですね。

次は魚で“キャビアを纏ったアマダイのヴァプール・香り豊かなフヌイユのクリーム”です。アマダイの切り身の上に、ホタテのムースを厚めに塗ってその上一面にキャビアを載せた、キャビアの黒とアマダイとホタテの白と、フヌイユの黄色との見た目も美しい料理がきました。

これに、2009ペルナン・ヴェルジュレスを合わせました。ワインに詳しい皆さんから、「こうきたか」といったような軽いどよめきがあり、そのざわめきを聞くことができてとても楽しかったです。この造り手のフィリップ・シャルロパン氏は、あのアンリ・ジャイエが教えた方で、いまやメジャーの風格のある市場で人気の高い方だそうです。

支配人は「キャビアは、ミネラルが多いので合わせるワインが難しい食材で、悩みます。よく、キャビアにシャンパンという有名な組み合わせがありますが、それは、本当にマリアージュをさせているというのではなく、高貴な食材と高貴な飲み物という“同格”で合わせたものなのです」と説明してくれます。

魚にホタテのムースを一手間かけて塗って、蒸気で蒸す料理、これこそ古典的な調理法で、久しぶりに食べることができて満足です。それにしても凄いキャビアの量、嬉しいのですが、お店のコストアップにならないか心配になりました。キャビアとアマダイとホタテがシルキーなフヌイユのクリームと相俟って、本当に美味しい料理で皆さん絶賛でした。

さて、メインは“ピエ・ド・コション（豚足）のファルシ・ココット焼き・セージの香り”です。鉄製の黒光りのするココットを銀盆に載せて持ってきました。中には、豚足が仲良く二足、並んで調理されていました。上にセップや西洋ネギ、そしてオレンジピールが風味付けに載っています。

この豚足の料理は、ボリーさんの時代のロオジエでは、アラカルトメニューに載っていて、豚足が二つで1人前だそうです。そのボリュームの多さから、その時のお客様は、前菜をとり、豚足の料理で終わりというドゥプラ（2皿）になるそうです。この豚足の料理は4日前から仕込みます。豚足は砂糖と塩で背中が隠れるまでマリネして臭みを取ります。この豚の臭さを消すだけでも結構な仕事量だそうです。その後、ピンセットなどできれいに掃除をします。

料理は網油をかけた豚足の中にシャンピニオンのデュクセル（細かく刻んだ）と豚の耳が入っています。フォン・ド・ヴォーでいためてから仕上げにココットに入れます。セージ、ブラックオリーブ、レモンコンフィで風味付けをします。

網油と豚足のゼラチンとで、トロトロの表皮になります。塩はギリギリまで強めに仕上げます。この油の多い料理に塩が少ないととても全部は食べられません。その塩加減も素晴らしいです。こんなに手の込んだ料理を出していただき、大感謝です。1個300円もしないような豚足という一般的な素材を使って、このような芸術の領域にまで上り詰めるような料理に仕上げるという、フランスの持っている文化風土とともに、シェフの仕事に敬意を表したくなります。これは誰でもレシピがあればできるというような生易しいものではありません。素材をいかに洗練させるかがシェフの腕前と思いますが、本当にすごいと思います。お湯を沸かすしかできない、ただ食べるだけの趣味の自分にとっては、シェフは魔術師か錬金術師のように思えるのです。

調理した豚足は、1本だけ硬い爪が隠れていてそれだけを取り除いて食べました。爪を取り除いたのは何年ぶりのことでしょうか、懐かしいです。

それに、赤ワインをグラスで持ってきてくれました。私は、飲んでみて、ボルドーではないようだと思いましたが、お二人、即座に「コート・デュ・ローヌのシラーではないか？」と言って、さすがそれが大当たりでした。「やんや、やんや！」の喝采ですね。2010 エリュイカムという銘柄でシラー 100％です。このワインの生産者の方は、“健康第一”の信条で、「健康な畑からでないと、良いワインは生まれない」と唱えているそうです。このブドウ畑は、古代ローマ時代の畑が荒れ果てていたのを開墾してシラーを植えたそうです。やはり良い土質だったのですね。美味しいです。

豚足のこの料理に、ブルゴーニュでは、ワインのほうが弱くなるそうです。十分わかりますね。

今日は、ボリーさんの得意の料理の数々を食べることができて、8名、本当に幸せを感じました。こういった全うな料理が、今日では少なくなってしまい、現代のスタイリッシュな料理などを否定するものではありませんが、たまには昔からなじんできたこのような完成された伝統ある料理が食べたくなります。今日の美食家の皆さんも同じ気持ちであると思うのです。

アヴァンデセールは、“シャンパンのグラニテレモンピール添え”で、レモンの香りが強く美味しかったです。

さて、幸福の馬車のようなデザートワゴンが運ばれてきました。どれも伝統的なお菓子群で、シブースト、パリブレスト、ガトー・オペラ、栗のムースのタルト、サバラン、バシュラン、タルトタタン、イル・フロッタント、イチジクのコンポート、です。ボリーさんのデザートワゴンは迫力さえ感じます。

どういうわけだか、一人三つまでという制約になりました。支配人は、皆の食欲にコスト意識の危機感を感じたのでしょうか？

私は季節感のある、栗のムースのタルト、イル・フロッタント、そしてタルトタタンをいただきました。

このバシュランというスポンジが何層にもなったケーキ、昨日、資生堂ビルのイタリア料理のファロで食べたばかりなので、聞いてみたら、ファロで出すデザートは基本的にロオジエのデザートからなのだそうです。ファロも素晴らしいレストランです。ちなみに、日本を代表するグランド・レストランのロオジエは、昼夜満席が続きますが、それでも毎月500万円の赤字だそうです。やはり、ルネッサンスの時期に大富豪のメディチ（メディスン・薬屋）家が文化や芸術を発展させたように、大手資本がバックにあると文化が安定的に発展するのですね。ピエール・ガニエールが昔三つ星に急上昇したときも、日本の大手不動産がバックにあったからですね。

大手企業は、業績を上げていくことは基本と思いますが、同時に、様々な文化的事業にも、手を差し伸べていってほしいと思います。伝統的な京都の芸娘さんのもてなす、一力などの茶屋文化も、京都が本社のワコールの塚本さんたちが大旦那として支えてきたからですね。ゆえに大手の資生堂クラスならば、月に500万円程度の赤字は、好ましい文化的事業を応援しているという宣伝料として元が取れていると思うのです。様々な食文化も、絵画、書、音楽、伝統芸能と並んで、育んでいってほしい人類の素晴らしい文化であると思っています。

今日は伝統的な料理の数々を堪能することができて幸せです。今日のメンバーの皆さんも、皆同じ波長で、古典的な、基本的な料理を愛する皆さんで、頼もしく本当に嬉しいです。お店に、次回パテ・アンクルートを是非とお願いをして、満足のうちに解散しました。

17　200年前の大料理長アントナン・カレームの料理と19世紀サービススタイルを再現？

今夕は、目白の椿山荘においての特別な一夜、19世紀を代表する名シェフの足跡をたどる「ザ・晩餐会・アントナン・カレームと森の夜会」に出席しました。

待合室でウエルカム・シャンパン、ニコラ・フィアットを美味しくいただきながら、質の高いアミューズ7点をひとつずついただきました。

案内には服装のことは触れていなかったのに、「ザ・晩餐会」というネーミングのせいでしょうか、100名の出席者のほとんどがタキシードとドレス、和服といった正装なのです。私は例によってポロシャツとジャケットといういで立ちなので、宴会責任者の方に「こんな服装で出席してよろしいのでしょうか？」と尋ねました。すると「いろいろな服装の方がおられますので、お客様もそのままでよろしいのですよ」と、半ば慰めのお言葉をいただきましたので会場に入っていきました。

広いボールルームいっぱい使って、19世紀のスタイルにのっとって、巨大な馬蹄形にしつらえた宴席が姿を現しました。お菓子の塔も所々にあって実に荘厳な感じを受けました。場内が真っ暗になって、本当にろうそくに火をともす実演があり、昔にタイムスリップしたような心地よい気分です。

給仕する側も50名くらいいます。司会の女性が解説します。「今日サービスされる方々は、各地からこの日のためにきていただいたレストラン・サービスの一級資格取得者ばかりです。彼らによりまして、一夜限りではありますが、19世紀のサービススタイルを再現します」と、古典好きの私には、この言葉が得も言われぬ甘い言葉に響きました。

着席してから司会者の女性が、正式なアペリティフの、透明な達磨壜に特徴のある“ルイナール・ブラン・ド・ブラン”が全員に注がれたのを見届けてから、今日の主役、アントナン・カレームの経歴を紹介します。

アントナン少年は、1783年、子だくさんの貧しい家庭に生まれました。10歳で自活せよと家から放り出され、当時人気のあった飲食店のバニーに奉公していました。このレストランは、時の外務大臣、タレイランの邸宅のご接待時に呼ばれて出入りしていた評判の良いお店でした。その縁で、才能のあったカレーム青年は腕を見込まれ、12年にわたりタレイラン家のお抱えのコックに就くことができたのでした。この間、フランスはイギリスに戦争に敗れて、外務大臣のタレイランが戦後の賠償金の交渉にあたったのでした。タレイランは、そのころすでに著名なワインであった、シャトー・オーブリヨンのオーナーでもあったのです。そこで、タレイランは、毎夜、交渉しながら、飛び切り美味しいワインと、腕前の優れたカレームの料理攻勢でイギリスの交渉人に大満足を与えていたのです。その結果、交渉はフランス側の有利に決着したという逸話が残っています。「質の高い食事は交渉を有利に導く」という格言がありますが、その通りになったのでした。

カレームは今で言う、「料理とワインとのマリアージュ」の重要性を理解していた人でした。「シェリー酒は、熟成したチーズにことのほか合う」とか、当時進んでいたロシアの会食の口直しのラム酒のグラニテを、「絶好のタイミングである」と褒めていた記録があります。

カレームはその後、イギリス国王ジョージ四世や、ロシアのアレキサンドル一世に仕え、またオーストリアの王室にも招かれた、押しも押されぬ偉大な料理長になったのでした。最晩年の7年は、ロスチャイルド家に仕えたのでした。

料理におけるカレームの功績は数々ありますが、そのひとつ、その頃、料理業界で500種類ものソースが林立していて、伝達にも何を指しているのか収拾がつかないでいたものを、大きく四つのソースに分類しました。すなわち、ベシャメル・ソース、ソース・ヴルーテ、ソース・アルマンド、ソース・エスパニョールの4種類に体系化したのでした。

また、大パーティ用のお菓子の見栄えの良さを考えて、建築学を取り入れて、たとえばプチシュークリームのタワーのような、大広間でも見栄えのする巨大なお菓子のオブジェを考案したのでした。

彼がお菓子で考案したのは、エクレアです。「記念に今日の皆さんのお土産に2種類のエクレアを用意していますのでお楽しみにしてください」とは、司会者のうれしい言葉でした。

温度計もなく、温度管理もままならない時代に、パイ生地を焼く時の科学的な温度管理を完成させたのもカレームですし、貴婦人が大口を開けないでも上品に食べられる小さなお菓子“プチ・フール（小さなかまど）”を考案したのもカレームです。

現代に定着しているコック帽の考案者もカレームですし、ケーキを作る時の生クリームを入れる搾り袋も彼の考案です。また、会食の卓上に花を飾るのも、ウエディング・ケーキの考案も彼が初めて行ったことです。これはナポレオンとジョセフィーヌの結婚式のことでした。

カレームの書き残した膨大な書物をさらに体系化してまとめた人物が、オーギュスト・エスコフィエでした。彼の著書はカレームの著書を基礎としていたのです。

カレームの信条のひとつですが「すべての食事はスープで始まるべきだ。なぜなら、その一夜の味覚を整える意味で最高の一皿だからだ」と言っています。

ゆえに今日の最初の一皿はスープで始まります。

始めの一皿は“ポタージュのコンデ風・ロスチャイルド家に響く親子のさえずり”です。「お世話になったコンデ侯に捧げる」としてあります。

ウエイターが持つシルバーの大きなスープ容器から、おたまで一掬いずつスープが注がれました。このスープは鶉と赤インゲン、香味野菜のスープです。スープ皿の外にあるのは、赤ワインに漬けこんだ鶉の茹で卵とジャガイモで編み込んだ鳥の巣です。これで“親子のさえずり”という表現なのですね。これは先程の4種類の原点のうちの、ソース・ヴルーテに当たります。香りが高く期待したのですが、食べてみるとインゲン豆の風味が強すぎて、鶉の風味は感じられず、あまり美味しくはなかったです。

このような歴史的な料理をいただいて、美味しくない時、それがもともと美味しくない味なのか、それとも現代の作り手の再現の器量不足だから美味しくないのか、どちらなのだろうといつも迷います。

次の料理は“鱈のグリル・イタリア風シャンパンソース・愛の泉ヴォ・ロ・ヴァン”です。イタリア風というのは、ニンニクと香味野菜の入ったソースを言うそうです。この料理は1829年シャトー・ロスチャイルドとともに食べたと解説されましたが、魚に赤ワイン、しかもフルボディのような赤ワインとこの料理という組み合わせはおかしいので、私の聞き間違いかも知れません。いずれにしても、記録に残っている歴史的な会食会からの料理だそうです。私の感想は、付け合わせが多すぎて、もっとシンプルにしてほしかったと思いました。

この料理に、白ワイン、ロワールのニコラ・ジョリーの“サヴィニエール2011”が注がれました。ブドウはシュナンブランですが異様に黄色いのでソムリエに尋ねると、樽からついた色ではなくて白ブドウの皮をそのまま長時間漬けこんだ色が出ているそうです。

ビオディナミの元祖で、それにさらに天体の運行まで管理項目に入っている奇才ニコラ・ジョリーらしいストロングスタイルの白で、パンチ力がありました。この人、アメリカで税理士をしていたら、フランスでブドウ栽培をしていた叔父が亡くなって、ブドウ畑を相続したので、税理士をやめてフランスに渡って、農薬を一切使わない自分の思う通りのワイン造りを始めたという人です。彼によると月の満ち欠けもブドウの生育に大いに関係するそうです。このような人気のある造り手のワインが次々に出されると、主催者側は本気であると感じ、食べ手のほうも真剣になりますね。

次はお口直しで“ラム酒のお口直し・アントナンのお気に入り”です。ロシアのコース料理で、アントナンが感じ入ったという文献から、今日のコースに組み込まれたようですが、印象はあまりありませんでした。

中世の道化師の衣装を纏った、二人の女性の楽師がフリをつけながら練り歩いてきました。今日は細部に至るまで凝った会であると感心してしまいます。

次の料理は“牛フィレ肉・ペリグー風・ピエスモンテの栄華”です。この刻みトリフの入ったソース・ペリグーは、ソース4大分類のうちの、ソース・エスパニョールに入るのだそうです。それに合わせてエコー・ド・ランシュ・バージュ・ポイヤック2010が注がれました。ランシュ・バージュのセカンドだそうですが、私の大好きな銘柄だけに、本家を彷彿とさせて本当に美味しいです。ブドウはカベルネ・ソーヴィニヨン、カベルネ・フラン、メルロー、プチ・ベルドーです。

この料理は1821年の記録から再現したそうです。

今日は文献を調べて本格的に料理の再現に取り組んでいますね。その熱意が私たちにも伝わって、心地よい緊張感がホール内に漂っています。こういう雰囲気もたまには良いですね。

次の料理はなんと鴨なのです。牛のあと鴨とはどういった考えからなのかと思います。“鴨の胸肉の薄切り・ピガラード風・英国ブライトンの厨房”です。ブライトンのロイヤル・パヴィリオンでの晩餐会の記録からのメニューだそうです。ウエイターがメインゲストの席近くでデクパージュをしています。なかなか見事なナイフ捌きでした。

薄切りの鴨肉の下には相性の良いオレンジの剥き身が横たわっていました。

それまで、宴会料理というのは大皿も大皿で、ゲスト一人一人に見せながら切り分けるうちに冷めてしまい風味も落ちるので、カレームは当時最先端のサービスと言われていた、初めから切り分けて持ってくるロシア式のサービスを導入したのでした。

これにヴォーヌ・ロマネ2006が注がれました。これも私の大好きなワインなので、今日はもう飲み過ぎています。このヴォーヌ・ロマネも本当に美味しいです。

この最後の2種類、ちゃんとセオリー通りに、四つ足はボルドー、二つ足はブルゴーニュというマリアージュできましたね。鴨が何で牛の後なのかは、尋ねたのですが、明確な答えをいただけませんでした。2種類の赤ワインも甲乙つけがたい互角の味わいでした。もう大満足です。

そしてチーズは“熟成ブリー”です。文献から、至高のマリアージュと絶賛した、エミリオ・ルストーのインディア・オロロソという、ドライでない甘いシェリーと熟成チーズとのマリアージュです。200年前に、アントナン・カレームはこのマリアージュは素晴らしいと言ったのですね。それを再現して体験させてくれたありがたさに感謝です。

そしてデザートは“リンゴのメレンゲ包み・ハリネズミ見立て”です。これも1817年にロイヤル・パヴィリオンでの晩餐会のメニューからの再現です。甘く煮たリンゴをメレンゲで丸く包んで、それに目などをつけて、背中にスライスアーモンドを刺してハリネズミに見立ててありますが、そのころ流行したからなのでしょうか、なにも動物に見立てなくともよいのではないかという印象でした。

そしてコーヒーでお開きになりました。

ほとんど正装の方たちの中に、ラフな格好で座って食べていましたが、両隣の方々との会話が楽しいので、服装のことなどはすっかり忘れてしまいました。いったい誰が何で今ごろこんな会を発案したのかわからないままに、今日の、200年前の大料理長、アントナン・カレームに捧げる晩餐会、素晴らしい雰囲気の中に終わりました。たまにはこういった大料理長を回顧する催しがあると楽しいですね。帰りにエクレアの入った小さな紙袋を土産に、ウエイターの方々が両脇にずらりと並んで挨拶をしていただく中、ほろ酔いの楽しい気分で帰途につきました。

18　ジビエ王道料理“リエーブル・ロワイヤル”「これぞジビエだ！」抜きん出る調理技術！

今夕は、久しぶりに銀座の交詢社ビルの5階のエメ・ヴィベールに行きました。今般、今まですっかりお世話になった杉本ソムリエが退職され、10年来の友人の高野真司さんが、支配人兼ソムリエで戻ってこられたのです。予約をした時点で、ありがたいことに、私たちのために特別メニューを組んでいただいたようで、若月シェフのスペシャリテ尽くしのメニューには驚かされ、また感謝の気持ちが起きました。

まずはシャンパン、レコルタンのミッシェル・ゴネ・グランクリュ・ブラン・ド・ブランです。2001年というヴィンテージ物を出してくれました。相当寝かせていたからでしょうか、フレッシュだと香りが立ち昇らない場合がありますが、これだけ年季が入っていると、色は黄金色で、口に含むと飴のような風味が広がります。これがヴィンテージ・シャンパンなのですね。のっけから大満足です。この造り手のゴネさんは、ヴィンテージ・シャンパンだけ、自分の名前を虫眼鏡で見ないと読めないような小ささで書いてあるのです。変人なのでしょうか。

それにアミューズ“グリーンピースのヴルーテ・カリカリのベーコンチップ添え・クリームとともに”です。ピュアなグリーンピースのポタージュ以上に濃厚なヴルーテの美味しさを堪能したアミューズでした。

前菜は“ズワイガニとサーモン・ミ・キュイと各種野菜のテリーヌ仕立て・フレーズ（イチゴ）のヴィネグレット・ソース”です。贅沢な赤みを帯びたお皿たっぷりのイチゴのヴィネグレット風味のソースの色が目に焼き付きます。中央には、カリフラワーなどの野菜とともにカニとサーモンのテリーヌがあり、周りの縛りはズッキーニでした。私はイチゴのソースを残さず食べるために、ソーススプーンをお願いし、さらにパンの柔らかいところを丸めてイチゴのソースをすべて掬って平らげました。大満足の前菜です。それに高野さんは、ジェラール・シュエラーのリースリング・グラン・クリュ 2007 を合わせてくれました。

10 年寝かせたリースリングは、2 〜 3 年で飲むヴィンテージとは落ち着きが違うような気がします。自然派の造り手で、柑橘系の風味がイチゴのソースにぴったりのマリアージュをしています。まだ始めなのですが、今日のエメ・ヴィベール、いつにも増して、料理もワインも迫力が違うと感じます。すごい一夜になりそうです。

次も若月シェフのスペシャリテで“コンソメのジュレとセルリラヴのムスリーヌ”です。ゼラチンを加えないで天然のトロミの出ている鶏のコンソメは滅法美味しいです。そのやや強い風味のコンソメの美味しさを和らげるような、黄金色の透明なゼリーの下に沈んでいるのが見えるセルリラヴのおとなしい味わいのムースがぴったりです。本当に美味しいピュアなコンソメゼリーでした。香りの中にほのかなシェリー香がします。

それにバイザグラスで高野さんは、変化球を持ってきました。ジュラのレトワール（星村）・サヴァニャン・2011・ドメーヌ・フィリップ・ヴァンデルです。サヴァニャンの黄ワイン系統の、この癖のある味わいのワインは、このようなバイザグラスの流れの中でその持ち味を発揮しますね。このサヴァニャンもほのかなシェリー香がするのです。その共通点に焦点を当てた見事なバイザグラスと思います。一夜のワインがすべて王道を行くようなワインだけだったら、美味しいけれど、当たり前すぎて面白くもなんともないと思います。このような、単独で飲んだら美味しくもないこのような個性的なワインを挟むことによって、その前後のワインまでピリッと緊張するような気がします。そのような流れの変化は大いに楽しく大満足です。

次は魚料理で“クルトンを纏ったナメタカレイ・パセリとシトロンのコンフィのソース”です。カレイに細かに砕いたクルトンを纏わせて、フライパンで魚がじかに当たらないような火入れをする技法で調理したカレイはプリプリで美味しかったです。このソースに使っているシトロンは3か月熟成したもので、濃厚な風味のソースです。高野さんが、赤ワインでも良かったかもしれないというのもわかります。添えられた、ズッキーニを中に入れてベニエにしたプチトマトも美味しかったです。魚の下に敷かれたキャベツも存在感がありました。とても手の込んだ料理ということがわかります。このスープの味の濃い魚料理に、シャサーニュ・モンラッシェ・プルミエ・クリュ・モルジュ2008を合わせてくれました。造り手はブルーノ・コランです。この強いシトロンの風味のソースに、やや弱いかと思ったこのサシャーニュは負けませんでした。互角ということは、マリアージュをしているということです。このような組み合わせを提案していただき大満足でした。

そして、定番のシャンパンのグラニテです。カシスのソースをトッピングしてあるのは、キール・ロワイヤル風をもじっているためです。いつもながらきめ細かなグラニテでした。

さて、今日のメインは、本当に久しぶりの古典料理で、ジビエの王道料理のひとつ“リエーブル（野兎）・ロワイヤル（王様風）”を用意してくれたのでした。今、フランスでは野兎を調理するのは禁止されているようですので、このシーズンに日本国内で狩猟したわずか2羽のうちの1羽を私たちのために用意していただいたという珍品で、大感謝です。この真っ黒い濃厚なソースは、ウサギの内臓などすべてのエキスを取り入れた逸品です。野兎の肉も美味しいし、ソースも深みのある味わいで、私は心の中で大拍手をしています。思えば何度か、3キロはあろうかというリエーブル・ロワイヤルの姿焼きをいただきましたが、8人で食べるのですが、その美食家の皆さんの感想は、「珍しい味わいだが、もうしばらくは結構です」といった、言わばゲテモノ扱いの料理でした。しかし、古典料理の時も美味しかったのですが、その前にお願いしたお店では、これが本来の味わいかどうか、わからないような風味ばかりだったのです。その時と比べて、今日の料理は本当に深い味わいで、「これぞジビエだ」と胸を張って言える素晴らしい料理でした。やはり、調理技術が抜きんでていたのかと思っています。

以前、丸ごとのリエーブル・ロワイヤルを息子たちと味わった時は、肉が臭くて、それに合わせるワインがシャトー・ピション・コンテス・ド・ラランドで、ソムリエの説明が、「森の中の腐葉土の風味がします」との説明で、本当に、こんなこともあるのかといったような、臭みと臭みで消し合ったようなマリアージュだったことを思い出しました。こんなことがあったから、息子たちは、コンテス・ド・ラランドをいまだに臭いワインだと思っているようです。この料理、ストレートに調理するとどうしても臭いのを、どう和らげるかがシェフの腕前なのだと思っています。

ちなみにロワイヤル（王様風）というのは、Chapter3 の 12 でも述べたように、ウサギがオーヴンで姿焼きにされていくにつれて、立っていた耳が両の頬に熱の影響で垂れ下がってきて、ちょうどトランプの王様の髪型のようになるから言われているのです。

さてそのリエーブル・ロワイヤルに何を合わせてくれるのか興味がわきました。このような、待っている時間、ちょうど推理小説のように謎が解ける楽しみがありますね。そして高野さんの提案した赤ワインは 2 時間前に抜栓し、デカンタをしたシャトー・ヌフ・パプ 1994・シャトー・ボーカステルでした。この規定通り 13 種類もブドウを混ぜた 20 年以上も経過しているワインは、角が取れていて深い味わいでした。渋くも苦くもなく物静かではありますが、野兎の濃厚なソースに良いマリアージュをしていました。何でシャトー・ヌフだけ 13 種類もブドウを混ぜてよいのかという疑問は、むしろ初めに 13 種類混植してある影響力の大きな畑が存在していたので、政府がそれを認めざるを得なかったということのようです。若月さんはじめ皆さんの心遣いでこの稀有な料理と良いワインを合わせている一夜、本当に感謝の気持ちになります。

さてチーズです。今日は5種類いただきました。“ブリー・ド・モー、カンタル、ヴァランセ、ブルー・ド・オーヴェルニュ、キュレナンテ”の5種類です。それに熱々のチーズ用のブドウ入りのパンと、レモンの果実からのシチリア産の蜂蜜で美味しくいただきました。それに、ニュイ・サン・ジョルジュ・ラ・シャルモッテ2007・ドメーヌ・チボー・リガー・ベラーを合わせました。

アヴァン・デセールは“レモンシャーベット・チョコレート、アールグレイの風味”です。見た目はこじんまりとしていますが、いろいろな風味の混在した複雑な味わいでした。

メインは“フロマージュ・ブランのスフレ”です。見事にふっくらと仕上がったスフレは、滑らかで文句なしに美味しいです。いつも食べるフロマージュ・ブランよりも味が濃いのは、ほかにチーズを混ぜているからかと思いましたが素晴らしいできです。一度オーヴンに入れると、付きっ切りで見ていなければならない面倒極まりないデザートをよくやってくれたことに感謝の気持ちが起きます。

それに、甘口のヴーヴレ・ネクター1996を合わせてくれました。あまり甘くなく、酸味が程よく、美味しいです。

そしてコーヒーと、小菓子も質が高く、最後まで緊張感を感じました。粒チョコレートひとつでも、外側のコーティングが薄いのは技術がいるのですね。

今日も完璧なバイザグラスと、スペシャリテ尽くしのコース料理で、大歓迎をしていただきました。このような楽しい一夜が、人類の偉大な発明であり、この世の天国ですね。平和だから楽しめることに感謝です。

本当に大満足で、ほろ酔いでお店を後にしました。

19　フレンチの伝統を守ってきた店の凄いレベルの高さ、本物の味の大山脈のひとつ

今夕は、東急セルリアン15周年記念行事の一環で、かつて、銀座東急ホテルの料理顧問であった、パリの二つ星、ミッシェル・ロスタン氏を招いて、「継承」と題した食事会に行きました。銀座東急が移転で閉鎖するまでの10年間、料理顧問として、毎年フェアを開催していただき、私は常連でした。いま、クーカーニョの支配人から宴会支配人に昇格した重鎮の鳥居さんが、新入生のボーイの時代から銀座東急には通っていました。今日も80席、満席の盛況です。入場口までのアプローチで、ギターとアコーディオンの生演奏が耳に優しいです。アコーディオンは、銀座東急のロスタンフェアで必ず駆けつけて演奏してくれていた、懐かしいパトリック・ヌジェさんではないですか。私よりだいぶお年のはずなのですが、誰もが知っている名曲ばかりのクラシックシャンソン、久しぶりに聞かせていただき、身も心も若き日の自分に戻った感がして大満足です。楽観主義者の私でも、あの若き日、こんな幸せな老後になるとは予測できませんでした。当時を思い出しながら感慨深く聞き入りました。アコーディオンという楽器は古き良きパリの下町を彷彿させるベストの楽器と思い、私は大好きです。

待合室で、シャンパン、キュヴェ・レオルンテと、アミューズ3種類を味わっていると開場の時間となりました。

ミッシェル・ロスタン氏と、福田順彦取締役総料理長のご挨拶がありました。

ロスタン氏は、1948年生まれで、長く二つ星を獲得しています。父も二つ星、祖父は三つ星という、五代続く根っからのシェフの家系

です。同じ家系で星7つというのは他にはいないそうです。彼はいつもポケットにスプーンを入れています。なぜなら、ソースの味をすべて確かめるのが、トップシェフの役目だからだそうです。この役目をおろそかにして、シェフを名乗るというのはおこがましいと、鋭い目つきと同時に筋金入りの意見を述べられました。

彼がパリに移転して店を開いた時の席数は28席という小さなお店だったそうですが、オープン2年目で二つ星を獲得したという手腕の持ち主です。

東急ホテルズとは、1990年から顧問契約をしています。銀座東急の閉鎖と同時に顧問契約も解消されたのですが、今日15年ぶりに来日し、ミッシェル・ロスタンの料理を味わえるとはなんとラッキーなことでしょうか。

アミューズ3種類は“山羊のチーズ・フォンダン仕立て・アボカドを敷いて・フレッシュトマトのスライス添え、鶏レバーのプリン・カレー風味、ホタテ貝と真鯛のタルタル・EXバージンオイル風味”の3種類です。それぞれ、日本で出すアミューズよりも大ぶりで、迫力があり、滅法美味しかったです。この3種類を食べただけで、今日きた甲斐があったと思ったほどの美味しさでした。鶏レバーのプリンも、カレー風味が上品なので素晴らしいのですが、下賤なカレー味だったら台無しになるところです。このあたりが、当たり前ですが、グランシェフの優れた感性であると思うのです。これを3種類と数えて、今日は10種類も料理が出るそうです。そうなると、心構えとして美味しいパンもそこそこで我慢をしなければならないのがつらいところです。パンについてもロスタン氏の注文で、固いパンにしてほしいということでした。各自のバターの表面にもMRの文字が浮き彫りになっている凝りようでした。

白ワインは、ムルソーの隣の畑の2013オーセイ・デュレスです。ブドウはシャルドネです。あまり鋭い味わいでなく、やわらかく美味しいです。

前菜は“毛ガニの入ったグリーンアスパラのシャルトリューズ(囲ってある形)・キャビア添え・甲殻類のソース”です。昔懐かしい、シャルトリューズ型に囲われたアラモの砦のようなアスパラを壊すと、中から毛ガニをほぐした身がたくさん出てきました。甲殻類のソースの味わいもやわらかく、全体がソフトな素晴らしい美味しさでした。

次は“グルヌイユ（蛙の腿肉）のタルト・パイ仕立て・アイユ（ニンニク)風味のアーチチョークのチップ・エストラゴンのシャンテリー（クリーム）添え”です。このパイケースの中の蛙の肉の下のトマトのコンフィが素晴らしい味でした。場違いのような味わいのエストラゴンのクリームが倍美味しくさせていると思いました。ニンニク風味のアーチチョークのチップも本当に美味しいです。まさに、東急の調理場のチームワークが、パリのミッシェル・ロスタンの優れた料理を完璧に再現しています。食べ手にとっては、まことにありがたいことと感謝の気持ちが起きます。

次はスープで“エチュヴェしたオマール海老とポテイロン（かぼちゃ）・マーシュのサラダとバルサミコ”です。カボチャと、オマールのマリアージュ、初めてで美味しいです。福田総料理長の言葉ですが、「今日の料理は、ミッシェル・ロスタンの新作のご披露ではなく、昔から作り続けてきた伝統の味わいを評価いただく夕べ」だそうです。まさに、一品一品、すべてが五代続く家系のスペシャリテの料理で、その質の高い美味しさに圧倒されます。ロブション、デュカスは、時流に乗った天才料理人と思いますが、とても大切と思う高度な伝統料理という分野も存在します。質の高い料理に甲乙はつけがたいですね。

次は魚で“カワカマスのクネル（はんぺん）スフレ仕立て・ジョー・ロスタン（父）のスペシャリテ”です。水でクネルを茹でるのも四世代前からのレシピだそうです。厨房からのテレビ中継がつながりました。ミッシェルが怖い顔をして、「オマールのソースをかけて10分、オーヴンで熱したら、ぐずぐずしないですぐにお客様のところに持っていきなさい。この料理は、熱々がポイントなのだ」と指揮しています。皆半分駆け足で持ってきてくれました。本当にオマールの良い匂いに会場が包まれました。カワカマスは、代用品でよく使う、スズキよりも、何とも言えず身がねっとりとしていました。スズキはやはり水っぽいのでしょうか、それとも料理工程に特徴でもあるのでしょうか？ウエイターに「わざわざカワカマスを使う理由を聞いてきてください」と頼んだのですが、返事は帰りまでこなかったです。オマールの香りの匂い立つやや焦げたソースも抜群に美味しいクネルでした。

次はメインで、2種類の肉料理が出ます。それに合わせて赤ワインも2種類注がれました。まずは、ボルドー、サンテミリオンのグランクリュ、2010シャトー・ド・プレサックです。ブドウはメルロー70%、カベルネ・ソーヴィニヨン15%、カベルネ・フラン15%です。渋さの少ない滑らかな赤ワインです。

そしてもうひとつは、2013ヴォーヌ・ロマネです。私の大好きなワインです。

さて、肉料理の最初は“茹でてローストした乳飲み仔牛の脛肉・数多くのスパイスの香るジュ・洋ナシとホウレンソウのピューレと季節の野菜”です。プレゼンで、仔牛の脛肉の丸ごとがこんなに大きいものと初めて知りました。塊でくると、シャレ・ド・ヴォー、とても良い香りで食欲をそそります。添えられた骨髄の入った骨も仔牛なのに大きくしっかりとしているのに驚きました。こういった優れたプレゼンも星付きだと改めて感じ入りました。柔らかな脛肉、初めての食感かもしれません。ワインと良いマリアージュしました。

そして最後の料理は“小鳩胸肉のロティとグリーンピース・フランセーズ・カリッと焼き上げた鳩の腿肉のサラダ添え”です。この小鳩の火入れ、素晴らしかったです。そしてヴォーヌ・ロマネとのマリアージュも良かったです。

メインの良い肉とは別に、小さな肉を削いで集めて、カリカリに焼き上げてサラダにして添えてくるというのも、クラシックスタイルで素晴らしいです。

素晴らしい２種類の肉料理を味わえて、また、スペシャリテ尽くしを味わうことができて、今日は本当にきて良かったと思います。

鳩についてですが、キリスト教文化圏では、もっとも高貴な肉は鳩の肉です。なぜなら、天にいる神様の次に高い位置にいるからです。豚や羊や牛は地上を這っているので同格で、水の中にいる魚は、もっと低い位置にいるのでそれよりも格が下になっています。これは大まじめな話です。ヨーロッパの常識です。

ゆえに、モナコのレニエ三世とグレース・ケリーとの世紀の結婚式のメインディッシュは、当時のパリの三つ星の、グランヴェフールの料理長、レイモン・オリヴェ氏が采配を振るったのですが、めでたい席なので、当たり前のように鳩の料理が出たのでした。

この２種類の肉料理に、さすが「四つ足はボルドー、二つ足はブルゴーニュ」という昔からの言い伝えがぴったりでした。中国では、人類のために働いている牛よりも、ただ食べられるために存在する豚の方が上位なのですが、宗教やお国柄の解釈によって、肉に違った順位がつくのも面白いことですね。話がそれました。

ミッシェル・ロスタン氏、こんなにスペシャリテ尽くしを一夜にしなくとも、毎年来日されて少しずつ味わうことでも私は満足したのに、大盤振る舞いではないかと申し訳ない気持ちになりました。

デザートも、長年好評の歴史的なデザートだそうです。“焼きたてのほろ苦いチョコレート・滑らかなピスタチオのクリームソース・チョコレートのソルベ・カカオ風味のチュイル添え”です。このチョコレートのタルト、スプーンで割ると中からチョコレートが溶け出してきました。それが焦げた味わいの外側のチョコとともに混ざって、抜群に美味しいのです。この味わいで、長年顧客に愛されているデザートであることがわかります。別皿のチョコレートのアイスクリームを食べると、全然チョコレートの味がしないのです。何か高貴な味わいがするので、それがわからないでいたら、説明が、「シャルトリューズ風味です」というので、そうか、と納得しました。見た目と味わいとがこれほど違うと頭が混乱します。

これも、スペシャリテであることが嫌というほどわかりました。ミッシェル・ロスタンは凄いです！

そしてエスプレッソに小菓子です。“パッションフルーツのタルト、スペシャリテの赤ワインのゼリー、チョコレートボンボン”の３種類です。赤ワインの入ったプルプルのゼリー、口に含むと破裂して、得も言われぬ高貴な美味しさが口の中に広がりました。お客様、ほとんど全員から軽いどよめきが起きた感じのするほど美味しかったです。ミッシェル・ロスタンはまたまた最後まで凄いです。サービス精神、あり過ぎではないでしょうか。もう私たちは大満足です。

今日感じたことは、今食べてきた数々の料理が、フレンチの伝統を守ってきた店の凄いレベルの高さであり、これが本物の味の大山脈のひとつなのだということを教わりました。

そして、この美味しい料理の完璧な再現に努力された東急セルリアンの、福田総料理長を筆頭とするシェフたちのチームワークの素晴らしさを改めて感じました。

皆様スタッフのおかげで、大満足の一夜を過ごすことができました。忙しくてこられない皆さんにどれだけ伝えることができるかどうかわかりませんが、この感動を書き記しました。皆さんの何らかの参考になれば幸せです。私はこの趣味で本当に良かったと思っています。

ワイン会の楽しみ

Chapter 4

1 「シャンパーニュ認定７品種を味わう会」完璧なシャンパンは感動を生む

今日のお昼は、「シャンパーニュ認定７品種を味わう会」で、渋谷のロ・アラ・ブッシュ（口によだれ）に行きました。このお店は、元男爵家の家で、古色蒼然とした独特の雰囲気のため、結婚式などで人気があります。私はしばらくぶりだったので知っている人が誰もいなかったのですが、席に着くとソムリエの方が、笑顔で「2007年以来のお越しですね」と、調べてくれていたのには感激しました。こういった一言で、本当に和やかなムードになりますね。顧客の情報を掴んでいるお店は良いお店と思います。

さてシャンパーニュ地方の７種類のブドウのシャンパンですが、最初はプチ・カミュゼ・ブラン・ド・ブラン・ブリュットで、ブドウはピノ・ブラン100%です。

このピノ・ブランというブドウ品種は、ピノ・ノワールの果皮が緑を帯びた黄色に変色したピノ・ノワールの変異品種です。ピノ・ブランは、シャルドネよりもアロマも果実味も豊かで、良い年は、完熟したレモン風味の稀有なシャンパンになるそうです。これは軽快で最初に飲むにはとても良いシャンパンと思いました。

そして次は、テロ・デルニー・キュヴェ・フォンダトール（創設者）・ブリュットです。ブドウはピノ・グリ100％です。このピノ・グリは、シャンパーニュ地方の古代種で、ピノ・ノワールの果皮の色がグリ（グレイ）になった、これもピノ・ノワールの変異品種です。

このピノ・グリという品種は、寒さに強く、熟すと糖度が高くなるので、寒いアルザス地方でも栽培が盛んです。

このシャンパンは、2009年のドメーヌ創設80周年にリリースされたばかりのシャンパンで、飲み口はしっかりとしていますが、辛口すぎて、私には評価が難しいと感じました。

この2種類のシャンパンに合わせたアミューズは、ソーモンと野菜の入ったキシュ・野菜サラダ添えです。キッシュは作り方によって味は様々ですが、洗練されている味と感じました。

次のシャンパンは、ドラピエ・キュヴェ・カトー・ブラン・ド・ブランです。ブドウは4種類が均等に25％ずつ混合されています。その4種類とは、まずアルバンヌ種です。このブドウは、収穫量が少ないので使いにくい、コート・デ・バール地区に古くから存在する品種です。スミレ・シナモン・スズランの香りを持ちます。次の、プティ・メリエ種もシャンパーニュ地方の古代種で、豊満で新鮮さがあふれていて、オレンジのコンフィ・グレープフルーツ・ベルガモット・アーモンドの風味を感じます。そしてあとの2種類は、ピノ・ブランとシャルドネです。

ドラピエ社は、創業以来家族経営を守っています。ブドウの栽培を始めたのが1615年からで、1920年からシャンパンの製造を始め、1951年から自社で壜詰めを行い、1986年からネゴシアンを始めたという歴史を持っています。ロバート・パーカー・ジュニアのバイヤーズ・ガイドでは、四つ星・エクセレントという評価を得ている名門です。この4種混合のシャンパンを飲んだ感想は、前の2種類も良かったのですが、このドラピエは桁が違う美味しさを感じました。こんな配合の美味しいシャンパンが飲めて知識が広がりました。

このシャンパンに、料理は夏野菜のテリーヌ・タップナードソース添えです。このテリーヌの野菜は、アーチチョーク、ネギ、オクラ、ブロッコリー、カリフラワー、インゲン、黄パプリカの外側をキャベツで巻いてあります。赤い色の野菜が入っていない地味な色のテリーヌですが、かすかな塩味も程よく、味は素晴らしかったです。

横たわっているテリーヌの上に、トマトのジュレから取った、透明なシートがかかっていて、このトマトの風味ともよく合いました。

次のシャンパンは、クリストフ・ミニョン・エクストラ・ブリュットです。ブドウはピノ・ムニエ100%です。このピノ・ムニエ種を混合することによって、酒質の柔らかさ、ワインの熟成の速さとフルーティーさがワインに与えられると言われています。

白スグリ、パン、アーモンドの香りがすると言われています。

これに魚料理、サフラン風味のフラン、ホタテのカダイフ巻きの軽いフライ、エビのムース添えを合わせました。鮮やかな真っ黄色のサフランが茶碗蒸し状になった上に、香ばしく揚げたカダイフをまとったホタテは本当に美味しいです。添えられたエビのミンチのムースがまた違う香ばしさで、これは素晴らしい一品と思いました。

今日はシャンパンが主役なので、あまりしつこい料理や重たい料理が出ないので、私の気持ちも軽快になります。

そして最後、7種類目の主役のブドウはもちろん、ピノ・ノワールです。どこの銘柄のシャンパンが出るのか楽しみにしていたら、注がれたのは、2002ボランジェ・グラン・ダネでした。このシャンパンはピノ・ノワール60%、シャルドネ40%で、「偉大な年」と名付けられた特別なシャンパンが出てきました。コクのあるボディ、奥深い芳香は、申し分ない美味しさです。このような完璧なシャンパンを飲むと感動してしまいます。「グラン」と名付けているのはけしてダテではありません。

このシャンパンにメイン料理、地鶏の腿肉のロースト、メートル・ドテル・ソース（エシャロット、タマネギを主体にした軽やかなソース）です。本来の鶏の腿肉の持っている風味と、このボランジェの力強さとぴったりと合う感じがします。

こうして1日でシャンパンのブドウ7種類を楽しむ会は終了しました。もちろんデザートも美味しく、中島料理長の力量を改めて感じる昼下がりでした。

2　日本に咲くアネモネをプリントしたシャンパンの壜

今日は恵比寿のメゾン・エメ・ヴィベールにおいての、老舗シャンパン・メーカー・ペリエ・ジュエのワイン・メーカーズ・ディナーに行きました。ここの1階の待合室のゆったり感は、一軒家のレストランとしては最高ではないでしょうか。待合室ではマムが何杯でも振舞われました。この、待つことの充実感はとても心地良いですね。

今日の解説は、ペリエ・ジュエ日本支社のブランド・アンバサダー、シャンパーニュ地方出身のアントニー・ドゥヴィルさんです。日本人の奥様もご一緒でした。日本に来て19年目になるそうで、日本語はペラペラです。小川会長の開会の辞を終えて、アントニーさんが、ペリエ・ジュエの解説をします。「1811年、ピエール・ニコラ・ペリエとその妻アデル・ジュエによりペリエ・ジュエ社は創設されました。ペリエ・ジュエ社は、数々の大きな改革をしてきたシャンパン・メーカーです。まず、シャンパンは、1800年代までは甘口の発泡酒でした。それが大口輸出先のイギリスから、甘口でなく、料理と楽しめるような辛口の発泡酒を造ってほしいとの要望が各メーカーにあり、いち早く対応し、1843年に初めて世に出したのがペリエ・ジュエ社でした。

また、1853年には、複数年のブドウを混ぜないで、初めて単1年のブドウで造るヴィンテージのシャンパンを世に出しました。所有する畑は、65ヘクタールしかありませんが、原料になるブドウジュースを購入し、年間300万本出荷しています。栽培の65%はシャルドネです。当社の輸出の最も多い国は日本です。

1902年には、有名なアネモネをプリントした壜を作りました。これは焼き付けで作り、こすれて消えてしまわないようにとの配慮から二度焼きしているので、普通の壜の10倍もします。これはアール・ヌーボーの巨匠エミール・ガレの作品ですが、彼はボタニカ（植物）を400種類チェックして、春、2月から4月にかけて短く咲くアネモネを選んだのです。このアネモネはどの国に咲くアネモネか、ご存じでしょうか？正解は日本のアネモネなのです。では、フランスのアネモネとどこが違うかということですが、花の真ん中が、日本のものは白く、フランスのものは黒いのです。ガレは、デザイン上愛らしいと、真ん中が白い日本産を選んだのです。その当時丁度ジャポニズムが隆盛期で、日本産の浮世絵や陶器や植物の研究が盛んだったので、日本産アネモネも知られていたのです。この、アネモネの壜の正式なファーストヴィンテージは1964年です。ゆえに今年でリリースしてから50周年の記念の年になります。このアネモネの壜のシャンパンは、最初、当時の世界最高のレストラン、パリのマキシムでデビューしたのです。アール・ヌーボー、ラ・ベル・エポックの雰囲気に最もふさわしいのがマキシムですので、良いマッチングのデビューをしたと思います。このような華やかな歴史のあるペリエ・ジュエ社をよろしくお願いします。ちなみに日本のアネモネは鉢植えで高価ですが、フランスでは野生でたくさん生えていますので、花束になっても300円くらいです」と興味深い解説をされました。

さて乾杯は、ペリエ・ジュエ・グラン・ブリュット・NVです。ブドウはピノ・ノワール40%、ピノ・ムニエ40%、シャルドネ20%です。風味で最初に強く感じるのは青リンゴです。そして、レモン、グレープフルーツ、アンズ、フレッシュ・ブリオッシュ、バナナの風味も感じます。加糖は８グラム、最後に出るロゼの加糖も８グラムです。

それに合わせるアミューズは、小ぶりながらフォアグラのテリーヌと鶏のマーブル仕立て・ブリオッシュ添え・アンズとマスタードのソースです。アンズの風味が料理・シャンパン両方にあり、良いマリアージュをしています。

次は前菜のオマールのサラダ仕立てシャルロット（貴婦人の帽子）風です。ここまで、同じグラン・ブリュットを合わせます。シャンパンにある酸味・苦味と、このオマールの料理の味付けと、とても良いマリアージュをしていると感じます。

次のシャンパンは、ペリエ・ジュエ・ベル・エポック・2004・マグナムです。これに、料理は舌平目のヴァプール・ノルマンジー風です。ノルマンジー風というのは、添え物にホタテ・海老など魚介類を使った料理とその風味のソースのことです。舌平目は巻かれていて、芯まで味がしみ込んでいてかなり濃厚なソースです。そしてこのマグナムのシャンパンは、泡が小さいのでクリーミーながら、ボリューム感・熟成感があり、パイナップル、ショウガの風味さえあり、さっきと同じアンズの風味もありますが、こちらはドライフルーツのような存在感です。ブドウはシャルドネ50%、ピノ・ノワール45%、ピノ・ムニエ5%です。このシャンパンを飲んで最初のシャンパンに戻ると、味わいがとても薄くなってしまいました。熟成の長さとマグナムとで、それだけボリュームの差が出るのですね。

さて、メインはラパン（飼いウサギ）背肉のロティ、キノコのファルシーです。とても濃い味のソースなので、シャンパンが心配でしたが、互角のシャンパンがあったので驚きました。このメインに合わせたシャンパンは、ペリエ・ジュエ・ベル・エポック1999でした。これは、注がれた色からして濃い黄色で、何か古酒の趣がありました。飲んでもヴィンテージ独特の風味がします。このシャンパンは、いまはもう販売していないそうで、特別に蔵出しで持ってきていただいたものだそうです。最近、あちこちに移動していない、蔵から直接持ってきたワインを飲む機会が何回かあったのですが、いずれも年代物なのに、その美味しさはもとより、フレッシュ感は驚くべきものがあると感じています。35年経過しているのに、まだレンガ色の気配もない若々しいワインもありました。この体験から、ワインは動かしてはいけないものなのだと強く感じています。この1999ベル・エポックを飲んで、2004マグナムに戻ると、さっきあんなに厚みがあったのに、風味がずいぶん変わってしまうのです。この1999年は、ドライフルーツはもとより、アーモンド、ナッツ、カリンのコンフィ、シェリー香まで感じます。美味しいか自分の好みかどうかというのではなく、すごく稀有な強いシャンパンであるというのは間違いないです。

この料理のラパンの味付けは、当初もっと優しい味だったようですが、アントニーさんが、もっと濃くしなければ釣り合わないと、強く主張したようです。これはさすがと思いました。この濃すぎる味で丁度いいと思いました。また、古酒やフルボディのワインには、キノコなど、料理は森系に合わせるのが無難であるということがよく分かりました。もう二度と飲めない、珍しい1999年の強烈な個性には感動しました。こういうことがたまにあるから、この趣味はやめられませんね。

シェフソムリエも、注ぐたびに丁寧にマリアージュを解説してくれます。厨房は、1999年などのような強いシャンパンを出そうとすると、現代的な軽やかな料理では合うはずもなく、古典的な料理に回帰しないと釣り合わないということがよく分かります。

さて、デザートは、ペルノー酒のゼリー・柑橘のエスプーマという小さなデザートに続いて、バラの香るフランボワーズのムース・フリュイルージュのコンポートです。これに、最後のシャンパン、ペリエ・ジュエ・ブラゾン・ロゼを合わせました。このロゼはアッサンブラージュ方式です。いま、難しいといわれているセニエ方式はローラン・ペリエ社だけだそうです。これは、なぜなら毎年セニエ方式では同じ味わい、同じ色合いが出ないからだそうです。この味わいが軽やかで美味しいロゼのブドウは、ピノ・ノワール50%、ピノ・ムニエ25%、シャルドネ25%だそうです。加糖8グラムの辛口のロゼと、赤い果物とマリアージュする感じがします。

最後に、アントニーさんが「皆さん楽しんでいただけましたでしょうか。華やか、フローラルのエレガンスさ、スタイリッシュ、シルキー、クリーミー、ダイヤモンドカットの味わい、などと評されるペリエ・ジュエ、これからもよろしくお願いいたします」と挨拶されました。

3　バレンタインデーにちなんだハート尽くしのワイン会

今日のお昼は、渋谷の風格ある男爵の館、ロ・アラ・ブッシュにおいて、少し遅いバレンタインデーですが、グッドタイミングの、ハートにちなんだワイン会が開催されました。この企画にふさわしいカップルもおられましたが、常連の奥様方で満員の盛況でした。

まずはシャンパン、“愛し合うカップルのためのキュヴェ”と名付けられた、ラベル一杯に美しいブルーの花束でハート形を作っているデザインの、キュヴェ・ド・アムール・ブラン・ド・ブラン・グラン・クリュです。酸味・香りとも、さすがグラン・クリュの格があり、満足です。

これに、カニとホタテとグリーン・アスパラガスのテリーヌ、レモン・ヴィネグレットソース・ブイヨンでトロトロに炒めたオニオン添え、です。ヴィネグレットの酸味の香る料理のアフターと、ブラン・ド・ブランの切れ味の良い酸味のシャンパンのアタックが、互いを引き立て合っています。最初の皿から、レモンのヴィネグレット風味の素晴らしい香りの料理とシャンパンの酸味との素晴らしいマリアージュをお店は教えてくれました。

次は、イカとホウレンソウの白ワイン煮込み、です。スープ皿の中には柔らかなイカ、ホウレンソウ、プチトマト、松の実などが白ワインの香りのスープに浸っています。それにスペインの2013イニエスタ・コラソン・ロコ・ブランコを合わせました。ソーヴィニヨン・ブラン60%、ヴェルデーホ40%です。スペイン語で、コラソン・ロコとはクレイジー・ハートという意味です。このワインのボトルには、ハート型の穴が開いていて、壜の奥に何か書いてあります。コルクにまでハートの焼印が押してありました。このデザイン気に入りました。この白ワインは、サッカーの不動のスペイン代表選手のアンドレス・イニエスタ自身がラ・マンチャに所有しているワイナリーの産物です。ヨーロッパの有名人は、自分のワイナリーを持つことが夢という人が多いですね。後藤久美子さんと結婚した有名レーサーもクミコというワインを出していて、それを飲んだことがあります。

この料理とワインとのマリアージュのポイントは凝っていて、この料理にハーブを加えたいのだけれど、あえて加えずに、それをこの白ワインのハーブっぽい香りで補うというストーリーです。確かにこの薄いグリーンをしている白ワインを含むと、より料理の味わいが完成するような気がします。中島シェフも、松本ソムリエも、すごいマリアージュを考えてくれたと、私は大満足です。

オーナーのイニエスタ選手からは、「感情を抑制するのではなく、純粋な感情をストレートに表現してほしい」という願いが込められています。素晴らしい料理とワインでした。

次は、白身魚のムニエル・ブルゴーニュ・バターソース、です。肉厚の白身魚のムニエルに、シイタケなどのキノコのソテーとスライスしたアーモンドとがたっぷりとかかっていて、バジリコを溶かしたバターソースの美味しさと相まって、本当に美味しい料理になっています。

それに、珍しい国、スロヴェニアの白ワイン、2008 A＋ベローゴリスカ・ブルダです。ブドウは、シャルドネ30%、ピコリット30%、そして土着の3種類が40%です。A＋というのは、ワイン出荷協同組合で、自信のある製品にしかつけることのできない名前なのだそうです。その質の域に達しないと、別な名前のワインになるそうで、A

＋は2008年以来出荷されていないそうです。麦わらを思わせるような黄色、シトラスや熟した桃の香りがまず立ち昇り、それから樽香やドライフルーツの香りがしてきます。豊かな味わいで、余韻はバタリーでマイルドな、素晴らしいワインです。本当に世界は広いですね。そして、このワインがなぜハートをテーマにした今日のワイン会のラインナップに登場したかというと、SLOVENIAという綴りの中に、“LOVE”という言葉があるからでした。このような語呂合わせでお茶を濁すのではなく、この白身魚の料理のアフター・フレーバーと、同系のフレーバーを持つこのワインとのマリアージュは素晴らしかったです。

なお、Aのロゴの中におめでたい鳥、コウノトリがいます。ゆえに今日のワイン群の中に選ばれたのですね。

さて、メインは、地鶏のガランティーヌ・ディアブルソース、です。ディアブルソースとは、ピリ辛のソースですが、ファストフードのお店のような味ではなく、さすがに奥深い美味しさがありました。付け合わせのマッシュポテトも、ソースの鋭さに負けないようにニンニク風味をつけていて美味しかったです。

これにサンテミリオンの2006シャトー・サント・コロンブを合わせました。ブドウは、メルロー70%、カベルネ・フラン30%です。けして渋くはなく、プルーン、ベリー類、チェリー、スパイス、を思わせる豊かな果実味がありました。

鶏肉は肉の中でもボリュームは軽いほうで、脂肪も軽やかなので、このワインの、メルローやカベルネ・フランのように果実味が支配的で、ボリュームを感じるものを合わせることで、ディアブルソースとタンニンとが双方舌に心地良い刺激を感じさせています。

このワインのラベルも、小さなハートが描かれています。そして、オリーブの芽のついた枝を鳩がくわえています。ノアの箱舟に、鳩が飛んできて、陸地がありますよ、と知らせにきたシーンを思い出します。サント・コロンブとは、“聖なる鳩”という意味で、フランスでは“幸せの象徴”なのだそうです。

私はメインの赤は、てっきりハートのマークで有名なシャトー・カロン・セギュールが出てくるものと思っていましたから、このワインが出てきたことに意表を突かれたとともに、こういったワインがあったのかと本当にありがたくなりました。

さてデザートはショコラのムースですが、また仕掛けがしてありました。ショコラのムースに塩を利かせてあるのです。

それに、ドイツの 2013 アマリ・ナヘ・ドルンフェンダーを合わせました。ブドウは最近赤ワイン品種で活用されてきた、ドルンフェンダー 100%です。ほんのりした甘口で、とても濃いルビー色は美しすぎます。このワインのラベルにもデフォルメしたピンクのハートが描かれています。今日は本当にハート尽くしです。

この甘口ワインの甘味と酸味とを合わせるために、ショコラに塩を加えたというマリアージュも見事と思いました。そしてコーヒーと小菓子です。

世の中にはこんなにハートのラベルのワインがあるのかと、今日初めて知りました。

今日のワイン会の優れたアイデアは、今日１日限りではもったいないと思いました。そして１万円では安すぎると思いました。

この料理とワインとのマリアージュコースは、たとえば、婚約の場面などには絶好であり、常設のコースにしても、お客様がリクエストしてくるのではないかと思いました。

４　思いが叶う―３年越しに味わえたアメリカのスパークリング

今日は、麻布十番のルエ・ヴェル・ロール（ゴールドラッシュ）に行きました。ここのオーナーソムリエの千葉和外氏のアメリカワインを楽しみに行きました。前回行ったとき、アメリカのスパークリングワインのシュラムスバーグが美味しかったので、今日はそのワイナリーの最高峰のジェイ・シュラム・プレステージ2005をお目当てでやってきました。お店で1本16,400円と高価なので、さすがの千葉さんでも、バイザグラスは勘弁してほしいとのことで、今日は1本ボトルを取りました。このスパークリングは、千葉さんがオルタシアにいたころからいつか飲みたいと思っていましたので、3年越しと思い、もうワクワクしています。ブドウはピノノワールとシャルドネの混合で、10度に冷やしてありました。注いだあとは、グラスの中で温かくなる過程で、いろいろな風味が出てくるのを楽しむ趣向です。今日はこのスパークリングで通そうと思い、料理もマリアージュする料理を選びました。

アミューズの、小さなパン、ポンデケージョはチーズ味でスパークリングにぴったりでした。

前菜は2品、最初は“千代幻豚のテリーヌ”です。これは中ヨークシャー種の小型豚で、昭和30年代には主流の豚でしたが、育成の早い大型豚に押されて絶滅寸前にまでいった過去があるそうです。味わい深いテリーヌでした。

次は、インカの目覚めの“ソテー・アッシュ・ア・ド・ヴォー”です。トマトベースのピリ辛味に、タマネギ、仔牛の切り身の入ったバスク地方の料理です。燻製されたジャガイモがバスクの具だくさんの赤いソースの中央に座っていて、たっぷりのとろけるチーズがかかっています。

さて、この2品とスパークリングとのマリアージュですが、豚にも、ピリ辛にも全然負けていませんでした。色も黄金色で、ボリューム感がすごく、またフィネス（余韻）が長く、この質の高さにまず驚きました。千葉さんに教わりながら風味を確かめると、洋ナシ、リンゴなどのフルーティさの風味の中に、ブリオッシュ、ノワゼット、クレーム・ブリュレのカスタードのリッチな風味も感じられます。カリフォルニアのふりそそぐ太陽光で育ったブドウによる味わいの厚みはすごいですが、ストレートな感じで、シャンパーニュ地方のような味わいの複雑さは、土壌の関係か、少ないように感じました。
第一感として、こんなに質の高いスパークリングがアメリカにあったのかと感じ、世界は本当に広いと嬉しくなりました。
次に魚は、“オマールとホタテのソースベシャメル”です。ほんのり白味噌の味がしましたが、けんかはせず、オマールとシャルドネの相性の良さは昔から定評がありますので、良いマリアージュで満足でした。改めて、ここの料理はすべて素晴らしいと思いました。
肉は“鴨の胸肉アメリカンチェリーとブラックベリーのソース”です。このスパークリングは鴨肉にも負けませんでした。チェリーとベリーのソースとスパークリングとの相性が良く、無難に今日のコースを終えました。千葉さんはアメリカワインに関しては、日本で右に出るものはいないと言われるほどの知識の持ち主で、楽しいお話をたくさん聞きました。
今日はお目当てのスパークリングをようやく味わうことができて大満足でした。カウンター席を降りて振り向くと、気が付かないうちに店内は満席になっていました。
このお店は品ぞろえの90%がアメリカワインなので、はじめはがっかりしているフランスワイン好みのお客様を、柔らかく粘り強く説得していって、本当に美味しいピノノワールやメルローをお出しして、不満顔のお客様に「美味しい！」と言っていただくことに快感を覚えているそうです。

5　シャンパン・ワイン世界大会で優勝した名門フェラーリ社の社長を招いての有意義なワインメーカーズ・ディナー

今夕は、銀座8丁目の資生堂ビル9階のイタリア料理店、ファロ（灯台）で開催される、イタリアのスプマンテの名門、フェラーリ社のマッテオ・ルネッリ社長を招いてのワインメーカーズ・ディナーに行きました。“フェラーリ！キング・オブ・スプマンテ”と銘打っています。

フェラーリ社は、1902年にジュリオ・フェラーリ氏によって、北イタリア・トレントに創設されました。車のフェラーリとは別です。設立直後の1906年のミラノ万博で早くも金賞を獲得したそうです。

トレンティーノ地方は、ドロミティ山脈に近い、昼間暑く夜は涼しいので、完璧な酸味とアロマが作られ、ワインのブドウにとっての最良の気候だそうです。そのすぐ北はオーストリアで、西はフランスという地勢です。トレントは、大昔は海底だった良質な石灰質の土壌で、5世紀にわたるワイン造りの地として有名だったのです。

ジュリオはシャンパーニュで学び、故郷のイタリアの気候を考えて、トレント地方ならシャンパーニュと気候が似ているし、良質の発泡酒ができると確信し、ブドウ栽培を始めました。ブドウはシャルドネとピノ・ノワール（ピノ・ネッロ）です。フェラーリ社のすべての畑はトレントの山々の高斜面にあります。120ヘクタール所有していて、さらに500名を超える契約農家の熟練栽培家によって供給されるブドウは、すべて手摘みをされているそうです。自社の畑はすべてオーガニック農法を採用しています。

写真で見ると四方すべてを高い山で囲まれた、特殊な地域という感じを持ちました。

製法は、エスプーマのような安易な製法ではなく、“メトード・クラシコ”というシャンパンと同じ製法を採用しています。

ジュリオは子供に恵まれなかったため、ブルーノ・ルネッリを後継者に任命したのが1952年で、金融関係で学んだ後に就任したマッテオ社長はその三代目の子孫です。

現在のフェラーリ社は、年間500万本の生産で、これは、イタリアのメトード・クラシコの23%にあたります。熟成中のワインの数は2千万本に上ります。

まずは最初のシャンパン、2008フェラーリ・ペルレ（パール）・ミレジム・JETCUPウイナーズ・セレクション・ブラン・ド・ブランで乾杯です。JETCUPとは、日欧商事による発泡酒の大会で、それに優勝したことを記念して、特別な甘味の添加を醸造責任者にゆだねて造った記念スプマンテのことだそうです。今飲んだ銘柄は、本邦初上陸だそうで､軽やかで美味しいです｡イーストの香り､ビスケット､トーストの風味が感じられます。

ジュリオ・フェラーリ氏が、イタリアに初めてシャルドネを持ってきた人だそうです。

今日のお水はガス入りの“スルージーバ”というイタリア産の水で、イタリアでは赤ちゃんのときから普通に飲ませている良質の水だそうです。イタリアの赤ちゃんは泡を嫌がらないのかと思いました。

それにマリアージュさせるアミューズは“フォアグラ入りカネデルリ（お団子）”です。これは北イタリアの代表的な郷土料理だそうです。お団子の入ったコンソメスープを半ば泡立てて柔らかな風味にさせていて、掬うと中にモッツァレラチーズが沈んでいました。お団子の中には生の柔らかなフォアグラが詰まっていて、本当に美味しいアミューズでした。

2本目は、2006フェラーリ・リゼルヴァ・ルネッリ・JETCUP・ウイナーズ・セレクション・ブラン・ド・ブランです。辛口で存在感があります。さっきの1本目よりも迫力がありました。マッテオ社長は｢1本目はアペリティフに最適で、この2本目は食事に合います。重厚さの違いです｣と説明してくれました。皆造った年度が入っているので、「フェラーリ社にはノンヴィンテージはないのですか？」と聞いたところ、一般的なエスプーマは、もちろんノンヴィンテージがありますということでした。

これに前菜“青森県十和田湖産ヒメマスの軽い燻製”を合わせます。

イクラのようなものはヒメマスの卵だそうで、昨日産卵したばかりのフレッシュな卵だそうです。ヒメマスも、一度も養魚場に移されたことのない淡白な味の天然モノだそうです。燻製の良い香りとギリギリまで塩を使った、パンチ力のある料理にも、このスプマンテは負けませんでした。

3本目は、2005 フェラーリ・ペルレ・ネロです。ピノ・ノワール100%の味わいは、軽くはなく落ち着いていて美味しいです。さっきのシャルドネのリンゴやかれんな花の風味とは違って、赤い木の実や薔薇の花の香りですね。

これに合わせる料理は“スパゲッティ・カーチョ（チーズ）・エ・ペペ(ペッパー)・ドライキイチゴを添えて”です。カルボナーラのソースに胡椒風味が加えてあります。それに乾燥したキイチゴをスプーンで振りかけてもらうと、どっしりとしたクリーム系のスパイシーさのあるパスタの中に、ほんのり甘いキイチゴの小さな粒が口の中で噛まれて溶け出して、得も言われぬ美味しさになりました。ピノ・ノワール 100%のスプマンテと赤いキイチゴの入った料理とのマリアージュ、楽しいですね。

この料理はファロの料理長が訪問した、ロカンダ・スルランというレストランのスペシャリテだそうで、どうしてもお客様にこの料理をご紹介したかったそうです。私たち 25 名も良い料理を教えていただき感謝ですね。

次はメイン料理で“シャラン産鴨の胸肉のロースト”です。ソースというと少ないですが、鴨の焼き汁のジュが添えてあります。同じラテン系民族でも、フランス人は骨などからソースの元のフォンを作り、赤ワインなどと混ぜてたっぷりと料理に添えますが、イタリア料理はソースを添えません。ステーキでも「レモンを絞ってどうぞ」が多いです。そこがフレンチとイタリアンの一番大きな違いですね。

鴨にフェラーリ社としては珍しい、スチルの赤ワイン、2010 マゾ・モンタルト（畑名）ピノ・ネーロが注がれました。飲んだ感じは、繊細、エレガント、清涼さを感じさせる赤ワインで、とても美味しいです。色合いもその繊細さを表すような薄い色をしています。山岳地帯のピノ・ネーロだからでしょうか。「スチルワインもこんなに美味しいのですよ！繊細なので肉にも魚にも合いますよ」とマッテオさんが解説しています。

そして料理の最後は“アルバ産白トリフのリゾット”です。マッテオさんが「日本人は最後にお米を食べるので、この順番でリゾットを持ってきたのです」といいます。シンプルな白トリフ風味のお米のリゾットは、何度食べても本当に美味しいですね。

それに今日のハイライトの1997ジュリオ・フェラーリ・リゼルヴァ・デル・フォンダトーレ（特別な）・マグナムを注いでくれました。飲んでみると、18年経っているのに、トロピカルフルーツ、パイナップル、ホワイトチョコ、ハチミツの風味のするまだ泡の強いフレッシュ感のある、フィネスの長い素晴らしいスプマンテでした。本当に美味しいスプマンテが広い世の中にはあるのですね。

白トリフに負けないワインというのも結構大変だそうです。

この長熟型の提供にも謂れがあり、毎年すべてを出荷しないで、当主が別に隠しておいて、10年ほど経ってから経営幹部を集めて試飲をしたところ、美味しいのと、まだ熟成がいけるという判断になって、それから長期熟成型も造っているということです。創業者のジュリオ・フェラーリの名前を冠するからには完璧なものでなければならない縛りを入れているそうです。この1997年は、今日の会で数本使ったのでもう在庫はないそうです。後は、2002、2004年があるようです。貴重なスプマンテを飲ませていただき感謝です。こういった普段できないことが起きるのでワイン会は魅力的なのですね。

2015年の世界シャンパン・アンド・スパークリングワインの大会の、ベストスリーに、フェラーリとシャルル・エドシックとルイ・ロデレールが残ったそうで、そのベストにはフェラーリ社が選ばれたそうです。優勝したという記事と、スパークリングの高名な評論家のトム・スティーブンソン氏が、フェラーリ社の風味を絶賛している記事を見せてもらいました。イタリア大統領の晩餐会にもフェラーリが好んで使われるというのもわかります。

さて、デザートは“ヴァシュラン・ベリーのソースで”です。このヴァシュラン、はじめはチーズが出るのかと思ったら、このファロの名物デザートの名前でした。メレンゲで何層もの味の異なったスポンジケーキを挟んで、生クリームを乗せたクラシックなケーキです。

それに今日最後のスプマンテ、2006フェラーリ・ペルレ・ロエ・ミレジムJETCUPウイナーズ・セレクションです。

ベリーのソースなので、この優しいロゼがよくマリアージュしました。

今日も充実した内容で、本当にきて良かったです。

フェラーリ社のパンフレットに、素晴らしい言葉があるのを見つけました。

「ブランドの歴史はそれを受け継いできた者たちの中に存在する」

「フェラーリの名前がラベルにある限り、商品は芸術の域を越えなければならない」

「ワインの歴史はブドウが育った土壌の歴史である」

「ワインはその土地を表す詩である（マリオ・ソルダーティ）」

「常に最高であること―我々は繰り返し行ってきたことでできている。すなわち最高であることとは、行為ではなく、習慣である。（アリストテレス）」

こんな名言がちりばめられたフェラーリ社のパンフレットもセンスが良いですね。

先日閉幕した「ミラノ食の万博」で、公式シャンパンでもあるフェラーリ社のブースに、オバマ大統領夫人、プーチン大統領、オランド大統領など、錚々たる名士が訪れたようです。フェラーリ社は押しも押されもしない、イタリアを代表するスプマンテ・メーカーなのですね。

今日のすべてを計画し、何度もテイスティングをしてシェフと料理を決め、進行を取り仕切った本田ソムリエに、お客全員から感謝の拍手がありました。

本当に美味しく、有意義な一夜でした。

今日のような内容の素晴らしい“ワイン会”という確立された形式は、大げさにいうと人類の文化的大発明ではないかと思ってしまいます。それほどまでに楽しいひと時なのです。

6　ワインやシャンパンにとって最も熟成のできるサイズはマグナムボトル！　大好きなブラン・ド・ブランを楽しむ

今夕は恵比寿ガーデンプレイスのシャトーレストランでのソワレ・デュ・ヴァンに行きました。今日のテーマは、「シャンパーニュを楽しむ・シャルドネの特徴とは」です。ゆえに全て私の好きなブラン・ド・ブランです。

最初にシャンパーニュの解説があり、寒冷地なので冬に人間がコートを着るように、冬にはブドウの木の根元にも土を盛り上げて世話をまめにすることとか、収穫の秋、晴れた日にしか収穫できないので、天候次第で、「この日だ」となったら、一斉に収穫し品質を保つ努力をしていることとか、日本人はシャンパーニュの生産の14%しかない17のグラン・クリュを当たり前のように飲んでいる恵まれた人たちであるということや、今日の主題のシャルドネの生産地区の最高峰はコート・デ・ブラン（白い丘）地区であること、その地区の中でも最もエレガントでミネラルに溢れ長命なシャンパーニュを生み出すのが、メニル・シュール・オジェ村であること、今日のブラン・ド・ブランは、すべて貴重とも思えるマグナム・ボトルで用意されているということなどの説明がありました。

マグナム・ボトルで熟成したワインやシャンパンは、普通サイズのボトルで熟成したものよりも、なぜこんなに違うのだろうかと思うほど、はるかに美味しいと思います。私は同じ年度のレギュラーとマグナムとの飲み比べを何度もしました。このような経験から、ワインにとって最も良い熟成のできるサイズがマグナムと思っていますので、今日は、どんなに美味しいことか、ことのほか楽しみです。

なぜ冬なのにブラン・ド・ブラン？と思いましたが、「マグナム・ボトルだから熟成さが違うということを味わってほしい」というのがソワレ・デュ・ヴァンの答えでした。普通サイズで揃えても十分に楽しいのに、このような努力に敬意を表したくなります。

いつものように6種類用意されている今夜の最初のシャンパンは、コート・デ・ブラン地区のピエール・ジモネ・ブリュット・キュヴェ・キュイ（キュイ村）・プルミエ・クリュです。ジモネは、18世紀からブドウ栽培家として創業し、1936年より、レコルタン・マニピュランとして生産を開始しました。濃密で力強さを持ちながらも繊細さも兼ね備えた風味と言われています。1ヘクタールに1万本も目一杯ブドウの木を植えて、根に栄養分を摂る競争をさせるとのことです。この生産者のものはフランス国内で80%消費されるので、私たちにとって貴重な、それもマグナムでの体験です。

それに“滑らかなひよこ豆のピュレ・胡麻風味のクラッカー添え”です。中東の名産のひよこ豆だそうです。ムース状のひよこ豆の方が、豆で食べるよりもはるかに美味しいと思いました。

オードブルは“薩摩軍鶏（しゃも）胸肉と鴨のフォアグラのデュオ・トリフの香るインゲンのサラダ”です。軍鶏の胸肉は張りがあり、さぞかし元気な鶏だったろうと思い起こします。薄い塩味が美味しいです。トリフのヴィネグレットとカリフラワーのソースが軍鶏とインゲンとを引き立たせていますね。添えられたポルト酒のゼリーでコーティングされた小さなドーム状のソフトなフォアグラがことのほか美味しかったです。

これに、ピエール・モンキュイ（特別なキュヴェのキュヴェ・ピエール・モンキュイ・デロス）・グラン・クリュを合わせました。これは繊細で飲みやすく、本当に美味しいです。さっきのジモネに戻って飲んでみると、さっきは感じられなかったのに荒々しさが出てきてしまったくらいです。

モンキュイは二代続いて女性オーナーです。1935年に現在の基盤となるシャルドネを植えました。シャンパーニュでは、樹齢が25年になると引き抜いてしまうのが一般的なのですが、モンキュイはそのまま維持する考えです。今のブドウの平均樹齢は35年だそうですが、トップ・キュヴェの醸造責任者の名前を冠した“ニコル・モンキュイ”には樹齢90年のブドウを使うそうです。動壇はジオパレットという機械化をはかっています。ほとんどがシングルヴィンテージで、今日のマグナムも2010年のブドウのようです。このシャンパン、説明通りのメニル特有の硬質なミネラル感と上質で豊かな酸による卓越したエレガントさを感じました。本当に美味しいです。味の濃いフォアグラとこのシャンパンの果実味が負けていないと思いました。

次は魚で“活きオマール海老・殻ごとゆっくりローストし、ソースエピス（タイム・ローズマリー）とホウレンソウを合わせて”です。この鉄板で焼き上げたオマールの美味しいこと、感動します。活きの良い身が殻にこびりついていて切り取るのに力が要りました。鮮やかな赤のオマールの殻の下に、これも鮮やかな緑のホウレンソウが忍んでいて色彩的にも素晴らしい料理です。ボキューズの料理の、これも美味しいオマールのグラタンの中にもホウレンソウが入っています。海老とよくマリアージュするクラシックな組み合わせですね。

これに3つ目のシャンパン、ギイ・シャルルマーニュ・メニル・シュール・オジェ・ブラン・ド・ブランです。メニル・シュール・オジェ村は432ヘクタールもある巨大なグラン・クリュの村ですが、品質にはバラツキがどうしてもあるようです。その中で、ギイ・シャルルマーニュの畑は最も優れた斜面に広がっています。皆、アンリオ、クリュッグ、サロン、山の中腹が最も良い畑といわれています。ギイ・シャルルマーニュは、派手な宣伝は行わず、黙々とキュヴェごとに容量を変えた最新鋭の温度管理ステンレスタンク、壜詰めの部屋までの温度コントロール、常に清潔に保たれたセラーなど、最高峰の白ワインを造るための完璧な配慮がされています。そのシャンパンは卓越した酸とミネラルから最高のエレガンスを表現していると言われています。

オマールには、良質なミネラルを感じるこのシャンパンが絶好ですね。

メインは“国産ハーブ豚ロースを低温調理し、季節野菜と頬肉のビール煮込みと肩肉のリエット添え”です。ハーブ豚は、軽やかな感じです。ビール煮込みは濃厚で美味しいです。リエットはややパサパサ感がしたのでもっと湿っていた方が美味しいと思いました。舞茸の素揚げはパリパリして美味しかったです。

それに白ワイン、グラスでアンリオ・ブリュット・ブラン・ド・ブランが出されました。アンリオは20%自社畑で、年間200万本生産されます。コート・デ・ブラン地区のシュイイの丘の頂点に位置する畑は年間を通して冷たい風が当たる区画で、ここで育つシャルドネはエレガントな酸味とミネラル感を兼ね備えていると言われます。とても美味しいシャンパンです。ソフトな味付けの豚肉とよく合いました。

今日のチーズはノルマンジーのチーズ“リヴァロ”です。

それに、父と対立してまで有機栽培を貫いた、8ヘクタール7万本の生産のパスカル・ドケ・ブリュット・ブラン・ド・ブランです。父親は、化学肥料・除草剤をふんだんに使い、豊作こそが成功とされていた時代の人間でした。皮肉って、「こういったブドウ畑の微生物は、サハラ砂漠よりも少ない」といわれていたようです。実際に湿気の多いシャンパーニュ地方でのビオロジックの実践は大変なことのようです。このシャンパンも美味しく、今日は個性が皆違うので、甲乙つけがたく、美味しいシャンパンに囲まれて本当に幸せな気分になっています。

デザートは“マロンの軽いクリーム・ラム酒のジュレとミルクのアイスクリームを包み込んで”です。モンブランを再構成したような、美味しいデザートで、栗好きなので大満足です。

それに今日の最後のシャンパン、ドラモット・ブリュット・ブラン・ド・ブランです。1760年創業の老舗で、現在ローラン・ペリエの傘下で、サロンとは兄弟会社に当たります。サロンは単一クリュ・単一収穫年の生産で、品質に問題のある年はサロンとして世に出さずに、ドラモットとして出します。ゆえにサロンは100年の間に三十数回しかリリースされていないのです。今年、2004年がようやく出るそうですね。ドラモットは、ブラン・ド・ブランでは澱と一緒の壜内熟成を5年もかけるそうです。日本ではひらまつのハウスシャンパンになっていますね。

そして、コーヒーと小菓子、バニラ風味のマカロンとフィナンシェです。

80名の会場は、雑談で花開いています。この大人数のお客様に、くまなく高度な料理を提供するのは素晴らしいことと感心します。どなたかが、「飲むことがトレーニング！ドンドン飲まないと！」といっているのが聞こえます。その通りと思います。でも、トレーニングしなくとも、自然に飲みたく、食べたくなるくらいで、一生の趣味なのだから丁度いいのではないかと、次々とお店から魅力的なお知らせを聞いて「おいで」と呼ばれる回数の多い私はそう思います。最近はすごい数のご案内がきて予定がどんどん入っていくので、以前のように休日の朝、「今日はどこに行こうかな」とぶらっと食べに行くという自由な楽しさは全くなくなってしまいました。嬉しい悲鳴ではあります。こういった約束やしばりに一切開放される状態の、自由に行動を選べることを「実存」とサルトルが言っていましたね。

今日の、一流のシャンパーニュメーカーの稀有な“マグナム”で楽しむ会、素晴らしい内容で大満足でした。

7　大好きなこのシャンパン、あと何回飲めるか。“ポール・ロジェ・キュヴェ・サー・ウインストン・チャーチル”

エペルネのポール・ロジェ社から、ローラン・ダルクール社長が来日して、東京ミッドタウン、リッツ・カールトンの45階のアジュール フォーティーファイブにて、ポール・ロジェの会が開催されました。

まずは、着席するとすぐにウエルカム・シャンパン、ポール・ロジェ・ブリュット・レゼルヴNVが注がれ、爽やか・ピュアな味わいなので、乾杯まで、3杯お代わりをしてしまいました。

3年前社長に就任したローランさんのご挨拶は、「1849年ネゴシアンの形で設立された、ポール・ロジェ社は、90ヘクタールの自社畑で、全体量の55%を生産しています。残りのブドウは買っています。7.5キロにも及ぶ、ひんやりとしたセラーが自慢です。ルミアージュはいまでも4名の担当者が手で行っています。

ポール・ロジェ社の特徴ですが、ブドウはグラン・クリュとプルミエ・クリュだけを使用すること、一番搾りだけ使用すること、ステンレスタンクを使用し木樽を絶対に使用しないこと、深く長く冷たいカーヴで、思い切り寝かせることなどにより、爽やかでピュアな質の高い製品が生まれてくるのです。このウエルカム・シャンパンも、法律では18か月の熟成でよいものを4年も熟成させているので美味しいのです。これがわがメゾンの誇れるDNAなのです」との説明も、さらに2種類目の、ポール・ロジェ・ピュア・エクストラ・ブリュットNVを飲んで、納得です。ノン・ドゼなのですが残糖とは違うようなほのかな甘みも感じられて、本当にピュアな味わいなのです。この2種類のシャンパンは、シャルドネ、ピノ・ノワール、ピノ・ムニエそれぞれ3分の1です。

アミューズは4種類です。“宮崎シェフのスペシャリテのとても柔らかなケーク・サレ（塩風味）”はシャンパンによく合います。次に“カボチャのムースとタピオカ”、“ウナギのテリーヌ・竹炭のビスケットに挟んで”、“コンテ・チーズのラヴィオリのフライ”の四つです。食欲のエンジンに点火する、アミューズの役割をよく果たしていると思います。

続いて前菜は“平貝のマリネ・紫蘇の香り・コキヤージュのクリーム”です。5円玉ほどの小さな平貝がコキヤージュのクレームの上に真田丸の六文銭のように並んでいます。このように小さなそして薄い平貝があるのかなと思い聞いてみたら、大きな平貝を薄く切りさらに小さく型抜きをして作ったのだそうです。添えてある透明なゼリーに覆われた中には、海藻・藻塩・ハーブが入っていて爽やかな味わいでした。

3種類目のシャンパンは、ポール・ロジェ・ブリュット・ヴィンテージ2006です。ブドウはピノ・ノワール60%、シャルドネ40%です。前の二つと違うのは、ブドウの畑が、グラン・クリュとプルミエ・クリュだけを使用していることです。熟成期間も、普通3年でよいものを9年寝かせていて、最近リリースしたばかりなので、美味しいわけです。このシャンパンなんと表現してよいか、雑味が全くなく、爽やかで軽やかな素晴らしい味わいと思いました。

それに“フレゴラ（ショートパスタ）とシャンピニオンのリゾット・薫香の鶉の卵・根セロリのムース”です。フワフワとかかった根セロリのムースは軽やかですが、その下に潜んでいたシャンピニオンのリゾットは味が濃く、とろけだした鶉の卵とからめて食べると懐かしい味わいがしました。この濃い目の料理には、2種類あるバターでも、ボルディエの強い塩分のあるリッチなバターよりも、北海道産の無塩バターの方をパン・ド・カンパーニュに塗って食べた方が合いますね。

3種類目のこのヴィンテージ・シャンパンは軽やかですが、この濃い目の料理と対比しているのではないかと思いました。こういったマリアージュもあると思いました。

次の料理は“真鱈のポワレとその白子のフリット・アンディーヴのコンフィ添え・オレンジ風味のノイリー・ソース”です。ノイリー酒とはシャルトリューズ・リキュールのような薬草酒ですが、アルコール度数は、シャルトリューズよりもだいぶ低いお酒です。ノイリーを英語表記ではベルモット・ソースとしてありました。このオレンジ風味のノイリー・ソースの味わいは素晴らしいと思いました。ソーススプーンをいただき、さらに追加して注いでもらい、堪能しました。今日の白眉の味わいではないかと思いました。

それに、4種類目のシャンパン、ポール・ロジェ・ブラン・ド・ブラン・ヴィンテージ2008をいただきました。別名“ダイヤモンド”といわれていると通訳の方がいっていました。これも7年寝かせて今日のために開けたという貴重なシャンパンです。これも含めて、今日のメニューの最下段に「本日のワインは非売品のため購入できません」とちゃんと書いてありました。私たち28名の愛好家は、今日、蔵出しも蔵出しのすごいシャンパン群を飲んでいるのですね。

さてメインの料理“フランス産ヴォー（仔牛）・スーラメール（母なる海・乳飲み仔牛のこと）の腿肉のグリル・味噌風味の蛤のジュ”です。久しぶりに貴重な乳飲み仔牛の肉をいただきました。ミルクばかり飲んでいてまだ牧草を食べないままに食卓に上った赤ちゃん牛の肉はあくまでも白く、なぜか痛々しい気持ちになりました。香り高い緑色のムースはフェンネル（ウイキョウ）です。宮崎シェフはシャンパンにメインを合わせるために、色合いの似た乳飲み仔牛を持ってきたのですね。それに仔牛から取ったソースだと、単調で変化が乏しいので、魚介の蛤からソースを取ったと苦心談を教えてくれました。

それに、今日のハイライト、待ち望んでいました、ポール・ロジェ・キュヴェ・サー・ウィンストン・チャーチル2004を合わせました。今までの4種類のシャンパンは、爽やかさが前面に出ている美味しさでしたが、それに対し、このウィンストン・チャーチルは重厚な味わいがあり圧倒されました。以前飲んだときも、美味しさに圧倒されたのですが、それを昨日のごとく懐かしく思い出しました。クリュッグもアンリ・ジローもジャック・セロスも本当に美味しいと思いますが、私は、このサー・ウィンストン・チャーチルの美味しさが大好きです。今日また飲むことができて感動しています。

この銘柄の謂れは、無類のシャンパン好きで、1895年からポール・ロジェのファンであった、ウィンストン・チャーチルに敬意を表してこの銘柄ができたのですが、それは彼の死後10年経過した1975年からなのです。そして今まで、優れた品質のシャンパンができた年に限定しているので、まだ15回しかリリースできていないのです。それだけ、ポール・ロジェ社はこの銘柄を大切にしているということですね。この2004年が最も新しい年だそうです。ブドウの配合は、ピノ・ノワールが主体であるということだけで、あとは公表されていません。1965年にチャーチルが死んだとき、初めてそれまで白いラベルであったものを、ポール・ロジェ社は、喪章のように黒いラベルを使ったということです。

このチャーチルの銘柄を初リリースした場所は、チャーチルの住んでいた館、ブレナン・パレスを借り切って、家族の前で大々的にお披露目をしたそうです。1975年の仕込みから9年熟成させて84年に初リリースを果たしました。

チャーチルの好んだ年は、28、34、48年であったと言われています。ポール・ロジェ社長とは親友で、アンバサダーのような扱いをされていたようです。

チャーチルは若い時から根っからの軍人でした。チャーチルの前の首相、ネヴィル・チェンバレンが、ヒトラーと不可侵条約を交わし、「これで大丈夫」と意気揚々と帰国したにもかかわらず、ヒトラーは、あっさりと紙屑のようにその条約を破り捨て、侵攻してきたのでした。ネヴィル・チェンバレンのような紳士では、約束など平気で破る怪物のような相手と伍するには荷が重すぎたのです。チャーチルは喧嘩早く嫌われものでしたが、戦争の相手に立ち向かうには優れた能力を発揮したのです。チャーチルがいなければイギリスはどうなっていたでしょうか。彼は不屈の精神で、ドイツ軍に立ち向かい、勝利しました。チャーチルの大著『第二次世界大戦回顧録』は必読書と言われていました。確か、ノーベル文学賞を取ったのではなかったでしょうか。

ところが平和の時代が来ると、母国の人々はあれだけ功績があった人物なのに、別のリーダーを求めたのでした。それだけ欠点も多く、敵も多い人物であったようです。

さて、デザートは“宇和島産ブラッドオレンジのクルスティアン仕立て・フヌイユ（ウイキョウ）のムースグラッセ”です。

それに、ポール・ロジェ・ブリュット・ロゼ・ヴィンテージ 2006 が供されました。ブドウはシャルドネ 23%、ピノ・ノワール 77%だそうです。このロゼだけ今までのラインとは別物のような味わいでした。オレンジとロゼとはよく合いますね。

小菓子は三つ“メレンゲ・ライム、マンゴーのボール、ドモリチョコ”です。そしてエスプレッソで今日も大満足の中に流れ解散になりました。

大好きな、サー・ウィンストン・チャーチル、私も歳も歳なので、あと何回飲むことができるだろうか、と思いつつ帰途につきました。

8　シャンパンが王道を歩んでこられたそのわけは……天才肌の工夫家、ドン・ペリニヨンがいたから！

今夕は、恵比寿のシャトーレストランの恒例のワイン会に出席しました。

会費が 5 千円アップした新しいワイン会の第一回目で、今日は 60 名と、以前の 86 名などの満席と違いやや空席のあるワイン会となりました。会費が5千円アップすることにより出席者が減ったことのようですが、欠席した方々が残念がるような素晴らしいワイン会でした。

今回から、シェフ・ソムリエの信国さんは、昇進してエグゼクティヴ・ソムリエとして、ロブション全店を指導する管理面の能力を発揮する立場になられたので、高丸シェフ・ソムリエが全面を仕切ります。

はじめは例によって、シャンパーニュ地方の概要の解説です。シャンパーニュには大きく言って三つの地区があります。モンターニュ・ド・ランス地区はピノ・ノワール主体で、このブドウはボリューム感と力強さを表します。コート・デ・ブラン地区は、シャルドネが主体でミネラル感やフィネスを楽しみます。3つ目のヴァレ・ド・ラ・マルヌ地区はピノ・ムニエが主体で、このブドウはフローラルな香りがあり補助的な役割が主体です。

現在シャンパーニュでは、グラン・クリュが17地区、プルミエ・クリュが42地区、そして残りの297の村で構成されています。経営の形態は、全5,200社のなかで、ネゴシアンが250社で、レコルタン・マニピュランが4,700社と多く、残りの260社は、レストランのオーダーに応じて製造するといった特殊なメーカーという構成になっています。このうち、日本に輸出しているメーカーは、まだ1,000社強のようです。まだまだ奥行きの楽しみのある世界ですね。

さて、6種類のシャンパーニュの最初を飾る銘柄は、モンターニュ・ド・ランス地区のポール・ロジェ・ピュア・エクストラ・ブリュットです。この蔵は年間180万本の生産で、他と比べても最も深い位置に7.5キロものカーヴを所有していて、そのひんやりとした優れたカーヴで熟成された900万本が良い品質を作っています。ドサージュ・ゼロですがとても軽やかで親しみやすい、冒頭のシャンパンとしては最適なシャンパンでした。

それにアミューズ“ホワイトアスパラガスのブランマンジェ・クリヤーなトマトのジュレ・ズワイガニの脚の肉を添えて”です。高丸さんのいう通り、このシャンパンとトマトの酸味との相性は抜群でした。ズワイガニの風味も一級品とわかります。美味しいです。

次のシャンパンは、達磨のような壜に特徴のある、モンターニュ・ド・ランス地区の、ルイナール・ブリュット・ブラン・ド・ブランです。世界最古のシャンパン・メーカーとして、1729年に創業しました。自社畑は少なく20ヘクタールしかありません。

ドン・ペリニヨンの従者であったドン（神父）・ティエリー・ルイナールは、宮廷貴族の間でのシャンパーニュ人気にいち早く目をつけ、シャンパーニュの輝かしい将来性を見抜きました。彼は、甥のニコラにその夢を託し、ここに最古のメゾンの歴史がスタートしたのです。ルイナールのセラーは、唯一フランスの歴史的建造物に指定されています。

これに前菜“カンパチのタルタル・スパイスの香るワッカモーレにコリアンドルのピューレ”です。ワッカモーレとは、私の感じではアジア系の風味で、アボカドのピューレにスパイスを加えた、トルティーヤのように感じました。ヨーグルトを加えて柔らかな風味に仕上げていました。タルタルにブラン・ド・ブラン、合いますね。

3種類目のグラン・メゾンは、モンターニュ・ド・ランス地区の、アンリオ・ブリュット・スーヴェラン・アン・マグナムです。ブドウはピノ・ノワール50%、シャルドネ47%、ピノ・ムニエ3%です。アンリオの歴史も古く、1808年にアポリーヌ・ゴディノ女史が「ヴーヴ・アンリオ・エイネ」家を創業し、200年経過した今でもアンリオ家が家族経営をしています。創業以来、シャルドネに重きを置いたエレガントなシャンパーニュ造りを続けています。一貫してステンレスタンクを使用し、樽香を出したくないという考え方です。グラン・メゾンといえばアンリオだと言われてきている由緒あるメーカーです。

それに魚料理“サワラのソテー・国産タケノコのグリエとそのデュクセル・イベリコの生ハムを添えて”です。ソフトなチョリソーソースが利いています。朝比奈料理長の今日のテーマは、“春”です。魚偏に春と書いてサワラです。ワインのテーマがシャンパーニュということもあって、軽やかな味付けの料理にしましたとの説明、納得です。

さて、メインの料理に合わせるシャンパンですが、やはり横綱格のドン・ペリニヨン2002が出てきました。ブドウはシャルドネとピノ・ノワールとだけあって、配合などは公表されていません。今最も新しくリリースされているのは2006年で、2007年はなく、次は2008年が出荷を待っているということです。厚みを残しつつエレガントさのある美味しいシャンパンでした。

ドン・ペリニヨンにまつわる話ですが、1687年にルイ14世の王室に献上したという記録が残っているそうです。やはり、天才肌の工夫家、ベネディクト派のオーヴィレーヌ修道院の出納係を務めていたドン・ペリニヨン師がいたから、彼の指導でシャンパンが王道を歩むことができたのですね。ペリニヨン師の居住していたエペルネの修道院に行ったとき、中央の床の下にドン・ペリニヨン師が埋まっているということで、その上をずかずか歩いてしまって恐縮しました。隣り合わせの研究所には、内圧で割れてしまった壜の破片がたくさん残されていました。それを見てペリニヨン師が研究に没頭していたことが肌で感じられました。壁にひっかけられた黒いマントをペリニヨン師が纏っていたと思うと畏敬の念が起きたことを思い出します。

メインの料理“岩手県産ほろほろ鳥のロティ・サラダ・パストラルを添えて”が出てきました。ほろほろ鳥は胸肉と腿肉とがあり、ずいぶん違う食感で楽しめました。添えられたロブションのスペシャリテのバターリッチのジャガイモのピューレがドン・ペリのクリーミーさと合います、とのことでこれも楽しみました。今日も大満足です。個人で今日の品揃えをしたら8〜9万円はかかるのではないでしょうか。そういう意味でもワイン会は本当にリーズナブルと思います。この形式、昔はなかったのですから、これも人類の大発明のひとつであるとまじめに思っていて、この実現に感謝しています。

バゲットとシャンパンが合うという話になり、それはイースト香とシャンパンと合うからだという結論でした。

さてチーズは“ノルマンジーのドメーヌ・ダン・ビアック”です。

それに5種類目のシャンパン、これもモンターニュ・ド・ランス地区のテタンジェ社のプレステージ・シャンパン、テタンジェ・コント(伯爵)・ド・シャンパーニュ2005が注がれました。グラン・クリュのブドウのみを使い、ブドウのできの良い年にのみこの銘柄で出している特別な銘柄です。このシャンパンが今日の目玉というのもわかります。重厚かつ軽やかで滅法美味しいです。このシャンパンに巡り合って本当に嬉しいです。

一方、こういった優れたシャンパンに出遇うたびに感じることは、どれだけ飲んでも、世の中に優れたシャンパンが次々と現れて、いつ全体の概要を把握できるのだろうかと、当惑しきっている私がいるということです。

テタンジェ社の歴史は古く、1200年ころチボー四世（1201～1253）が、十字軍遠征の際、シャルドネの祖先となるブドウの苗を持ち帰って現在のテタンジェ社の畑の場所あたりに植樹したと伝えられています。その地に1734年にジャック・フルノーが蔵を設立し、その後1931年にピエール・シャルル・テタンジェ氏が当主となり、社名をテタンジェにしたのだそうです。288ヘクタールを所有する大メーカーです。カーヴに寝かせて熟成させている本数も、2,500万本と凄い数です。このテタンジェの“コント”本当に美味しかったです。忘れることのできない味わいでした。

そして今日最後のシャンパン、ヴァレ・ド・ラ・マルヌ地区の、SAボランジェ・スペシャル・キュヴェが白ワイングラスで出されました。このシャンパンは力強く辛口でした。ブドウはピノ・ノワール60%、シャルドネ25%、ピノ・ムニエ15%です。この蔵は1829年にジャック・ボランジェによって創設されました。生産に必要なブドウの70%がグラン・クリュとプルミエ・クリュと豪華です。オーク樽醗酵、カーヴでの長期熟成など、伝統的な醸造法を守っているメーカーです。この最後の辛口のシャンパンに、デザート“アグリューム（柑橘類）のジュレとハーブのソルベ・生姜のグラニテを添えて”です。グレープフルーツ主体の柑橘類とシャンパンとの相性はまずまずでした。添えられた緑色をしたハーブのソルベは、丸ごとハーブの味わいの、初めての味で美味しかったです。

そしてフィナンシェとマカロン、コーヒーで、今日の素晴らしいワイン会も流れ解散の時間になりました。会費は5千円上がりましたが、自分では入手困難な素晴らしいグランヴァンを6種類も味わうことができて大満足でした。

9　改めて感じる凄さ！フィネスの香りが衰えない“ロマネ・コンティ”

今夕は、三越前のフレンチ・レストラン、レフェルヴェソンスの系列店のラ・ボンヌターブルに行きました。私の持っている1986年のロマネ・コンティを10名の友人たちと楽しむ会です。中にはロマネ・コンティは4度目という方もおられます。

きっかけは、あまりにも高価になってしまったロマネ・コンティをどうしたらよいのか悩んでいたら、友人の皆さんたちが、10名で飲んでみたいと言っていただいたので実現した次第です。皆さんに散財させて、中身がブショネだったらどうしようと注がれるまで悩みましたが、幸いにも購入してから一度も移動しておらず、セラーに眠らせたままだったので、本領を発揮してくれたのでホッとしました。番号は「4371」と打ってあります。

こんな大事な日なのに、私はイタリアから帰って来た先週末から、ひどい風邪をひいてしまい、熱もあって体調が悪くなってしまいました。皆さんに風邪をうつしてはいけないし、私は提供するだけで、飲まないつもりでいましたので、端の 11 人目の席に座りました。

体調が悪く細かなレポートはできませんが、シャンパーニュ・シャルトーニュ・タイユから始まって、料理・ワインともに素晴らしい内容でした。

食事も進み、メインの“岩手短角牛のロースト・塩漬けキノコとモリーユのソース・インカの目覚めのピューレ・ホワイトアスパラガス・マッシュルーム添え”がサーヴされると同時に、3 種類の赤ワインが出されました。若杉さんのご提供の 2 本、ニュイ・サン・ジョルジュ・プルミエ・クリュ 2011 と、ヴォーヌ・ロマネ・プルミエ・クリュ 2012 と、そしてロマネ・コンティ 1986 です。

皆さんの好意で、提供者なのにロマネ・コンティを私にも注いでいただきました。

料理とワインに関するちょっといい言葉

- 「ワイン飲みには二つの人種がいる。“高いワインはうまい”と信じている人と“うまいワインは高くつく”のだと思っている人と。」
- 「人生にもワインにも正解というものはない。それぞれの選択にそれぞれの結果があるだけ。」（映画「サイドウエイ」から）
- 「友を招いて、その友のために出される食事に、自ら全然気を配らない者は、友を持つに値しない。」（ブリヤ・サヴァラン）
- 「何を飲むかでなく、誰と飲むかということのほうが大事なことなのだ。」（映画「サイドウエイ」から）
- 「いろいろな性質の方がいますが、私はワインにたとえると、テロワール（土壌）に左右されやすい品種のピノ・ノワールタイプでしょうか。それとも、環境が違っても自分の風味を主張する、カベルネ・ソービニオンタイプでしょうか」（映画「サイドウエイ」から）
- 「私がシャンパンを飲むのは、どちらかの時だけ。恋をしている時と、していない時。」（ココ・シャネル）
- 「人生も、ワインを飲む時のように、『DON'T THINK JUST FEEL.』（考えるな、感じろ）でいきなさい。」（映画「サイドウエイ」から）

以前やったように、素晴らしいニュイ・サン・ジョルジュとヴォーヌ・ロマネを味わってから、ロマネ・コンティを味見しました。香りが高く酸味もあり、何よりもフィネス（後味）が口の中一杯にこびりついているように、とても長いフィネスでした。

広崎マネジャーに、私の残りで恐縮ですがと、味わっていただいたら、「素晴らしいですね」というプロの評価で安心しました。

そしてヴォーヌ・ロマネに戻って味わうと、さっき完璧に美味しかったヴォーヌ・ロマネが、水っぽく感じてしまうようになりました。こういった比較はワインに失礼なので、してはいけないとは思いますが、ロマネ・コンティの味わいの確かさを感じるには、比較しないとただ美味しいだけでよくわからないのです。邪道かも知れませんが、今回もロマネ・コンティのすごさを感じました。何より持ってきた責任者ですので、中身の状態が良いことに安堵しました。もう飲みごろかと思ったのですが、まだ若い感じもあり驚きました。

とっくに中身を空にしたグラスなのに、内側にこびりついているフィネスの香りがいつまでも衰えないのですごいお酒だと思いました。

皆さんにも喜んでいただき、高い会費ではありますが、開催して良かったと緊張が解けました。皆さん本当の紳士淑女ですね。

マリアージュのよろこび

Chapter 5

1　料理もワインも食の世界は楽しみと喜びのためにある
——おもてなしの基本

今日のお昼は、新生ロオジエ１周年記念ウイークという催しに友人にお招きいただき久しぶりに行ってきました。堂々としたお店の風格、いいですね。

まずは、カキ氷で埋まった大きな銀製のボウルの中の５種類から選ぶシャンパンです。私はスリスコラン・エキストラ・ブリュット・ブラン・ド・ブランにしました。すっきりさわやかで、会食スタートの最初のシャンパン一杯は絶対に欠かせないものと思います。

同時に小さなお通しが三つ、“マカロンに乗った赤ピーマンのムース・チョリソ風味”、“栗の粉でできた巻いたチュイルの中にリコッタチーズを入れてトリフを添えたもの”、“ポークの脂身の多い部位の舌先と足先の煮凝り・ラビゴットソース”の三つです。小さいのに皆、手が込んでいました。

前菜はガラスの器に入った、“毛ガニとカリフラワーのババロア・

コキヤージュのジュレ・オシェトラ・キャビア添え・そば粉のブリニスとともに”、です。このアサリのエキスから取ったジュレの風味が良く、毛ガニ、キャビアとスプーンで混ぜて美味しくいただきました。柔らかなそば粉のブリニスは、太目のスティック状に切ってあり、交互にいただくとまた主役の毛ガニの風味がさらに引き立ちました。それにソムリエの中本さんが白ワイン、ルシエン・クロシェ 2006、サンセールの遅摘みを合わせてくれました。ラベルに収穫日を表すヴァンダン・デユ・10・オクトブルと入っています。これは毎年できるものではなく、この 15 年で 1999 年、2002 年と 2006 年の 3 回しか生産をしていないということです。遅摘みなので、ほんのりとした穏やかな甘さがあり、この料理には素晴らしいマリアージュをしました。

しかし、本来サンセールというワインは酸味が命ですので、その持ち味を消しているようなこのワインについて、中本さんに、「よくこのような特殊な風味のサンセールを見つけましたね」と尋ねたら、「このワインは、昔から知っていて、今日のような料理のときだけ登場させるのです。今年は生産したというニュースを聞くと、毎回 5 ケースほど買っているのです」とのお答えでした。ものすごくマリアージュの幅を考えている方だなあと感心しました。同時に、ややもすると寝ぼけた味のマリアージュになりかねない、このような扱いにくいワインの使い方をよく知っている方と思いました。

次は、“分厚いホタテのロティ・セップ茸のクリーム・アルバ産白トリフと栗のチップス添え・カボチャのニョッキ、ムース仕立てのキノコのブイヨン”です。これにシャトー・ディケムの造っている 2011 イグレックを合わせてくれました。ブドウはもちろんさっきと同じソーヴィニヨン・ブランですが、真反対で、この白はツンとした香りと酸味で余韻が長く、個性のはっきりとした本当に美味しい白ワインであると思いました。前に飲んだイグレックはこんなに感動した覚えはなかったのです。この素晴らしい余韻（フィネス）の長さは、たとえば丁寧に人の手を加えたからといって自在にできるものではないそうです。素晴らしい人格形成が簡単に矯正してでき上がるものではないということと一緒で、ワインの性質も人の手による影響力はわずかしかなく、ほとんどが土地や気候という環境次第なのだそうです。人知を超えているすごい自然の力のなせる技を教わりました。

次は魚で、“サラダ菜に包まれたアマダイのヴァプール・クレソンのクーリー・カブのフォンダンと貝類・鱗のクルスティアン・ソースシャンパーニュ”です。

このサラダ菜に包まれたアマダイの姿は，鯖寿司そっくりでしたので、帰りに挨拶にきたオリヴィエシェフに聞いたところ、やはり形状はそれを意識したということでした。煮込んで柔らかくなった厚切りのカブの中をくりぬいて、細かく切った貝類が収まっています。その上には、アマダイの鱗だけを立ててカリカリに仕上げたフライが乗っています。鮮やかな緑色をしたクレソンのクーリーは、独特の苦味がありました。一方シャンパーニュソースは滅法風味が良く、クレソンのクーリーと混ぜるとちょうど良い味になるようになっていると思いました。

ここでご一緒したＳさんが、料理とピッタリのマリアージュに感動して「中本さんは、料理にどうやってワインを合わせるのですか？」と質問したところ、中本さんのお答えは意外にも「料理に合わせるのではなく、お客様に合わせるのです。だから何通りもあります」という答えでした。「お客様のレベルが違えば、お出しするワインも違ってきて当然」なのだそうです。

これは名言で、私はよくその心がわかりました。私も、時々同じようなことをしています。たとえばお客様がまだ初心者で、ワインの名前をシャブリくらいしか知らないという場合、料理にやや合わなくとも、お客様の知っている銘柄をお出しすると「おお、シャブリか！」と喜ばれるので、よくそのようなマリアージュをしていましたから。こういうことがおもてなしの基本ではないでしょうか。

食の世界は、楽しみと喜びのためにあるのですから、正論などよりもまず、お客様の喜ぶことが正解なのだと思っています。小難しいマニアックな話題というのは、時にそれを楽しいと好む知識をひけらかしたい特殊な方々の集まりのときに展開すべきであって、普段は素直に楽しさの追求だけをすべきと思っています。料理もワインも、私たちの楽しみのために存在しているのです。

さてメインは、“和牛フィレ肉のロティ・トリフソースのラケ・フォアグラのラヴィオリ・ニンジンとズッキーニのコンフィ添え”です。牛肉に良いマリアージュすると思うトリフのソースが出てきたので、定番のペリグーソースかと思ったら、ペリグーソースよりずいぶん軽めの、ポートワインベースのソースでした。ソースペリグーというのはこのソースとは別物で、色々なものが入っていてもっとトロッとして重たいソースなのだそうです。また、添えられたエストラゴンというハーブの練りこまれたフォアグラの入ったラヴィオリは本当に風味が良かったです。

これに2005ジヴリー・シャンベルタン・ドメーヌ・ロワ・マルク・クロ・プリュールを合わせてくれました。造り手はアレキサンドラさんという最近頭角を現してきた女性オーナーだそうです。しなやかで鉄っぽい風味が甘いトリフソースにピッタリです。このクロというのは「城壁」などと訳されますが､広くは「所有」という意味だそうです。

ここで、1855年のボルドーのメドック格付け後の、フィロキセラに犯された後の畑の様子などを聞きました。中本さんの解説は、そのときブドウの木は全滅したのだけれど、肝心のワインの土台の良いテロワールは残っている。そこで最も適しているブドウを一から植え直すことを考えて、選ばれたブドウがカベルネ・ソーヴィニヨンやメルローだったのだそうです。フィロキセラというのは、当時も収穫量を得ようと密度を高く植えると発生し出す病気ということはわかっていたようです。フィロキセラの被害以前にボルドー地方に植わっていたブドウはマルベックが多かったということですが、「その当時のボルドーは、今のカベルネなどよりもやや風味の軽いワインではなかったか。そのマルベックという品種の条件での格付けではないか？」という私の質問に、中本さんの見解は、「何といっても良質なテロワールが良いワインを生むわけなので、良い土地で生産したマルベックもやはりさぞかし美味しかったのではないか」ということです。「カベルネもメルローも、全滅後に初めて植えたのかもしれないけれど、ボルドーの良いテロワールの作用によって最良のワインになったと言えるのです」とのお話でした。

ブルゴーニュが王様で、ボルドーが女王という100年前の評価については、ブルゴーニュは歴代のフランス王が好んで飲んでいたことと、ボルドーは女王の国のイギリス領にもなったことがあるので、そういう表現になったのではないかということです。当時はワインの度数も、メドックよりもブルゴーニュのほうが若干高かったようです。また流通も、ボルドーはパリから遠くて不便だったことも、ブルゴーニュが主役扱いであったようです。我々アマチュアがときに思う、ボルドーのカベルネの重厚感からいって、また、ブルゴーニュの繊細さを感じさせるワインカラーからいって、ボルドーがワインの王様で、ブルゴーニュが女王様というほうがピッタリとするという意見は、どうも通用しないようでした。

今日は、とにかく良いワインは、ブドウの種類や丁寧な造り方による違いもあるかもしれないが、基本的には良い畑次第であるということを教わりました。

さてデザートは2品です。最初のデザートは、マロンのパルフェグラッセ・ショコラブランの香る軽やかなムースです。淡雪のような白いチョコレートのムースが印象的でした。

メインのデザートは、洋ナシのコンポートとカシスのクレーム・ソルベポワール・ヌガティーヌのアクセントです。洋ナシの下半分の中をくりぬいてそこにナシのソルベが入っていて、その上にはマッシュルームの傘のように丸く大きなカシスのクリームが覆っています。童話の世界のような見た目で可愛いかったです。カシスのムースはスプーンで掬ってみると本当に滑らかなクリームでした。同時に小菓子がきました。ユズのタルト、チョコレート、ピスタチオのマカロン、キルシュ風味のクリームのプチシュー、赤い果物のゼリーです。

さらに、小菓子のワゴンがきました。数えると30種類の小菓子が並んでいて壮観でした。私は果物のピール3種類、ヌガー、生キャラメル数種類、ライチのジュレ、ラムの入ったチョコボンボン、ギモーヴ2種類などをお願いしてもう満腹で大満足です。

気が付くと15時になっていました。

新生ロオジエの1周年記念メニューとそのワインとのマリアージュ、きて良かったと楽しんで名残惜しく帰途につきました。

2　正解だったメイン料理のマリアージュ“四つ足にはボルドー、二つ足（鳥類）にはブルゴーニュ”のセオリー

今日のお昼は浅草の一つ星、オマージュにて、大阪中央区の名店、ラ・シーム（山の頂上）のシェフ高田裕介氏を招いての食事会に行きました。昨日の夜、そして今日の昼と夜のフェアのために、大阪よりスタッフ全員がやってきたそうです。どんな個性の料理か楽しみです。満席の盛況です。

まずはハウスシャンパン、ヴーヴ・オリヴィエ・ブラン・ド・ブランで乾杯です。

天然の木の年輪の美しい板皿に一口サイズのアミューズが5点盛られて出てきました。ゴーヤチャンプルをイメージした、ゴーヤを練りこんだ柔らかなメレンゲの緑のマカロン、ブーダンドッグという、ブーダン・ノワールの切り身が中に入っている、炭をまぶした真っ黒いボー

ル、チュイルで作ったお猪口に入った甘い安納芋、パプリカ風味のラヴィオリ・生ハム添え、タルト生地に黄身と合わせた滑らかなジャンボンブランの5点です。いずれも安定感を感じさせる美味しさでした。

前菜は“タスマニア産の鰻の燻製、春菊のピューレー、青リンゴ、玄米のスフレ添え”です。高田シェフはゴーヤとか春菊とか、苦い食材を好んで使う方かと思っていたら、調理法なのでしょうか、ゴーヤも春菊もあまり苦味は感じられず美味しかったです。オリーブオイルも加えられていて、全体を鰻丼風のイメージを思ったそうで、ポップライスがちりばめられて入っているのも、鰻丼見立てだからなのでしょう。

次は“塩茹でのオマールブルー・万願寺唐辛子ソース・4か月熟成したカボチャ添え”です。ソースの上に散らされた芽キャベツの葉を食べると爽やかに感じました。今は懐かしい古典的な卵黄の入ったベアルネーズソースをベースにしている、ねっとりとした中にやや辛みのある唐辛子の真っ赤な色彩のソースが見事でした。4か月寝かせたカボチャは柔らかく甘みも増していて、こんな味になるのかなと思いました。

ワインはシャンパンを含めて4種セットをお願いしました。このオマールには2012クローズ・エルミタージュのルーサンヌ100%のものを合わせました。このワインの持つ果実味とオマールとの相性が良いです。

次はヒラメです。はじめ素麺かと思った、細く切った白ニンジンのフライが上に乗っています。焦がしバターの中でゆっくりと火を入れたヒラメの身は半生のようでみずみずしく、添えられたジロール茸のデュクセルの風味とよく合いました。強い柑橘の香りを放つ喜界島産の花良治みかんが、おろし金で削られ降られていて良いアクセントになっています。

添えられた、根セロリの切り身も風味が良く、コンテチーズの小さな丸いコロッケも美味しかったです。付け合わせも考え抜いているシェフと見ました。

この料理にジュラの2009アルボワというシャルドネ100%を合わせてくれました。南のほうのワインなので、日照時間が多いせいか、濃厚でかつシャルドネがとてもまろやかに感じました。これはもう一度何かにマリアージュさせて飲んでみたいワインでした。

メインは“小ウサギのお腹の肉･ホタテのムース添え･ウサギのジュと干しシイタケのソース”です。銀杏が詰めてあります。小ウサギの肉は柔らかいが小骨がややあって、歯にガリッと感じるのがいやなので噛むのに慎重になります。肉に香り高い干しシイタケを合わせたのは初めてでした。何品か食べ進めてきて、高田シェフの料理は美味しく、他のシェフとまた個性が違うように感じました。

これに、ボルドー・サンテミリオンの1996シャトー・ド・フェランをちょうど良い熟成なのでと合わせてくれました。ブドウはカベルネ60%、メルロー40%です。この赤ワインもまろやかなのでウサギに合ったのですが、ウサギの肉も鶏肉のように淡白なので、四つ足にはボルドー、二つ足（鳥類）にはブルゴーニュというセオリーもあるように、ブルゴーニュの赤か、もしくは先ほどの白、濃厚なアルボワをメインまで引っ張ってきても合うのではないかと思いました。でもコースに赤ワインがないのは寂しいので、やはりこの赤で正解なのだと思いました。後ろにいたのは知らなかったのですが、私たちのこの会話を聞いていたラ・シームのソムリエの方も、「今のお話、聞こえましたので、全くその通りです」と言ってくれました。

さてデザートは2品、最初はトマトとアーモンドです。カラフルなプチトマトのスライスと、アーモンド、食用花とマスカルポーネのアイスクリーム、胡麻のようなバジル・シード添えです。それにスダチのソースを目の前でかけてくれました。

次のデザートは、モンブランです。栗のコンポートにカシスの濃厚なアイスクリームとビーツ添えです。栗がかすんでしまうほど、カシスのアイスクリームが濃厚でした。この時期だからでしょうか、モンブランを分解して供して、皿の上のそれぞれの部分を、お客様が口の中で再構築してくださいという考えのデザートをあちこちでずいぶん食べました。皆違う思想で違うデザートになっていましたが、モンブランを分解して供するのは、今の流行なのでしょうか。

小菓子は三つ、カツオブシ風味のトリフショコラ、グレープフルーツ風味のマドレーヌ、香り高い生ココナツのタルトです。

そしてエスプレッソで、ラ・シームのスペシャルコースもおしまいになりました。

玄関で、新井シェフと高田シェフに見送られながら、ほろ酔い気分で帰途につきました。昔の大料理長たちは仲が悪かったような記憶がありますが、現代のトップシェフたちは、今日のようにコミュニケーションが良いのが嬉しいですね。今日のようなこういった試み、もっと活発になってほしいと思います。

3　感謝！　頻繁にきても一度も同じ料理に出会わなかったわけ

今夕は、丸ビル35階のサンス・エ・サヴール（感性と味わい）においての、プルセルシェフを招いての、ジャルダン・デ・サンス・フェアに行きました。

最初はシャンパンで、丸ビルにサンス・エ・サヴールがオープンした2002年を記念して、2002ドラモットです。ひらまつグループ全店から2002のドラモットをかき集めたそうです。シェフ・ソムリエでもある支配人は「もう1本もありません」と苦労を語っていました。13年経過したブラン・ド・ブランは、あたかもサロンを彷彿させるような辛口で心地よい苦みがありました。手ごたえのあるシャンパンから始まる今宵はもう満足です。

アミューズは3種類。“定番の豚足のコロッケ”、“キョウハツナ風味の炭の入ったスポンジケーキ”、“アスパラ風味のチュロス”です。

前菜は、2種類同時にきました。“北海道羽幌産ボタンエビのマリネと蕪のラヴィオリ仕立て・山椒の香る甘夏みかんのソルベ添え”と、もう一つは、“薄いパン生地を纏った千葉県銚子産イワシのミキュイ・アメリカンチェリーとアボカドのワカモレ（ピューレ）”です。

今日一日だけのフェアですが、満席のお客様は、中高年ばかりでよく食べなれているような方たちと見ました。

思い出しますと、丸ビルができて、南仏の三つ星がきたというので、私は2002年から数年間はずいぶんサンス・エ・サヴールに通いました。当時は他には斬新なフレンチはなく、毎回新しい発想の料理を堪能したことがなつかしく思い出されます。

あるとき、会食の開始時間が遅かったので、私たち6人が最後のお客になったことがありました。料理長が「皆さん、厨房をご覧になりませんか？」と言ってくれたので、「ありがとう」と皆で見に行きました。自動扉が左右に開くと、厨房にはこちらを向いてスタッフの皆さんがいました。そして「この人が内田さんか！」というのです。スタッフの皆さんは、しょっちゅうくる内田さんとはどういう人なのか見たかったようでした。料理長が傍らの分厚いクリアファイルを示して「これが、内田さんが今までに食べたメニューです」と教えてくれました。そこには、特別に変えていただいたと思われるメニューがたくさんあったのです。それで、頻繁にきているのに、一度もかぶらないわけがわかり、皆さんの隠れた努力に改めて感謝したことを思い出しました。

次は“北海道野付産ホタテ貝・トリフのフレッシャー（フレッシュ）ヴィネグレット風味・セロリのクレーム添え”です。ホウレンソウでくるんだホタテの真ん中に切れ目がありトリフが挟まっています。それをトリフのヴィネグレットをたっぷりナイフで塗って食べると、トリフの風味とともに酸味がよく利いていて爽やかな美味しさでした。セロリのクレームもツンとしていなくて穏やかな香りです。さすが、プルセルさんがきているだけに、今日は一つ一つの味わいが素晴らしいできです。

それにアルフォース・メローの2005サンセール・ブラン・エドモンドを合わせてくれました。ブドウはソーヴィニヨン・ブランですが、穏やかな年季の入った良い風味でした。

次は、“春香るイタリア産のプティ・ポワ（グリーンピース）のカプチーノスープ・フォアグラのフォンダン・シャンピニオンと生ハムとタルティーヌ”です。イタリア産のグリーンピースは香りが断然強いので美味しいです。フォアグラは、ピンク色で美しくテリーヌのように濃厚に、カップの下に沈んでいました。本当に味わいの濃いフォアグラで満足でした。一つ一つの味わい、素晴らしいです。

次は魚で、“石川県七尾湾より天然真鯛の蒸し焼き・ひよこ豆とそら豆のコンカッセ・塩漬けした真鱈をアクセントに・ノルマンディ産のムール貝のベニエ・トマトのヴェルジュソース（野菜とオリーブのソース）”です。

真鯛は5日間熟成させたのち、120度で穏やかに蒸し焼きにしているそうです。この料理こそ、本店のジャルダン・デ・サンス（感性の庭）のある南仏を代表するような料理だそうです。細かく切ったたくさんの野菜群など、いろいろな食材の味わいは幅広く、本当に感性の庭にさまよっているような表現がぴったりと思いました。

これに、2006ムルソー・ヴィーユ・ヴィーニュ・レ・ヴィレイユ・ドメーヌ・ジャン・リッカートを合わせてくれました。この味わいも、樽香がしっかりとありボリューム感もあるなかに落ち着いた風味で、よく料理とマリアージュしています。

メインは“A5ランクの岐阜県飛騨牛のロティ・長崎県産グリーンアスパラガスのパネ・滑らかなニンジンとオレンジのピューレ・フレッシュモリーユ茸のアラクレーム・ベアルネーズソース添え”です。肉のロティの美味しさはもとより、三つ星レストランの古典的なベアルネーズソースは本当に美味しいものと改めてその実力に感心しました。また、ニンジンとオレンジの混合のピューレの爽やかな美味しさも初めての味わいで素晴らしかったです。

モリーユ（編み笠茸）は春と秋と旬が2回あるのはご存知ですよね。

これに2006コート・デ・ヴィヴァレ・ラ・シラール・アラン・ギャリティを合わせてくれました。ブドウはグルナッシュ・ノワール、カリニャンです。タンニンが優しいシルキーな味わいでした。

今日は、プルセルさんのレシピを完璧なまでに再現させた味と評価できます。よく、スタッフに技術がなくて、せっかく来日した三つ星のシェフの味を再現できないフェアが多い中に、今日はさすがにすべての料理が見事と思いました。

デザートは“栃木産とちおとめのロザス（バラのように並べる）・リュバーブのコンポテ・イチゴのソルベとともに”です。

メインのデザートは、“ヴァローナショコラのクレームブリュレ・クレームシトロンとフランボワーズ・沖縄県産黒砂糖のアイスクリーム添え”です。この黒砂糖のアイスクリームはもっと濃い砂糖味と思ったら、やさしい味わいで驚きました。

これに1988モーリーを合わせてくれました。この甘口は、プラム、メントール、ビターチョコの風味などが感じられる素晴らしい年代を経た甘口でした。

そして小菓子とエスプレッソです。

プルセルさんがきて同じテーブルで和気あいあいの中写真を撮りました。今日も大満足で帰途につきました。

4　ジョエルの“スズキのパイ包み”～見てその姿焼きに、食べてその意外な味わいに驚く三つ星料理！

今日は、八重洲の井坂邸の立派なダイニングを借り切って、12名で、ジョエルさんの料理を味わう会を開催しました。巨匠がOKしてくれるとは、稀有なことと感謝します。ジョエルさんは「12名はいい。

13名は縁起が悪いので、フランスではしない」と言います。ヨーロッパでは、宗教は結構日常に浸透していると思いました。

最初に、Oさんからプレゼントしていただいた素晴らしいシャンパン、アルマンド・ブリニャックで乾杯です。口に含むとその芳醇さがひろがり、只者ではないシャンパンということがよくわかります。このシャンパンはビヨンセが好むということが評判になって、ネットが炎上したという謂れのある超レアなシャンパンです。金色の金属で覆われた壜も手作りで、壜だけでも100ドルするこのシャンパンの定価は3万8千円くらいします。思いがけないプレゼントで最初から盛り上がりました。

コースの最初は用意していたシャンパンで、これも素晴らしいラルマンディエ・ベルニエ・ロンギチュード・エクストラ・ブリュット・プルミエ・クリュ・マグナムです。

それに、"グリーンアスパラガスのアミューズ"を合わせました。これに添えてある、ジョエルさんの特製のマヨネーズソースが抜群に美味しいです。

前菜は、"フォアグラのポワレ・サラダ仕立て"です。このサラダにかけてあるドレッシングもジョエルスタイルで、フォアグラに合うように甘い味付けなのです。それに2004ポティネット・アンポウ・ムルソーを合わせました。熟成感のあるほんのり甘いムルソーとフォアグラとの相性は良かったです。

次は魚で、ジョエルの店のような巨大オーヴンがないため一人前に小分けしてパイに包んだ、"スズキのパイ包み焼きソース・ショロン"です。ソース・ショロンは、赤ワインビネガーとエストラゴン、シブレット、バジル、塩などを卵黄とともに混ぜるのです。私は最初の工程の卵黄をかき混ぜるのを少しやらせてもらいました。やってみるとジョエルが軽やかにしているのが信じられないほどねっとりとした卵黄の抵抗が重たかったです。シェフはけっこう腕力がいるものだと思いました。

作る所を見ることができたのですが、オーヴンに入れる直前にパイ皮の表面に卵黄を刷毛で塗るのですね。小ぶりなサイズなので、一人分としては小さいのかなと思っていたら、約20分で焼きあがったパイ包みは膨らんでいて結構なボリュームになっていました。それにソース・ショロンがたっぷりと皿に敷かれて出されました。

熱々のパイ包み焼きにナイフを入れて一口含むと、パイ生地の中にスズキ、そしてホタテのムースの味わいとともにソース・ショロンの鋭い酸味が口の中に広がります。私が求めた本物の味は、まさにこの味なのです。今までいろいろなお店で無理にやっていただいたこともありますが、まがい物ばかりを食べてきたものが、5年ぶりに本家の味を食べることができて本当に幸せを感じました。

このくらいソースに鋭い酸味がないと、たとえばただのバターソースだとしたら、バターリッチのパイ包みは途中で食べ飽きてしまうのです。見てその姿焼きに驚き、食べてその意外な味わいにまた驚くというような、実に計算された素晴らしい三つ星料理であると、改めて感動しています。

Kさんが、「パイ包みは、ボキューズだけではなく、メール・ブラジェでもできますよ」と知識をひけらかすのですが、そんなことは知っています。しかし私の思うことは、たとえば、シャペルのスペシャリテの若鶏のベッシー包みはボキューズでも出しています。そのくらい、シェフはどんな料理でも作ろうとすれば作れるのです。でもそれぞれに、本家のスペシャリテとしての看板メニューがあります。ボキューズやジョエルでしたら、それがスズキのパイ包み焼きです。だから、本家の味わいを期待しているのですから「他の店でもできるのだよ」と混ぜ返すのではなく、せっかくの料理を前にして、そんな話題を出すことよりも、シェフのスペシャリテを尊重した会話を心がけたいということです。

この料理には12名感動しました。それにルフレーヴの2007ピュリニー・モンラッシェ・マグナムを合わせてくれました。このマリアージュも最高でした。

さて、今日のメインは、“ビュルゴー産の鴨のジョエル風”です。このビュルゴー産の鴨は、ボキューズの店でも、この鴨しか使わないということです。ジョエルさんは大胆にバターの塊をフライパンに入れて溶かしていきます。赤ワインの壜を逆さまにして、豪快にドボドボッとフライパンに注いでソース作りを始めました。ソースを作っている途中に、さっきのフォアグラをソテーして、フライパンに残ったたくさんのフォアグラから出た油を、大胆にも赤ワインソースの中に全部注いでしまいました。フォアグラの油は余ったのではなく、ちゃんと計算づくなのですね。また、鴨の切れ端の肉を炒めて、それを漉し器で漉してソースに足します。私はその残ったラグーのようになっている鴨肉のそぼろをつまんで食べてみました。それは胡椒がピリッと効いている素晴らしく美味しい肉のカスでした。

でき上がった鴨のソテー・赤ワインソースの重厚さは、柔らかな火入れの鴨とともに素晴らしい味わいで、さすがジョエルと、また感動してしまいました。それほどに美味しかったのです。これに 1990 フルーロ・ラローズ・サントネイ・クロ・デュ・パス・タンを合わせました。25 年経過して熟成も進んでいると思うのですが、まだ若々しくその中に重厚さを兼ね備えている素晴らしい風味の赤ワインでした。

そして、パテシエ出身の今日のアシスタントの作った、美味しいフリアンディーズに、ドワイヤールのラタフィア・ド・シャンパーニュ・NV を合わせました。ほんのりと甘い、丁度日本でいう梅酒のような味わいで満足でした。今日のワインのセレクトは豪華すぎて足が出ないか心配でしたが、予算管理をちゃんとしていますからということで安心しました。

私が、「今日の主役はジョエルさんの料理であって、ワイン会というのではないのですから、ワインに張り切りすぎて後で収支が困らないようにバランスを考えてくださいね」とお願いしたことも杞憂に終わって、すべて大満足でお開きになりました。

ジョエルさんは、メニューにサインをしてくれて、しかも「もう一度やってもいいよ」と言ってくれたので、次回は秋を想定して、どちらも同じくスペシャリテですが、魚に“オマールのグラタン”を、肉に“3歳の雌鹿のステーキ”をお願いしたいと思います。この鹿肉のベージュ色をしたわずかな脂身が最高に美味しいのです。普通の店はソースに溶かしてしまうという脂身も、皆さん大事に味わってほしいのです。そしてアシスタントでお手伝いいただいた、パテシエの方には、次回もお願いできれば、これもジョエルさんのスペシャリテの“果物のたくさん入ったクラフティ”と、“ガトーショコラ・ジョエルスタイル”の2品を作ってほしいと願っています。このガトーショコラも、皆食べたことのない味わいできっと驚くことと思います。次回のこのメニューでは、皆さんのほっぺたが落ちること間違いなしです。ぜひ実現させましょう。

5　昔からあるメニューに郷愁を感じながら……
タイタニックが沈没する最後の日のアミューズ“温泉卵”

今日のお昼は、ご連絡があって赤坂サカスのそばの圓通寺通りにある、フルヤオーガストロノム赤坂に行きました。

ディレクトールの秋葉康雄さんは、今から20年以上も前の、アークヒルズにサントリーホールとともにオープンした、ル・マエストロの支配人だった伝説の方です。再会が楽しみです。

秋葉さんはお店の外に立っておられて出迎えていただきました。少しやせたようですが、笑顔の素晴らしさは相変わらずです。お客様から、「貫禄のある支配人ですね」と、よく言われるそうです。秋葉さんの答えは「港区のシルバー派遣センターからパートで来ました」とジョークを言うそうです。1973年生まれの古屋賢介オーナー・シェフと以前からのお知り合いで、この店の立ち上げに人材不足もあるということで応援しているそうです。

ひとしきり、ル・マエストロの話になりました。オープン時には、フランス人のウエイターが何人かいましたが、その頃の彼らは日本人を見下していてチームワークが乱れて困ったそうです。サントリーの佐治オーナーに相談し、2年かかって非協力的なフランス人を追い出して高級レストランを一丸とさせた手腕は大変なものです。また、何かの周年記念に、ロマネコンティを1杯1万円で提供するフェアがありました。佐治オーナーは「やりなさい」と後押しをしてくれたのですが、当時のサントリーの役員は皆口うるさい人が多く、「そんなことをしていいのか？」などという詰問に一人ひとり丁寧に時間をかけて答えたのも思い出だそうです。ル・マエストロは佐治さんの肝いりでオープンしたはずなのに、何かことあるごとに外野の船頭たちがやかましかったのですね。それが会社というものかも知れません。

さて、ハウスシャンパンは、ジャック・ラセーニュのレ・ヴィーニュ・ド・モングーです。極辛口で美味しかったです。

アミューズは“安納芋のヴルーテ・生ハムのチップを散らして”です。

熱々のパン3種類と、パンにつけるためにバターと塩と、もう一つきたのはなにかと思いましたら、“サンドウ”というラードだそうです。シェフの学んだブリュッセル郊外の二つ星の“オー・ガストロノーム”も同じ出し方だそうです。寒い地方の人はラードをパンに塗ってよく食べるそうです。なかなかいける味わいでした。古屋シェフは二度目の2010年の渡欧で、一度目に大変お世話になったオー・ガストロノームで、オーナー・シェフのミッシェル・リヴォリさんから直に二つ星の店のシェフに抜擢されたのだそうです。古屋シェフはリヴォリさんを師と仰ぎ、尊敬している姿勢が素晴らしいと思いました。リヴォリさんの料理は、一口で言うと完璧な古典料理だそうです。師の名言、「ソースがないのはフレンチではない」「ソースは食べるものだから豊富に出す」という言葉だけでも、私の思い描いている古典料理とぴったりなのです。

彼は惜しまれつつ、古屋シェフの帰国と同時に、「もう疲れた」と店を閉めてしまったそうです。お話ししていてベルギーも古典の地盤が凄いことがわかります。

なにか今日のメニュー構成が楽しみになってきました。

前菜の一品目は“フレンチスタイルの鰤大根”です。鰤は軽くスモークしてあり、ダイコンは切り干し大根で甘い風味がしました。

次は“ジビエのテリーヌ・鹿”です。3センチはある厚切りのテリーヌ、何も言うことはありません。鹿独特の風味がしてずっと食べたかった味でした。

秋葉さんが解説します。ジビエ料理といっても素人が狩猟してきて解体して食べると、中毒を起こしたり寄生虫にむしばまれたりと、とても危険なのだそうです。野鳥獣料理の材料は、特定の検査機関でお墨付きをいただいたものが、レストランに出回っているそうです。

次はココットが出てきました。“バジルのソースの上に、温泉卵と刻んだ秋トリフ”です。本来は赤ワインソースなのですが、メインが赤ワインソースなので、柔軟に、バジルに変えたそうです。小さなスプーンでかき混ぜて食べると、懐かしい味がします。タイタニックの沈没する最後の日のメニューのアミューズが、卵の殻に入った温泉卵だったそうですが、こういった昔からあるメニューに出遇うとなぜか郷愁を感じてしまいます。

魚は“ヒラスズキのベアルネーズソース”です。ベアルネーズソースは大好きなのですが、現代では、どうしてなのか忘れ去られたソースです。それを復活してくれるなんて本当に感謝です。しかもトマトとセコガニが入っていて風味も素晴らしいのです。ちょっと見はソース・ショロンのようでした。
それにオリーブオイルをかけていただきます。これぞ、何も言わなくてもまさに古典料理ですね。敷いてある刻みキャベツの存在も古典の風合いです。
メインがやってきました。真っ黒い塊が見えたのでコッコヴァンがきたのかと思いましたら、鶏を鴨に変えての“鴨の赤ワインソース”でした。この料理も完璧な味わいでした。鴨の足の半身が大きくて、本当に美味しいのに、めったにないことですが残してしまいました。骨からホロッと身がほぐれるのも含めて完璧でした。ソーススプーンでソースだけは残さずいただきました。ソースと絡めて食べたポテトのピューレは、何かとても美味しいのです。これもリヴォリさんのスペシャリテだそうです。どんな工夫がされていたのかよくわかりませんでした。

私は大満足で、シェフがきたので、古屋さんが学んだブリュッセルのオー・ガストロノームのスペシャリテ尽くしのコースを食べてみたいと申し出たら、「喜んでやりますよ」との答えでした。早速古典ファンの皆さんに相談しなくてはと思いました。
先日古屋さんのフランス人の友人が来日した時に、星の付いた店で食べてみたいということで、カンテサンスを無理して予約して行ったそうです。食べ終えた彼の印象は、「なんで低温調理ばっかりなのだ。これでは人類のあごは退化してしまうし、噛みごたえという醍醐味を失っているではないか。熱々の分厚いステーキのほうがよほど美味しいではないか。私はがっかりした」という意見だったそうです。その方もきっと、古典料理が好きなシェフなのでしょうね。
最初のデザートは“柿のマリネ・アニスのアイスクリーム”です。初めてのアニスのアイスクリームの味わいは良かったです。
メインのデザートは“チョコレートのテリーヌ・ピスタチオのアイスクリーム添え”です。

食べてきて、すべて古典に根差した料理であり、大満足で帰途につきました。

伝説の名支配人の秋葉さんと、コチコチの古典好きの古屋シェフに会うために、またきてみたいと思いました。

6　涙が出そうになるほどの感動！ 10年も前に味わったラビゴットソースとの再会

今日のお昼は、久しぶりに麻布十番のビストロ・コティディアンに行きました。店名に“ビストロ”と名前がついていますが、お料理は、雑でも単純でもなく、すべて高品質のフレンチで、私の好きなお店の一つです。

昨日まではフレンチのお店はクリスマスメニューで大混雑をしているので、この20年は、その週は和食にしてクリスマス明けの今日、ゆっくりと親しいお店に行くことにしています。孫はお友達と楽しんでいますし、私はいつもフレンチを食べているので、何も混んでいるときに食べに行くことはないという主義なのです。

最初にペリエ・ジュエ・グラン・ブリュットをいただきました。ほんのりと良い風味の漂う辛口、美味しいです。口に含んで楽しんでいると、須藤オーナー・シェフから、来年5周年記念も兼ねて、ペリエ・ジュエの会を開催することを教わり、とりあえず1名で予約をお願いしました。ペリエ・ジュエ社は、ビストロと名前の付いたお店でフェアをするのは初めてだということですが、コティディアンは、安っぽいビストロとは違う、正統的な古典フレンチを食べられるお店なので、料理の質の心配など無用ですね。むしろ、コティディアンらしい正統的フレンチの料理とペリエ・ジュエと、どのようにマリアージュをするのだろうか、もう今から楽しみになっています。

今日も、メニューの中から私の好きな料理を選んで組んでもらいました。

最初は“田舎風ヒグマのパテ”です。ヒグマは初めて食べましたが、なるほど、鹿とも、猪とも違う味わいで、いかにも熊を食べているといったジビエの香りがして迫力がありました。これはジビエ好きの方ならば一度は食べてみるべきと思います。美味しいです。一つには、調理の仕方が抜群なのだと思います。添えられた、大ぶりにカットしたいろいろな野菜のピクルス、特に蕪などをパテと交互に食べると、酸味との対比でパテの濃厚さがさらに引き立ちました。パテのカットの厚さも分厚く、お客の気持ちがわかっていると思い大満足です。

ここで、メインまでの通しで赤ワインをいただきました。2012ブルゴーニュ・シュブロです。軽やかな酸味がパテを引き立たせていると感じます。

次は、コティディアンのメニューにいつも連なっている人気の“鶏の白レバーのムース”を少しいただきました。レバーっぽさがより洗練されて優れた料理になっています。温めたバゲットに塗って食べると幸せを感じます。

前菜の3皿目は、メニューにはなかったのですが、いかがですかと言われてお願いしました、“フロマージュ・ド・テット（豚の頭の肉をそのゼラチン質で固めた古典料理）”です。豚の頬肉、耳の軟骨、皮のゼラチン質を丸く巻いて高温のオリーブオイルで焼きます。外はカリカリ、中はゼラチンでトロトロです。それを今では珍しい古典的なソース“ラビゴット”の上に乗せて供されました。ラビゴットソースというのはエシャロット、ケッパー、コルニッション、茹で卵の白身、種を除いたフルーツトマトなどをみじん切りにして、自家製の白ワイン・ヴィネガー、オリーブオイル、焼いたコリアンダー・シードなどと混ぜ合わせた酸味の強いソースです。豚の頭の表面のカリカリ感と中のゼラチンの滑らかさが、酸味の効いたラビゴットソースに絡めて食べると得も言われぬ美味しさです。私が前回ラビゴットソースを食べたのは10年も前かも知れません。忘れ去られたソースのようです。

その時食べたラビゴットソースも酸味があって印象深かったと思うのですが、今日の須藤さんのラビゴットソースほど美味しかったとは思えないほど今日のソースは素晴らしいソースなのです。懐かしいソースにまた出遇えて、涙が出そうになりました。

私が感動していると、須藤さんが「新しく出したのです」と言って、“フロマージュ・ド・テート”の料理の出ている32ページを開いて説明していただいたのが『ビストロメニュー・バイブル』という大著で、それを私にプレゼントしてくれました。『マリアージュ！』を差し上げたお礼なのだそうです。私は好きで差し上げているのに、なんと律儀な方だろうと敬意を表します。この本は帰りの電車で読みふけりましたが、ビストロの基本メニューに加え、新たな発想の料理まで出ている優れた本で、須藤さんに感謝します。

もう大満足でメインを待ちました。

メインは“牛ハラミのステーキ・オニオンヴィネガー・ソース”です。私が「ステーキにするなら刺しの入った高級和牛よりもハラミの肉のほうが、固くても好きです」と言って、コティディアンでステーキをまだ食べていないのでお願いしたら、マダムは「うちの肉は固くはありませんよ」と言うのです。きたステーキは、どろりと溶けた炒めたオニオンがたっぷりとかかっている、いかにもフレンチらしいステーキです。食べてみると、本当に固くなく丁度良い噛みごたえです。オニオンの甘さが何とも言えません。これも、美味しさを知り尽くしている須藤シェフが「牛を食べるならこういう味わいが一番良いのだ」と、自信を持ってメニューに加えているのだと思いました。添えられた定番のマッシュ・ポテトも、あまりバターリッチ過ぎずオニオンソースに絡めて美味しくいただきました。

デザートはこの時期これしか目に入らない“紅玉のタルトタタン・バニラアイスクリーム添え”です。紅玉の酸味がしっかりと柔らかなリンゴに残っています。バニラアイスクリームは味わいがやや強めで美味しいです。須藤さんはリンゴの酸味も、バニラアイスクリームの味の濃さも、すべて計算しつくしていると感じました。

それに8年物のカルヴァドスを少々いただき、41度もあるので心地よく息が切れてきました。

本当に美味しいへビーなランチで、大満足で帰途につきました。ビストロ・コティディアンは、ビストロと名前がついているがゆえに、見下されているとしたら大間違いです。素晴らしい誠実な味わいのレストランの一つと思います。

5周年記念も兼ねたペリエ・ジュエの会、このあくまでも正統的な料理と、ペリエ・ジュエとのマリアージュ、今から楽しみにしています。

7 サワラは魚へんに春と書く。一足早い春の料理、そして贅沢な貸し切り状態の至福な時間を楽しむ

今夕は、渋谷の東急セルリアンホテルの地下2階にある、大宴会場の裏手の大厨房にて、福田総料理長自ら調理するシェフズルームに美食家9名で行きました。

まずは、クレマン・ド・ブルゴーニュ・シャルドネで乾杯です。このメーカーは、栽培家36名がそれぞれに合計36ヘクタール持っていて協同組合のような組織で販売している銘柄です。発足13年目だそうです。飲み口は、爽やかさを感じさせる高級なクレマンと思いました。この畑の北限から500メートル行くと地域はシャンパーニュなのだそうです。そんなに近いのに、シャンパーニュを名乗れないとは、さぞかし残念に思っていることでしょう。

アミューズは“牛蒡のフラン・トリフ風味”です。土の付いた堀川牛蒡という中が空洞の牛蒡を食材として初めて見ました。下が牛蒡の

フランで、その上をトリフのクーリーで覆い、キャビアそっくりのトンブリが乗っています。素晴らしい味わいのアミューズが出ると、今日のコースの期待度がいや増しますね。

続いて2つ目の発泡酒の、シャルル・エドシックが供されました。これはさすがのクレマンも迫力で負けますね。セパージュはピノ・ノワール40%、ピノ・ムニエ20%、シャルドネ40%です。壜内熟成は3年と、丁寧な造りは美味しさになって現れています。

前菜は“海の幸のタルタル仕立てキャビア風味”です。マグロ、赤貝を刻んでマリネしてセルクルで円形に固めた上に、一面のキャビアという豪華さで驚きました。さらにその上に生ウニが乗っています。ソースはオレンジジュース、シャルトリューズ・リキュール、レモンソース、香草を使った白ワインソースです。この豪華な前菜は語り草になりますね。

魚卵とシャンパンとは、本質的に合いにくいマリアージュなのですが、ここは、格と格とのマリアージュという常識で、食材の王様格のキャビアと、ワインの王様格のシャンパンとのマリアージュを楽しみました。

ここで、パンの責任者の日経新聞の記事にもなった高名な三沢さんが自ら駆け出して、焼きあがったばかりのバゲットを数本、金属の籠に入れて持ってきてくれました。まだ焼きたてのパチパチという心地よい音が聞こえます。私たち9名だけのために、福田総料理長、三沢さん、宴会場の責任者の唐川部長、40階のクーカーニョから、わざわざきていただいたシェフソムリエの山田さん、アシスタントシェフたち十数名、本間秘書など、オールスターで迎えてくれるこのサービスは、まるで竜宮城にでもいるかのような気持ちになります。心から感謝したい気持ちになります。

でき立てのバゲットの美味しいこと、幸せです。

次は“チーズのスフレで焼き上げたオニオンスープ”です。スフレという料理は、しょっちゅう膨らみ具合を見ていなければならない、厄介な料理です。それをあえてメニューに選んでくれた、その心意気に敬意を表したくなります。この壺の表面をたっぷりと覆っているチーズはグリュイエルチーズです。スプーンを深く入れるとチーズの下に隠れていたオニオンスープが出てきました。ことのほか美味しいので尋ねると、タマネギは一人1個ではきかないほどに凝縮しているそうです。タマネギは炒めるのであって、煮てはいけないというところが難しいそうです。ゆっくりと炒めて飴色になってから、焦がしてはいけないという加減が技術ですね。コンソメで炊いた最高に凝縮したオニオングラタンと、もっちりとしたチーズのスフレの組み合わせは素晴らしかったです。

次は魚で、先ほど材料を見せてもらいましたが、あんな大きなサワラは初めてで、どんな料理になるか楽しみです。

魚は“サワラの蒸し焼きイタリア・ファーロ麦のリゾット・ペルージャ風”です。ペルージャというのは、イタリアのウンブリア州の高原の国立公園の中で栽培されている良質の大麦です。国立公園内なので、自然を大事にしていて、化学肥料などは使ってはいけないそうです。このファーロ麦は、お米の20倍もの繊維質が含まれているので、体に良いそうです。福田総料理長とサッカーの中田選手は、ペルージャの名誉市民だそうです。

サワラは魚へんに春と書きます。皮目に火を通して身は蒸し焼きにしています。振りかけられたオリーブはフランスのオリーブだそうです。一足早い春の料理と言えますね。

この魚にロワールのソーヴィニヨン・ブランを合わせました。一面に楽譜が描かれているラベルは珍しいですね。もの好きな人が、この楽譜を弾いてみたところ、前衛的すぎてメロディになっていなかったそうです。

さてメインは“蝦夷鹿肉のロースト・赤ワインソース・日本のハーブ香るサヴァイヨン”です。蝦夷鹿は根室産の3歳の雌で、ストレスを与えないように殺したこの雌肉が最高だそうです。濃厚な赤ワインソースを塗って食べてみると柔らかく癖のない味わいで、噛んでいくと幾分鹿肉の風味が出てくる感じです。何もヒントを与えられないで食べたら､良質のフィレ肉とは思っても､誰も鹿肉とは思わないでしょう。今日の日時を逆算して、最高になるように計算をしていただいたことに大感謝です。添えられた日本のハーブとは、春の七草のことでそれに木の芽を加え、緑色のサヴァイヨンソースにしています。もうひとつ添えられた丸いタルトは、ヴィエノワーズというタマネギとキノコのタルトで、これも良い味わいで大満足です。

それにローヌ北部の赤ワイン、サン・ジョセフ 2011 ドメーヌ・ジャン・ルイ・シャーヴを合わせました。色が濃いのでブドウは何かなと思ったらシラー 100%でした。

次はチーズで 3 種類出てきました。“ブリー・ド・モー、フルム・ダンベール、そして 24 か月熟成のコンテ”です。メジャーな 3 種類、美味しいです。添えられた乾燥果実は干し柿でした。24 か月熟成のコンテは、表面にアミノ酸の結晶が浮き出てザラザラしていました。

デザートは 2 種類で、まず“キンカンのスフレ”です。粉砂糖を振られた膨れたスフレはとても美しく、芸術品と思えます。タイミングが合わないとしぼんでしまうので、出す方の緊張は大変なものがあると思います。金柑の味わいのスフレ、本当美味しいです。

次のデザートは“フルーツと野菜”です。高知の文旦､温州ミカン、甘王などをヨーグルトで和えてある優しい風味のデザートに、完熟した柿をさらにギリギリまで放置してから作った、完熟柿のアイスクリームも見事な味わいでした。

食後のコーヒーは、山田ソムリエがクレープ・シュゼットのようにオレンジをむいていくところから実演が始まり、フライパンの中は温めたコーヒーで、それをワイングラスにそそぎ生クリームを加えて供されました。これは“カフェ・レジェンド”というのだそうです。

小菓子は皆さんもうおなかが一杯なので、エシレバターの自分の残り分とともに、おみやにしてもらいました。

いつもながらの最高峰の料理と、優れたスタッフによる贅沢な貸し切り状態でサービスいただいた至福の時も、話は尽きないままお開きの時間となってしまいました。

年に何回かの開催をお願いし、福田総料理長はじめ皆さんに感謝しつつホテルを後にしました。

8　100回に3～4回起こるハイパーマリアージュ。それに出遇えて大感動！

今夕は渋谷の東急セルリアンの15周年記念の「プレミアム賞味会」に友人と出席しました。

まずは待合室で軽いシャルキュトリーと、ブルーチーズ、オリーブを、シャンパン、クルエ・ブリュット・セレクション・NVをいただいて開場を待ちました。間もなく開場の合図があったので、フルートグラスを片手に2番のテーブルに着席しました。9名ずつで40テーブルあるので確かに360名いますね。

乾杯の前のセレモニーで、クーカーニョの支配人から、今回、宴会場支配人に昇格した鳥居さんをはじめとする6名による、乾杯に供するシャンパンを剣で開ける、シャンパン・サーヴェラージュが行われました。剣を翻し、見事同じタイミングで全員がシャンパンを開けたので万雷の拍手が起きました。あとできてくれた、自身も参加した宴会マネジャーの唐川さんが、何度も練習をしたという苦労話を語ってくれました。

シャンパンに対応するアミューズは“魚介類と柔らかいジュレ”です。

クリュスタッセ（甲殻類）のジュレは、よくここまで煮詰めたと思うほど濃厚で美味しかったです。そのジュレの下には、ウイキョウとリンゴの白いムースが寝ています。これも爽やかで、鋭い美味しさの魚介のジュレと、まったり感がよく対比されていました。魚介は赤貝、キビナゴ、そしてキャヴィアでした。小ぶりながら存在感のすごいアミューズでした。

そしてすぐ後に、セップのキノコの形をした、刻んだセップを練りこんだブリオッシュがきました。このパンとシャンパーニュだけでも問題なくいける美味しさでした。セップの香りがムンムンしています。

白ワインが注がれました。サンセール・シャトー・デュ・ノゼイ 2012 です。この蒸し暑い今の季節には、清涼感あふれるこのワインを欲したくなります。軽やかながら厚みのある素晴らしいサンセールです。冷え具合も丁度いいです。

それに前菜“舌平目のスチームクッキング・ヴェルヴェーヌの香り・初夏の香草に包まれて”です。これは大画面で福田総料理長自ら作り方をご披露してくれました。舌平目は3枚におろし、細く切って、香り立つ最良の状態のハーブ、ヴェルヴェーヌを乗せて巻きます。それをヴァプールして、一口サイズにカットしてでき上がりです。舌平目にハーブの香りづけも爽やかでいいですね。下に刷毛で塗ったソースは、ホウレンソウにオリーブオイルを加えたソースです。赤いゼリーはビーツのソースからで、その下には、イカをリングにして、アワビ、ホタテがその中に入っている豪華な、かつ爽やかな一品でした。蓮の葉の小さな形にそっくりなナスタチウムの上に、レモンのジュレが水滴のように乗っているのも涼やかでいいですね。舌平目に刺してあるチュイルも極薄で、パリパリで見事でした。

次は“あかやま海老のビスクと燕の巣”です。あかやま海老は、殻つきのまま、ミキサーにかけて濃厚この上ないビスクにしています。スプーンで掬うとプルンプルンしている燕の巣が乗ってきます。燕の巣は超高価のようですが味はありません。それよりも、この海老のビスクのできは天下一品です。このような高品質を 360 名も提供できるとは、セルリアンの底力はすごいと感じました。お客様 360 名に対し、スタッフ合計で 150 名の体制だそうです。これだけの大人数ですが、持ち運びする女性の方に質問しても明確に答えてくれます。なぜなら皆一人ひとりがポケットにあんちょこを忍ばせているからです。これも見事な仕組みと感心しました。「わかりません」と言ってはいけないという、そういった努力が素晴らしいです。

次は魚で“太刀魚のシンフォニー・かぼちゃのピューレ”です。太刀魚の上にはクネルを厚塗りし、その上にシーアスパラと呼ぶ細いアスパラによく似た海草を並べてあります。シーアスパラは塩分が強いので湯がいてあります。その上にハナコと呼ばれる刺身の時に手でほぐして醤油に入れる小さな花が散りばめられています。そして食べることのできるバラの花も彩を添えています。オリーブオイルもピューレに加えてあるそうです。

この料理、白ワイン、サンセールと交互に食したのですが、食材を食べて、サンセールをまた一口含むと、サンセールがさらに美味しく感ずるのです。なぜだかわかりませんが、両隣りのお二人も同感で、三人で、おそらくオリーブオイルの味わいが、ワインを美味しく増幅させているのではないかと結論付けました。あるいはシーアスパラのミネラル感がワインの味わいをより引き立てているのでしょうか。料理の後に含んだサンセールが、単独で飲んだ時よりも、本来ワインの持っている目鼻立ちがよりはっきりしてくるといった感じなのです。料理とワインとのマリアージュは、双方の味が変に変わらなければマリアージュをしていると私たちは見なすのですが、100回に3～4回、このようにワインがもっと美味しくなってしまう現象を感じることがあるのです。これが真のマリアージュと思うのですが、もっと多数記録を取って分析をしないと、時たま現れるハイパーマリアージュ（と勝手に名付けています）の本質は解明できないと思っています。私の生涯の新たな楽しいテーマですので、この素晴らしいマリアージュに出遇ったときは、なぜだかわからなくてもいいので、克明に状況を記述しておかなくてはと思っています。久しぶりにワインがもっと美味しくなってしまう素晴らしいマリアージュに出遇えて大感動しています。と同時に、なぜだかどうしても解明したいです。

鳥居支配人がきたので、素晴らしいマリアージュだったと話したら、今日の白ワインは、シャルドネにしようか最後まで迷ったらしいのです。私たちは絶対今日のサンセールで正解ですと言いました。

私たちの席は、友人３名の３組９名の円卓です。ほかの２組の会話が聞こえてくるのですが、「今日は非日常だね」とか、初心者レベルなので話しかけなくて失礼かと思いましたが、自然の流れで私たちの会話に終始してしまいました。話したい題材が次々と出てくるので、ほかに気を配る時間は本当にありませんでした。

赤ワインは、ビーフなのに、前回に続いて今日もブルゴーニュです。シェフソムリエの山田さんに言わせると、「肉質がソフトなのと赤ワインソースも洗練されているので、今日の、コート・ド・ボーヌ2011でぴったりです」という言葉を信じてマリアージュを待ちました。

メインは“有機栽培の胡麻で包み香ばしく焼き上げた熊本産牛フィレ肉のグリル”です。福田総料理長の発案で、今日の料理には極力震災で苦しんでいる熊本産の食材を使うことという指示が出ているそうです。こういうところも素晴らしい発想ですね。

牛にかけられた灰色をしたねっとり感のある胡麻のソースの香ばしさも素晴らしいですが、この赤ワインソースの美味しいこと、感動しました。やはり牛には正統的な赤ワインソースが良いですね。添えられた熊本産の茄子の切り身の味わいも良かったです。大画面で紹介された熊本産の茄子は、ダイコンほどもある大きさなので驚きました。

メイン料理の時に、また催しがありました。今度は津軽三味線の二人組の“我人（おらんど）”の生演奏です。彼らはつい最近のドイツ公演で大好評だったそうです。ビートルズのレット・イット・ビー、ヴェンチャーズのパイプラインなどを見事に弾いてくれました。特にパイプラインのテケテケというグリッサウンドを三味線で弾いたのには感銘しました。私もあのテケテケサウンドはスカッとするので大好きで、時々、防音装置のある音楽室にこもって、ヴェンチャーズ専用のギター、モズライトで、アンプの音を大きめにして、リードギターを自分でする一人カラオケをしているほど好きです。

彼らの最後の曲、津軽じょんがら節も早弾きが見事でした。セルリアン、良いゲストを見つけてくるとは、なかなかやりますね。

デザートは2品出ます。どちらもパリのホテル・ブリストルのシェフ・パテシエの、世界チャンピオンになった経歴の持ち主、ローラン・ジャナン氏が大画面で説明します。

最初のデザートは“グレープフルーツとカンパリのソルベ・柔らかいハイビスカスのジュレとともに”です。ハイビスカスのジュレはシロップのように柔らかく美味しいです。グレープフルーツとカンパリは味わいが似ているので、すんなりと味わいました。良い味でした。

メインのデザートはコーヒー尽くしともいえる力作でした。“コーヒーとコニャック・コニャックのパルフェと炒ったヘーゼルナッツ、ジャマイカのブルーマウンテン・コーヒー風味の軽いクリーム”です。そして極薄のキャラメルのシートが、ケーキの上に円を描くように5枚も差し込んであります。このコーヒーとコニャックの相性ですが、昔からフランス人は、コーヒーを飲んだ後その残滓にコニャックを注いで飲むことが流行だったようで、今日はその歴史の再構築にチャレンジだそうです。このデザートがサーヴされている時に宴会マネジャーの唐川さんが、客席の間を速足でかけながら、オレンジの皮むきの技術をご披露してくれました。本当に安定感のある見事な技術と感心します。

それと同時に、デミカップでコニャックの香りづけをしたクリームコーヒーが出されました。まろやかで美味しかったです。

このデザートは、大画面での実演でもわかりましたが、実に手が込んでいるデザートでした。ジャナンさんは、一皿での食感の違いを大事にするそうで、柔らかなクリームもあれば、下に敷いたシートは、固めのコーヒー風味のビスケットで、こういうことを言っているのだと思いました。

そして、最後の小菓子は数種類から選ぶ方式で、私は生キャラメルを選びました。

流れ解散の時間は21時40分ですから、これだけの人数でも2時間半で終えてしまう、統率力に敬意を表しました。

鳥居支配人とは、銀座東急の、彼が新人ボーイのころから知っています。よくぞ頂点に上られたと心からお祝いします。20年以上前、歌舞伎座の前にあった銀座東急の1階のフレンチレストランに、年に2回、パリの二つ星の、ミッシェル・ロスタンがやって来てフェアをするのです。何年間か続いたのですが、私は欠かさず行きました。彼のスペシャリテの鴨の料理も美味しかったです。ホテルのレストランというと、宿泊客万人を相手にするので、平凡なメニューばかりになり面白くもないので、私は食べ歩きの対象にしていませんでした。それよりも、街中の個性あふれるレストランのほうがよほど感動するからです。しかし銀座東急は魅力的なメニューなので、好んで行っていたのです。

福田総料理長とは、東急セルリアンが2001年にできたころ、ロイヤルパークホテルの大宴会場での賞味会で隣り合わせになったのが初対面です。その日のコースメニューは、とても食事会とは言えないような低レベルで、私が不満そうにしていたら福田さんも「今日の料理はひどい」とはっきりおっしゃるのです。赤ワインまで、福田さんは「ブショネだ」と返品したことを思い出しました。私は「ブショネってどんな味？」と、サービスする人にせがんで少しもらいましたが、やはりまずかったです。ひとしきり二人で憤慨した後、名刺交換して福田さんが料理長とわかったのですが、福田さんが「一度、渋谷の東急セルリアンの、シェフズルームにきてください。ご馳走します」とおっしゃってくれたので、その数週間後、妻と二人で、渋谷の東急セルリアンのシェフズルームを目指して行きました。1階のロビーでシェフズルームを尋ねたところ、誰も知らないと言うので二人で途方に暮れていたら、女性のスタッフらしい方が歩み寄ってきて「内田さんですか？」と尋ねるのです。その方が、福田料理長の秘書の小川さんでした。今日、本当に久しぶりに再会しました。セルリアンは退職されたと聞いていたのですが、今日はお客様としてきていて、私を見つけたので挨拶にきてくれたのでした。こういうところも本当に嬉しいですね。

シェフズルームというのは福田さんが勝手につけた名前で、地下2階の宴会場の裏にある大厨房の中で、大宴会のないような日に、自ら調理して一組だけ食べさせてくれる特別なテーブルのことだったのでした。だからバックグラウンド・ミュージックは調理器具のカチャカチャいう音と、怒鳴り声だけです。

妻と二人で、ほかにはセルリアンから白髪の綺麗な、当時のセルリアンの支配人の川島さんがご相伴していただき、はんぱではない、ほっぺたの落ちるようなフレンチを堪能したのでした。

あれから100回近く、シェフズルームにお世話になった感じです。丸テーブルの8名限定の会ですが、毎回、皆さん大満足で帰られます。

ある時、当社の主力銀行の、親しくさせていただいている銀行の副頭取をお招きしたら、いたく気に入られ、副頭取は茶目っ気があるので、なんと総本山の東急不動産の社長と会長を、日ごろお世話になっているからと、シェフズルームに招待したそうです。その時も、私がいつもしているように、「ロビー1階で立って待っていてください」とお二人に伝達したそうです。子会社の東急セルリアンのロビーで、大御所のトップお二人が立って待っている光景は、何ともおかしいことと思います。食事も終わり、社長、会長の感想は、「これは良いね」と褒めてくれたそうですが、福田さんはじめ一同ひやひやものだったかもしれませんね。

東急セルリアンの食事会は毎回出ていますが、食事の質以外にも、皆さんのチームワークの良さなども見受けられ、毎回大満足です。

9　食べ歩きを始めたきっかけ、魅力的な謎：メニューの「何々風」。「何々」にはすべて理由が……

今夕は、六本木のオーベルジュ・ド・リル トーキョーにて、本店の所在場所にちなんで“ル・ムニュ・ド・アルザス”のフェアに行きました。待合室で、アペリティフの、リキュールの名門、ジャン・ポール・メッテの桃かキイチゴかの２種類から選ぶアペリティフのサービスがありました。クレマン・ダルザスで割っていて、爽やかで美味しいです。

頃合いを見て、順に大広間に通されました。人気のあるフェアと見えて満席です。私たち９名は中央の長いテーブル席でした。

ここでもクレマンのアペリティフをいただきました。さっきキイチゴをいただきましたので、ここでは桃にしました。シャンパンほどの泡の迫力はないものの、いずれも爽やかで食前酒としてとても美味しかったです。

アミューズは“スムール（クスクス）を纏ったサーモンのフリット”です。れっきとした本店のレシピで、本来はイル川の鯉を使うようですが、今日はそこまでこだわらず、サーモンのフリットで、美味しいです。クスクスは、最も小さなパスタですが、それをもっと小さくし、サーモンの表面はなめらかになっていました。上に添えた千切りのニンジンとの相性が良かったです。

白ワインが注がれました。ワインバッハの 2010 リースリング・シュロスブルグ・キュヴェ・サン・カトリーヌです。名門ワインバッハは、すべてのブドウの完熟を目指しているので、他の地区よりも収穫時期が若干遅めだそうです。華やかなスタイルでふくよかさと清涼感があり厚みも感じられ、ほんとうに美味しいです。

それに前菜“色々な部位を使った豚肉のテリーヌ「プレスコフ（テー

ト・ド・フロマージュ)」タルタル風味のソース”です。豚の肩ロース、豚足、タン、耳などを煮凝り状に固めた、アルザスの郷土料理です。それをアルザスでは「プレスコフ」と呼んでいるのだそうです。ゼラチンなどは一切添加していないで固まるのですね。

次は“シュークルート・ポワソン・ソース・ヴァンブラン”です。酸っぱいキャベツとソーセージなどが主役のアルザスの郷土料理をアレン

料理とワインとのマリアージュの文化

これまでを振り返ってみると、古典料理の会の形ができつつあり、賛同され参加する方も増えてきて、10回程度開くことができたことが大きな喜びです。

皆さん、「本物は美味しい」と言っていただけるので、私は大満足です。

これからも、古典料理をやっても良いという研究熱心なお店を見つけながら、歴史的な料理を味わっていきたいと思っています。

若い方の古典料理に対する印象は、「初めて食べるので、新鮮な感じがします」といったもので、その意外な受け止め方に驚いたこともありました。またこの数年、優れたお店での質の高い料理とワインのマリアージュが頻繁に開催され、このことも嬉しい限りです。

今までのフレンチファンの私の印象は、ワインに詳しい方はたくさんおられるのですが、料理となると、あまりそれほど関心がないようだというように感じていました。バイザグラスで料理とワインとのマリアージュをきめ細かく楽しむ、というところまではいかない方が多かったように思いました。

せっかくの質の高い世界なのに、ただの酔っぱらいでは文化的とは言いません。良いワイン、良い料理のマリアージュの機会を高度に楽しまなくてはもったいないです。

それが、このところ、どのお店のワイン会も盛況で、マリアージュを楽しむ方が増えてきているのです。これも何よりと思っています。

この日本の、「料理とワインとのマリアージュの文化」が、確実に進化していると感じています。いまや世界に遜色ないレベルであると思います。この趣味の世界の進化にこれからも目が離せません。

ジして、ソーセージの代わりに入っているのは、ウナギ、スズキ、赤海老です。白ワインを泡立てたソフトなソースがかかっています。アルザスのシルバネールというブドウを使ったワインのソースだそうです。このシュークルートは酸味がやっと感じられるくらいの優しい味わいで、酸っぱいキャベツを喉越しに飲み込むとき、むせてしまうような強烈な酸味ではありませんでした。やや優しすぎはしないでしょうか。シュークルートで私が感動した味わいは、アルザスの三つ星、ル・クロコディルのシュークルートで、酸味の中にほんのり甘い味わいが合わさっていて絶妙の美味しさだったことを覚えています。今は亡くなられて残念でならない尊敬する名シェフ、オレキスで出会った船橋俊夫シェフの、ル・クロコディル風シュークルートの完璧な再現が今でも忘れられません。

ここまでリースリングで通しました。メインのホロホロ鳥の前に、赤ワイン、フランソワ・カリヨの2010サン・トーバン・プルミエ・クリュ・レ・ピタンジュレ（畑の名前）が注がれました。ブドウはピノ・ノワールです。やや明るいワインカラーそのままに、飲みやすい美味しさの赤と感じました。

メインは“岩手産ホロホロ鳥胸肉のストラスブール風・ポルト酒ソース”です。きめの細かいパン粉をまぶしたロシアのキエフ風カツレツに似た鳥のカツレツです。衣の下の胸肉の間に薄くフォアグラが挟んであるのが、ストラスブール風です。ストラスブールはフォアグラの産地ですから。ゆえに、リルのフォアグラも定評のある美味しさです。

大昔、私がフレンチの探求を始めたころ、この「何々風」というのは、すべて理由があるもので、レストランが勝手に名付けているのではないことを知り、すべての何々風を実際に食して解明したく、食べ歩きを始めたほどの魅力的な謎でした。ですからその頃は好奇心が先に立ち、読んでもわからないメニューからチョイスしていったものでした。あるとき東京会館のメインダイニングのプルニエで、“コンソメ・マドリッド風”というスープが出たのです。私がその名前の理由を聞くと、「マドリッドは夕日がとてもきれいな街なのです。このコンソメの色合いは、ややオレンジがかっているでしょう。ゆえにそう命名されたのです」というので、私は「本当なのかな？」という顔をしていたら、そのウエイターは大真面目に「由緒正しい名前なのです！」とダメを押された記憶があります。後年確かめる機会があり、これは本当にそういうレシピがあるそうです。

本格推理小説の謎解きが大好きな私は、こうして「何々風」探求の長い道のりにはまっていったのでした。

サン・トーバンとホロホロ鳥のカツレツは、良いマリアージュをしました。

仲間で雑談していて、外国の要人がきた時、どのクラスのワインを出すかというのが、重要度のバロメーターという話になりました。中国の習近平がエリザベス女王の晩餐会に招かれた時、やはり国賓なのでシャトー・マルゴーが出たそうです。しかしその年度はワインには良い年とされているものの、天安門事件のあった年のマルゴーだそうです。ここに知る者だけがわかる皮肉が込められていると解釈できますね。

最初のデザートは、“ミラベル（西洋スモモ）のアイスクリームとミラベルのコンポート”です。ここでトリンバッハの2007ゲヴェルツトラミネール・ヴァンダンジュ・タルデイヴ（遅摘み）が注がれました。酸味のある甘さは、デザート時にあると楽しいですね。

メインのデザートは“フランス産桃とピスタチオの甘いタルト・モミの木のリキュールのアイスクリーム添え”です。オーベルジュ・ド・リルのスペシャリテで、丸ごとの桃のコンポートにピスタチオを散らして、サバイヨンクリームをたっぷりとかけたデザートがありましたが、今日のデザートは同じ素材を使った別なデザートに仕上がっていましたね。アイスクリームは滑らかで美味しかったのですが、どうしてもモミの木のリキュールの味がわからなくて、リキュールの壜を持ってこさせました。そして、その透明な30度あるリキュールの匂いを嗅いだのですが、鉋屑のような森を思わせる香りがしました。「リキュールをもっと入れないと、わからないのではないか？」との問いに「もろに感じるくらいたくさん入れると、かえって美味しくない」という答えでした。

アルザスはクリスマスの発祥の地の一つのようで、樅ノ木のリキュールもアルザスらしいので登場したのですね。

エスプレッソをシングルでいただき、今日の小菓子は干しブドウ入りのクグロフを目の前で切り分けてくれるサービスでした。

お隣のゲスト、お菓子でたくさん著書もあり一世を風靡した、今田美奈子先生が、この元ジョージアン・クラブの内装がお気に入りで、ちょうどフランスがマリー・アントワネットのころのイギリスの様式ですと解説をしてくれました。先生はフランスに古城をお持ちでしたが、年間の維持費が数千万円かかることと、城壁が崩れてけが人が出たら大変なことになると思い売却したそうです。先生は湯河原にも別荘をお持ちです。それが木造3階建ての高名な明治時代のジョサイア・コンドルの設計の建物を購入したそうです。今話題のル・コルビュジェよりも前の人なので、いずれ文化遺産になるのではと思いました。先生はその建物の1階でレストランをやっていたのですが、耐震法の関係で、続けては法に触れるとの判断で今は何もしていないそうです。「日帰り見学大歓迎です」と言っていただきました。

先生が、新宿タカシマヤの4階にお菓子のサロンを開いているので、ぜひ食べにきてほしいとの話になり、「シュバルツバルト」というケーキが、今は評判が良いそうです。近くまで行ったときにはお寄りする約束をして、流れ解散しました。9名と、大人数でも、同じ趣味の方々との一夜は、話題も弾み、本当に楽しかったです。

食にまつわるエッセイ

Chapter 6

1　味だけでなく、なみなみと注がれたソースのボリュームが美味しさの秘訣！

今からもう30年ほど前でしょうか。麻布台に3度目の引っ越しを果たした、当時の超高級レストラン、レジャンスに久しぶりに食べに行った時のことです。

「今日は、フランスから、星付きレストランのスーシェフが遊びに来ているので、よろしかったら、彼の料理を食べてご覧になりませんか」とのお店の提案で、メインに彼の料理、鹿肉のポワヴラードソース（胡椒味）をいただきました。

出てきた料理は､大きなお皿に､鹿肉のソテーが数切れ中央に収まっていて、そしてポワヴラードソースが、こぼれそうになるほど満々と満たされた、見るからに美味しそうな料理でした。

鹿肉を口に含んでみると、ソースが肉にすっかりなじんでいることもあるのですが、今まで食べてきたポワヴラードソースとは比較にならないほどの深い味で美味しいです。そしてソーススプーンで何度も掬っても減らないほどのソースの量に圧倒されました。

私が今思いますに、この料理の並はずれた美味しさの印象は、ひとつには、このソースのボリュームにあるのではないかと思っています。その時は本場の星付きのお店のフランス人シェフの料理は次元の違う美味しさだとつくづく感心して思ったものでした。

もうひとつ、今から10年ほど前、妻とリヨンに行った時のことです。市内の二つ星のピエール・オルシが予約できたので夕食をいただきました。

二人はそれぞれドゥプラでアラカルトをとりました。妻は、オマールエビのソーテルヌ風味をチョイスしました。大振りのエビの一匹のボリュームが、皿から盛り上がって半端ではなかったです。そして、その料理のソースも、甘い素晴らしい味のソースがやや泡立って、スープ皿のようなお皿になみなみと大量に満たされているのです。まるでナージュのようです。

オマールエビと甘いソースのマリアージュ加減は最高と思いました。この時思ったことも、フランス人のシェフが本気で創ると、次元が違うほど美味しいものだということでした。そして、この料理も素晴らしい味のソースの量が半端でなく多かったのです。

こう考えていくと今思うことは、優れた味のソースが惜しげもなくなみなみと注がれた料理は、満足感をさらに高みに押し上げるものではないかということです。

これだけ食べてきた私が、今までのベストテンに入ると思われる、この二つの料理と、その素晴らしいソースのボリュームの多さとを、ふと思い出してみると、美味しさも当然ですが、ここまで印象に残ったのは、ひとつにはソースの量の多さにあったのではないかと思った次第です。

2　珍しい優れたお酒に出遇えるスパークリング・ワインセミナー

今日、土曜日のお昼は、恵比寿のラ・ヴィネのスパークリング・ワインセミナーに行ってきました。ラ・ヴィネは、フランスワイン専門店なので、全てフランス産のスパークリングで、9種類も楽しめます。今日のスパークリング・ワインは、全部、ステンレスタンク使用です。樽での熟成は味の均一化が大変難しいようですね。しかし、それでも樽での熟成にこだわっている有名メーカーは、クリュッグやボランジェなどがあります。だからコストが高くなるのもうなづけます。

まずは基本的な説明です。

スパークリング・ワインは、アルコール度数で12～12.5%が最も美味しく感じるそうで、各社そのように調整しているそうです。

また、シャンパンに回るブドウは最高のものではなく、次善のもので十分なので、この世界そういったサイクルのようです。

スパークリングの泡は、何といっても脂っこいものを流す時にベストのマリアージュをします。動物性脂肪・オリーブオイルと合わせると、スパークリングの美味しさが際立ちます。

ワインの本質を味わいたい時は、お水で口の中を必ずリセットしてください。

ボルドーのスパークリングが今日はありません。ボルドーで、スパークリングが流行らないのは、ソービニヨンブランでは苦みが増すし、セミヨンでは酸味がないので、両方とも美味しくないからです。それと、ボルドーは、皆裕福なので、スパークリングを造りたかったら、手っ取り早くその地方の畑を買えば良いではないかといった考えもあるからのようです。

壜の大きさですが、2倍のマグナムが普通サイズの2本分よりも価格が高めなのは、壜が特注で高いからだそうです。またデミサイズが割高なのは、手間がかかるからだそうです。つまり、普通サイズが最もリーズナブルなのだそうです。

良いスパークリングを飲む時は、フルートグラスよりも口の広い、白ワイングラスのほうが楽しめるようです。このグラスのほうが香りが多く立ち上ってくるからです。

20数名のお客様は、皆スパークリングがお好きな方ばかりです。ゆえに、皆さんRMかどうか、購入する時にチェックをするそうです。

そこで、講師がRMについての説明をしてくれました。

アンドレ・ヴォーフォールという有名なシャンパンメーカーが、最近RM（レコルタン・マニピュラン：すべて自社製）ではなくなったのです。しかし造っていることは全く昔と変わらないのだそうです。それではなぜRMではなくなったのかというと、相続問題が発生して畑を均等に子孫に相続させたので、メインの醸造者は相続した方々からワインを買うことになるわけです。そうなるとRMは名乗れなくなったということです。ゆえにRMにこだわって気にされるのはわかりますが、今のようなパターンもあるということを知っておいてくださいとのことです。

さて、今日のスパークリングですが、最初の2本は、リキュールの入らない辛口スパークリングです。

はじめのものが、クレマン・ダルザス シャルドネ・エクストラ・ブリュットです。

アルザス地方というのは、シャンパーニュ地方の次に、スパークリング・ワインの生産が多い地方です。ほとんどの生産者がスパークリングを造っているようです。

2つ目が、もっと下の地方、スイス国境近くのサヴォワ・メトード・トラディショナル モン・ブランです。このブドウは土着品種のグランジェ100%です。

2本とも、本当に辛口でした。

ここで、辛口の定義です。

リキュール添加量が0～3グラムのものは、ブリュット・ナチュレ、ノン・ドゼ、ウルトラ・ブリュットなどという呼び方です。

0～6グラムは、エクストラ・ブリュット

12グラム以下は、ブリュット

17～32グラムは、セック

32～50グラムは、ドゥミ・セック

と、かなり甘口になります。

ただし、出荷後の壜熟成によって、甘み感は非常に変化するということなので、表記のイメージと違うものも多くあるということをご理解くださいとのことです。

また、加えるリキュールも基本の規定はあるものの、例外を行っているメーカーも多数あり、基本はこうなのだと覚える程度でいいのではないかとのことです。ブドウも3種類という規定以外に使っているメーカーもあるようです。だから基本と違うではないかと、あまり細かく目くじらを立てないで、単に楽しみましょうということでしょう。

また、甘さは抑えていても、樽の香りであるバニラ香が強いと加えたグラム数よりも甘く感じることがあるそうです。

次はロゼが2種類、3つ目のクレマン・ダルザス アリマン・ログネルは、リキュールが10グラム添加、4つ目の、クレマン・ド・ブルゴーニュは、リキュール12グラム添加です。

発泡のロゼワインはシャンパーニュ地方を含め、大手は全て大型タンクの白ブドウに、赤ブドウを加えて造る方法をとっており、赤ブドウの色素を沈殿させてロゼを造っていくセニエ法はとっていません。これはセニエ法ですと造るごとに微妙にロゼ色が違ってくる場合があり、壜ごとに色の違うといったクレームの対象になりかねないからです。ただし、小規模生産者では今でもセニエ法をとっているところもあります。

次は、珍しい熟成スパークリングです。

5つ目は、ロワールのヴーブレ・ペティヤン・ブリュット2005年です。熟成が進み黄色い色をしています。ブドウはシュナン・ブラン100%

です。リキュール10グラムです。

6つ目は、南のラングドックのクレマン・ド・リムーです。ブドウはシャルドネとシュナン・ブランです。

熟成が進むと、荒々しい泡ではなくなり、優しい泡になりますね。講師の好みを話してくれましたが、ドン・ペリニヨンの80年代のものを飲むと泡も優しいし、味はほとんどマロングラッセ状態だそうです。ちなみにドン・ペリニヨン師の最大の功績は、黒ブドウと白ブドウとを混ぜ合わせ、造り方を最初に確立させたことが挙げられるそうです。

さて、7、8番目はシャンパーニュ地方の登場です。

まず、フランク・ボンヴィルのエクストラ・ブリュット・シャルドネ100%です。これは本当に辛口でした。

8番目は、ダニエル・エチエンヌ・ブリュット・ミレジメ1996年です。シャルドネ50%、ピノ・ノワール50%です。オーソドックスなシャンパーニュはやはり良いですね。香ばしさが出て、ノワゼット、シェリーの香りがします。泡も強くないです。

最後の9番目のスパークリングは、ボジョレーの近くのビュジュからブジェイ・セルドン、メトード・アンセストラル ヴィーユ・ヴィーニュです。品種はガメイです。

これは、ほんのり甘く美味しかったです。生産者はボノー・ラクールです。このスパークリングはパリの有名な三つ星のアルページュの食前酒として4、5年前に登場し有名になりました。甘さは天然の甘さです。アルコール度数も少なめのようです。プロばかりが買うお酒としても有名です。生ハムとメロンという料理の、メロンの代わりにこのスパークリングを代用するお店が増えているようです。それほど生ハムとの相性は抜群だそうです。

セミナーが何で素晴らしいかというと、このような珍しい優れたお酒に出遇えるからです。たぶん、このセミナーに欠席していたら、こういったワインには二度と遇えなかったかもしれません。本当にラ・

ヴィネの皆さんに感謝です。

楽しい昼下がりの2時間も、この素晴らしいワインを堪能しお開きになりました。

3　食材とは万能ではなく、その持ち味を最大に引き出すのが料理

先日、このようなことがありました。

名の通った、鉄板焼きのステーキのお店に招待されました。結構高いお店です。こんな素晴らしいお店にご案内いただけるなんて、何と私は大事にされているのだろうかと、恐縮してお店に行きました。しかし一抹の不安がありました。私は脂っこい霜降りのステーキは嫌いなのです。ゆえに残しては失礼だと、気持ちを引き締めてお店に向かいました。

高級和牛のステーキについてですが、私は牛のステーキというものについては、霜降りの肉ではなく、赤身の部位がフレンチスタイルの調理では最高に美味しいと思っています。鉄板焼きについてはまだ云々するほど食べ尽くしてはいませんので、「脂っこくなければとりあえずありがたい」程度の考えしかまだありません。

神戸牛のような油のさしがたくさん入った高級肉といわれるものは、いくら高級でもステーキにするには使い方が間違っているのではないかと思っています。ただでさえ油が多いのに、さらに料理で脂っこくするのは間違っていると思うわけです。

今日も、霜降りの最高級のステーキらしいので、脂っこくて好きではないけれど、ごちそうになるほうなので断れないので、一人前くらいは何とか食べられるかなと思っていました。するとメインのお肉が焼かれた時、招待した方たちが「お肉お好きでしょう。私の分もどうぞ、遠慮なく存分に食べてください」と、お二人から脂っこいステーキを丸ごといただき、三人前をどうやって喜んだそぶりで食べようかと、困ってしまいました。

招待した方たちも、招待者を大事にと考えて、間違いない高級店だからということで案内してくれただけで、本当は脂っこいステーキは好きではなかったようです。

お二人とも小柄で、こういった方々は、ご一緒した今までの経験でも、肉の塊のステーキはお好きでない方が多いのです。悪いほうの予感が当たってしまいました。

自分は苦手だけれど、高級なので相手は喜ぶはずだと思い込んでいる、こういった勘違いです。これが時として現実であり、一般の日本人の正直な味覚・感覚と思います。

私はロブションでもコースの説明の時、メインがコーベビーフの時はぬるぬるしていて、脂っこくて一度頭が痛くなり懲りていますので、別な料理に変えてもらうようにしています。

コーベビーフや松坂牛が合うのは、しゃぶしゃぶ、すき焼き、焼き肉のような油身をそぎ落とすことがあっても、増幅しないような料理に限ると思います。高級和牛のすき焼きこそ、普通の肉のすきやきとは天と地ほどの差のあるダントツに美味しい料理なので、私は大好きです。

高級肉は特殊な食材ですので、その特徴を生かした、脂身を美味しく感じさせる限定的な使い方に限ると私は思っています。

言い方を変えるならば、素材とは、万能ではなく、料理によってその持ち味が一層生かされるわけですから、そういう調理を目指すべきと思います。

たとえばトロならば握り寿司が最も美味しいので（刺身はその次であると思います。酢飯がないと脂っこさが増幅します）、トロをステーキにしたとしたら持ち味を最大限に生かしているとはいえません。同じく高級和牛は、しゃぶしゃぶなら美味しいけれど、脂身をこれ以上増幅するような料理、たとえば無神経に、ただのステーキにさせてしまっては、持ち味を損ねると私は思うのです。

普段の日本食は世界的に見てもどれも健康食といわれるのに、日本人の崇拝する高級食材となると、トロとか、さしの多い牛肉とかで、脂っこくて体に悪い食材ばかりで、なぜ健康志向の日本人皆が崇拝するのか不思議に思います。

こういった特殊な食材は、どの料理にも合うとは限らないということを、普段からもっと話題にしてほしいと思っています。先程の例のように、自分が嫌いなのに、単に高級だから粗相がないだろうし、相手が高級店に招かれたと喜ぶだろうということだけで、相手に勧めることだけはしないでほしいと思います。相手の味覚もたぶん同じはずですから。招待した人がそのお店の料理を平らげないのはルール違反ではないでしょうか？

どんな料理にも合うし、喜ばれるはずだといった、今述べましたような和牛信仰のように、日本人は自分の味覚を信じることよりも、世間の評価のほうを信じるのではないかと思うようなことを度々体験しています。自分は決してそうは思わないのに、一般的に認められているからそれが正しいのではないかと思い込んでいるようです。自分の味覚に自信がないからかもしれません。日本人は他の価値観に流されやすいのです。

もちろん、脂っこい和牛のステーキを上手に料理するお店も存在しますし、とことん脂っこいステーキが大好きだという方もおられることも知っていますが、ごく少数と思います。

こんなことがあったので、あえて問題提起したいと思い述べました。

日本人の一般論として、ぜひ、素材に合った料理、合わない料理を、自分の舌で見分けてほしいと思います。自分の感性が正しいのだと自信を持ってほしいと願っています。

4　オトワレストランからの情報誌より AOC 認定の「ブレスの鶏」

宇都宮のオトワレストランから、年 4 回発行の情報誌がきました。その中で、ブレスの鶏のレポートがありましたので、情報としてまとめてみました。
ブレス地方というのはリヨンの右上ですが、ブレス産を名乗れる鶏の飼育指定地域は、ブレスをはじめ3県にまたがり、延べ3,500平方キロの地域に限られています。
なぜこの限定した地方の鶏の品質が良いのかということですが、この一帯はかつて湖だったため、粘土質で水はけが悪く、土中にはミミズ、かたつむり、小さな虫などが多いので、鶏の放し飼いに適しているからなのです。
AOCに認定されているブレス鶏は、厳格な規定・仕様に基づく飼育が要請されているので、一羽一羽に目が行き届く管理をするために、小規模養鶏農家が中心となっています。
ここで、AOCという制度ですが、アペラシオン・オリジン・コントロールが正式名称で、原産地統制名称と訳されます。フランスの優れた農畜産物、ワイン、チーズ、バターなど、特定の生産地の農産物を保護管理するための制度です。この許可には同業者委員会があたり、品種そのもののほかに、地域の土壌、気候、飼料、飼育方法などに厳密な規定があります。この品質を守る制度の原点は15世紀までさかのぼり、ロックフォール・チーズにあると言われています。
ブレスの鶏が、食材の歴史に登場するのは大変古く、また最初に文献に登場するのは16世紀末、アンリ二世に献上されたとされている文献が最初です。
1825年発行の、ブリア・サヴァランの名著、『美味礼讃』にも「鶏の女王、王の鶏」の章で取り上げられています。
1862年のパリで開催された「鶏のコンクール」でブレス鶏が優勝したことから、全国的に名をはせて、また、この頃から鉄道網が発達したことによりフランス国内はもとより、ヨーロッパ全域にひろく普及するようになっていったのです。
しかし、その一方で、ブレス鶏の名称を悪用した産地偽装品が多く出回るようになったため、その対策として、ブレス鶏の生産者たちが生産地呼称取得を目指すようになったのでした。そして、1957年に、フランスの食のブランディング制度（AOC）認証を取得し、以来、名実ともに、フランスが世界に誇る食材としてあり続けているのです。

ブレス鶏委員会とは、歴代、著名なシェフが会長を務めます。アラン・シャペルが会長を務めていたこともあり、現在の会長は、1981年から三つ星の、ジョルジュ・ブランが務めています。

レストラン・ジョルジュ・ブランのスペシャリテ、ブレス産鶏のクリーム煮は絶品です。美食家としては、一生のうち、ぜひ一度は食べるべき料理と思います。彼は時々来日しますので、その機会にぜひ食べてみてください。

さて、ブレス鶏がなぜ美味しいのかですが、鶏の出荷前2週間は、品質を上げる熟成期間として、それまで放し飼いによって身が締まっている鶏を、今度は動き回らないように一羽ずつケージに入れて太らせて、飼料には乳製品を加えて、ふっくらときめ細やかな肉質に仕上げます。鶏の脂肪には香りのよいバターのようなまろやかさが加わります。それがブレス鶏の他と違う大きな特徴です。見た目の切り口のきめ細かい滑らかな感触で、すぐブレス鶏とわかるくらいです。

ブレス鶏という呼称は一種類ではなく、たとえば、若鶏（プーレー）、産卵前の雌鶏（プラール）、年末にのみ出回る去勢鶏（シャポン）、七面鳥（ダーンド）などがあります。

いずれもカット販売は禁止され、左脚には生産者情報が入った脚輪が、そして首には三色の保証金具が装着され、さらに背中には、ブレス鶏委員会が発行するAOCラベルが貼られていることがルールとなっています。

このような、厳格な生産地呼称制度の運営を、世界に先駆けて行っていったフランスに敬意を表したくなります。

現在、手ごねハンバーグやフレッシュジュース、クルマエビでなくブラックタイガー、屑肉を固めてステーキと称する、などで、「うそではないか」「誤表記だ」、というレベルでもめている日本は、まだ全く幼いと思います。この関連では、フランスという先輩を見習うべきと、ずっと以前から私は思っています。

5　ロックフォール・チーズとリーダイの話

1983年3月号のリーダーズ・ダイジェスト日本版に、ロックフォール・チーズの記事が載っていましたので要約します。38年前の記事ですが、まったく色あせていないのには感心します。また、3月号全体の22項目にわたる記事も、めっぽう面白く、いまはない、こういった雑誌の復活を、熱意をもって願うものです。

さて、ペニシリウム・ロックフォルティと呼ばれる糸状菌が発見されたのは、もう大昔のことです。羊飼いの少年が、洞窟内に食べ残したパンとヤギのチーズの弁当を数日後に思い出して、戻ったところ、気持ちの悪い青カビが粉を吹いたようにパンの表面を覆っていたのでした。パンに乗せてあったチーズにも、同じ青色の縞と斑点が入っていました。少年はひどく空腹だったので、思い切ってそのパンとチーズを食べてみたところ、味が素晴らしく良かったのでした。

間もなく、谷に住む人誰もが、この新発見の味を求めてパンとチーズとを持って、この石灰岩の堆積地帯にやってきたのです。評判はやがて村の外にも広がり、規模はささやかながら、この新種のチーズは商品として製造されるようになっていったのです。

こうしてロックフォール・チーズは、中世には王様たちの愛好品にまでになっていったのです。歴代のフランス王は、特色のあるその風味を珍重し、製法の向上や保護に力を尽くしました。

1407年、シャルル六世は、勅許をもってロックフォール村民に独占製造権を与えました。

1666年には、トゥルーズ議会が、ロックフォール産でないのにロックフォールと銘打って販売した者には千リーブルの罰金を科すという布告を出しました。これはフランスにおいて、アペラシオン・ドリジーヌ（原産地呼称証明）を初めて公式に認めた法律であり、ロックフォールはその栄誉に十分値するチーズだったといえます。

数エーカーにおよぶ広大なこの洞窟の中を真似ようと思ったら、他のメーカーは膨大なコストがかかります。フルリーヌ（洞窟内からあちこち伸びている幅の広いトンネル）の中の湿度は93%から97%、温度は摂氏7度から11度と、いつも安定していて、洞窟内はまるで大寺院の地下納骨堂のように大きいのです。この洞窟内で使用する木材は、すべてオーク材でできています。湿度が極めて高いので、他の木材ではすぐに腐ってしまうそうです。

この時点の年産1,650万kgのロックフォール・チーズに必要な羊の数は80万頭に上ることになります。製造が増えてきて、いまでは遠くはピレネーのふもとからも、羊のミルクを調達しています。

人口千人のロックフォール村は、チーズ製造のために造られた村です。この時点で13社あり、製造に携わる人は一万人を超えています。この市場の55%は製造販売連合株式会社が押えています。村の土地は大半が同社の所有地で、岸壁を掘り抜いて造った六階建ての大チーズ工場も同社の所有です。

村を挙げて、誇りに思うチーズの生産は、今日も隆盛に続いています。

この記事を引用した月刊誌のリーダーズ・ダイジェストの概要について述べます。アメリカに本社のあるリーダーズ・ダイジェストは、「一日ひとつの有益な読み物を」と、いうキャッチフレーズで、世界中からの面白い記事を、簡潔に要約して郵送してくれました。世界中にその国の言葉で雑誌が刊行されていました。私は、1958年の12歳のころから、日本版が廃刊になる1985年まで、毎月楽しんで読んでいました。

新刊書の要約も冗長な部分がないので、本書よりも面白いくらいでした。また図書だけでなく、音楽の分野にも力を入れて、恐らく日本で初めての形式である、12枚組などの家庭名曲集や世界の交響曲集など、素晴らしい編集の音楽アルバムを出るそばから全部買いました。どの曲を聞いても素晴らしく、解説書がまた要約の専門誌だけあって、知りたい情報がすべて入っていました。毎日のように私と2歳下の弟で、LP版がすり切れて、もう一度買い替えるほどに聞きました。少年期の本当に懐かしい思い出です。

アメリカの本社も倒産という記事が出ていました。時代が進み、もうリーダイの役割は終わったということなのでしょうか。さびしい限りです。

リーダーズ・ダイジェスト誌は、成長していく私の人格形成に、よい意味で大きな影響を及ぼしてくれたと思っています。

6　ワインの変化が分かるワイングラスとは—— 楽しみなワイングラスを比較する催し

昨年末、合羽橋のアルミ製品の卸の社長ご夫妻と、ラ・ジュネスで楽しいお話をしました。

社長は、自社でも扱っているほどですから、ワイングラスに詳しい方でこうおっしゃるのです。ワインを注いだ後、ワインの変化が分かるのは、リーデルは1分かかるが、ロブマイヤーのグラスのほうは30秒ごとに変化が分かるのだと言います。さらに、どのグラスよりもロブマイヤーのほうが、そのワインの個性が最も出やすいのだそうです。なぜ、そんな素晴らしいことができるのでしょうか？

ゆえに、日本のソムリエの多くの方々が、最高のワイングラスは、リーデルではなく、ロブマイヤーであると言っているのだそうです。

ちなみに、ロオジエのグラスは、すべてロブマイヤーだそうです。

その、ロブマイヤーのグラスの中でも、品名の「バレリーナー3」というグラスがワインを味わうのに最高であるのだそうです。白も赤も、ワインの開く違いがわかるのだそうです。

そこで、リーデルとロブマイヤーとのワイングラスをそれぞれ用意して、我々がその違いをどこまでわかるか、社長ご夫妻にグラスを用意いただだいて、比較する催しを企画することにしました。

このような楽しいお話を、ラ・ジュネスで、小久江料理長のスペシャリテの、ペルドローのパイ包み焼きをほおばりながらお話ししていました。美味しい料理と、美味しそうなお話とで、大いに盛り上がってしまいました。

7　ブラインド・テストで当てられる人は？

ワインに関する著書をたくさん出しておられる山本博氏が、ブラインド・テストに関する興味深い話を書いておられました。私の考えを代弁してくだっさっているようで、たいへんうれしく思いました。それで、次に掲げておきます。

酒は好きだがワインはどうも、という人たちに本音を聞くと「いろいろと覚えることがありすぎるので面倒だ」というのと「リストを出されて、恥をかくのが嫌だ」ということらしい。

この現象も、にわかワイン通による「銘柄がどうだ」とか「この年は不作だ」とか、場をしらけさせるのに精を出しているやつらのせいだ。

これは、超高級ワインを飲むときのように、慈しんで丁寧に飲んでやらなければならないクラシックな飲み方のルールを、日常的に飲むワインにまで押し付けたため、混乱が生じたのだ。

本物のワイン通は、ブラインド・テストでは、当てることは不可能なことを知っているが、素人は「ワイン通なら当てられる」と思っている。(だから、素人のままなのだろうけれど)

最高峰の専門家でも、当てられるとしたら限定した分野で、一応の約束ごとの上に立ってという場合だけであろう。広い分野のものを交ぜてテストに供されると、考えすぎるからかえって当たらない。

ロマネ・コンティの隣の畑のラ・ターシェは出色物だが、値段のほうはずっと開きがある。この二つを嗅ぎ分ける日本人が何人いるだろうか。でも気にすることはない。現地の酒屋の連中だってそうはできないのだから。

何しろ、こんなワインはそもそも判るほど飲む機会がそうはないのだから。　　　　　　　　　　山本　博

8　生命を生み出し育むシステム全体を理解

Chapter 3 の 17 で、「ビオディナミ」の元祖ニコラ・ジョリーという人がブドウ畑を相続して、そのため税理士をやめてフランスに渡り、天体の運行までも考えに入れた農薬を一切使わないワイン造りを始めた奇才のことに触れましたが、そのニコラ・ジョリーという方が、単によいブドウを育てるのではなく、生命をとりまく全体のシステムを理解することの重要性を著作に書かれています。それを読んでワインを楽しむ私たちにも、見逃せない考えであると思い、次に掲げておきます。

「ブドウの木は、水分を除けば土壌から得る物はわずか 6%であって、残りの 94%は土壌以外つまり光合成によって太陽から得られるものなのです。光合成というのはすごい働きをするのです。

太陽の動き、太陽系全体のシステムといったようなものが素材を育ててくれるのです。味も香りも太陽の力といって言いと思います。触れることができないものから、形あるものが生み出されるのです。

私の提唱している「ビオディナミ」というものは、植物に活力を与えることによって、あるいは植物に害を与えるものを排除することによって、植物にかかわるエネルギーや物質の往来を強める手段です。

ゆえにまず、穏やかに自然の働きを観察すること、これから始まるのです。そしてその働きを理解・把握するのです。

大事なことは、生命を生み出し、育むシステムの全体を理解しなければならないのであるということです。

この世のシステム全体を理解していないと、ブドウのできが悪ければ、単にそこに何か足りない物を加えようとしたりします。別な香りを加えたり、人工的な酵母を加えたり使ったりするでしょう。

しかし私がビオディナミを実践しているのは、システム全体を理解し、そのシステム全体に働きかけようと考えているからなのです。

雨が多ければ、珪酸や石炭を使ってそれを緩和します。もし、人工的な物を加えれば、それは本来のAOC（生産地呼称証明）のあるべき姿とはいえないし、本来の目的から外れていきます。

とにかく、全体の調和がとても大事なのです。何か加えたりすることは、その調和を破壊することにつながります。全体のバランスが取れるようにしなければ、良い素材を育てていくことはできません。

そして、そのアプローチの仕方には、二通りあります。それは「素材に直接働きかける方法」と、「システム全体に働きかける方法」です。全体が、そのエネルギーが調和していて初めて、素材に心地良い音楽が奏でられるのです。見事な音楽を。

この調和の意味を理解していないから、遺伝子操作など、技術に頼った方法で、自分の都合に合わせた物を作り出してしまおうとするのです。

たとえば、悪い遺伝子を取り除いて、そこに良い遺伝子を入れるのではなく、なぜそこに悪い遺伝子が残されていたのか、つまり、遺伝子というシステム全体が、そこに悪い物を残していた意味を考えなければ全体を理解することができないと思うのです。

たとえば学校では水はH_2Oだと教えますが、それは違うと思うのです。正解はH_2Oプラスエネルギーなのです。エネルギーが物質の結びつきを決めているのです。

この自然のエネルギーをよく表現することを知っているのが優れた料理人ということがいえると思います。彼らは野菜の香りをどう表現するかなど、自然の恵みも持ち味を実によく知っています。

それは目の前にある物質だけでなく、その背景「自然」という調和したシステムに対する感性があるからできることであると思います。

生命を与えてくれるシステムを考えてみましょう。

秋になれば太陽の光は弱まり、木々は葉を落とす。冬が過ぎ、春になれば光が強まり、木々は新しい葉をつけます。そのシステム全体を理解しましょう。そのシステムがなくなれば、地球は死んでしまうのです。

地球上には、植物、動物、微生物などそれぞれが太陽からのエネルギーの受容体となって、地球の環境を形成していることを忘れてはならないのです。邪魔な物を取り除くために薬剤などを大量に使用したりする人が多いですが、それは結果的にエネルギーの受容システムを破壊してしまう行為であると私は見ます。環境全体にはけして良くないことなのです。

自然の生命力がしっかりとしていれば、病気などに負けてしまうものではありません。自然との調和がしっかりとしていないから、病気という悪者が無秩序に暴れだすのです。隙を作ったからです。

たとえば、狂牛病などは、自然に逆らった人間に対する罰なのであると思います。」

ニコラ・ジョリー（ロワール地区の自然派ワイン醸造家）

9　まぐろの食べ方で一番美味しい食べ方はいったいどんな料理？

安倍首相とオバマ大統領とが、すきやばし次郎で会食しました。

すきやばし次郎には、いくつかの思い出があります。

最初はＩ氏にご案内いただきました。美味しかったので、「またきたい」と名刺を交換しました。小野次郎さんは、「今度予約するときは、Ｉさんからの紹介の内田と言ってください」と言うので、何度もそのような予約の仕方をしました。

ある時、私のご案内した方が、気に入られて「またきますね」と言ったら、次郎さんは、「Ｉさんの紹介の内田さんの紹介の、何々です」と言ってくれと答えていました。これでは、その方がご案内した方が、また気に入られたら、「何々の紹介の」が延々と、落語の寿限無みたいに長くなっていくのだろうかと思いました。でも、しばらく通っていると、次郎さんは、「もう、内田で予約してもいいですよ」と言ってくれました。お客様の関係のルーツと、問題のあるお客は受けないということで、このようにしているのかと思いました。というのも、私たち四人だけしかいないとき、30代と思われる派手そうな実業家が、これも派手そうな女性を二人連れて入ってきたのです。すると次郎さんは、「今日は予約で満員です。すみませんね」とお断りしたのです。しかし、その後、誰も常連の方はこなかったのでした。要するに、「こんな態度の客なんかに握れるか？」と思って断ったのだと思いました。私たちのほうを向いて、「常連の方がふらっとこられて、ネタがないほど辛いことはないですから」と言っていました。常連を大事にすることも当然なことですね。

ある時、大阪のお得意先をご案内したとき、座った時から次郎さんのご機嫌がななめなのです。私は、せっかくのご接待なのに悪い印象を与えないかと心配しました。

次郎さんは、「今時、季節外れなのに何々はあるかとか、ふざけたことを聞く客なんかきてもらいたくないんだ」とぶつぶつ言っています。

何か、お昼のお客で、まったく基本のわかっていない客がいて怒ったようです。それが夕食時まで尾を引いているのです。すると、その大阪のお客様は、白木の箱の中のあるネタを指して「これ、関西では、何々という名前の魚ですよね？」と質問したのです。その質問に、次郎さんはニコッとして、おおわかるやつがきたか！ということで、それからは和気あいあいで過ごしました。そんなこともありました。

生き方やマナーの価値観の軸は本当にぶれない次郎さんです。

ある時､「外国人お断り」と張り紙がしてあったので､聞いてみると､「寿司は出したときが一番美味しいので、すぐ食べてもらいたいのです。それを彼らは水割りを置いてぺちゃくちゃしゃべるだけで、すしに関心がないんだよ。だからそんな連中に握ってやりたくないんだよ」ということでした。

だから、次郎さんに行くとお酒もすすめないので、20貫のコースをひたすら食べて、約40分ほどで食べ終えてしまうのです。そうなると、7時にお迎えしたお客様は、食べ終えて時計を見て、「まだ8時前だね」と独り言を言うのです。そして、二次会のカラオケになってしまうのです。私はカラオケが大嫌いで、それに付き合わされることと、二次会の経費がかさむと予算では足りなくなるのとで、次郎さんのお店はだんだんとご接待には使わないようになってしまいました。

日本のミシュランガイドで、三つ星を取ってからは、予約が大変になったことと、2万円だったコースが一気に3万円に上がってしまったことで、疎遠になりました。

その頃のことです。同じミシュランで三つ星を獲得した、カンテサンスの岸田シェフが、次郎さんのお店を訪問したとき、彼は次郎さんに「マグロの美味しい料理を研究しているのですが、試行錯誤でまだ見つかりません」と言っていたと、岸田さんの訪問後に私たちがお店に行ったとき次郎さんから聞きました。次郎さんは、「世界一味のうるさい日本人が、マグロの食べ方で一番美味しいのが刺身と言っているのだから、岸田君は研究しても見つかるわけないよ」といたずらっぽく笑っていました。

コースの20貫の流れですが、まず、おつまみに、白身の魚の刺身など数点が出て、お任せコースに入ります。最初は、淡白な白身の魚の握りから入って、1貫ずつ、イカ、エビ（食べやすく二つに切ってある)、タコ（ヌルヌルを除くしごき方は本で読んで感心しました。最高に美味しいタコです)、マグロの赤身、中トロ、大トロときて、大トロの後はコハダです。つまり、大トロで脂っこくなった口の中を酸味で洗い流すのです。そして再スタートのような感じです。

そのあと、イクラ、ウニ、アナゴ、煮ハマグリと、濃厚な味の連続になっていきます。一つ一つ本当に美味しいです。ウニはきれいなベージュ色でスクッと立っています。冷やし方もやや冷たい感じで私には丁度よく、あまりの美味しさに驚いていると、次郎さんが解説してくれます。ウニの盛り上がっている小ぶりの木の枠の容器を持ってきて、「これは金ラベルでしょう。これが最高級で、次に良いのがグリーンラベルなんだけど、この金ラベル一つに対しグリーンラベルが30個という希少価値なんだよ」と説明してくれました。最高に美味しいウニで人生観が変わるほどの味と思います。ウニやイクラを巻いている海苔は、浅草海苔の最高級でこれも香りが素晴らしい海苔です。

アナゴは口の中に入れると溶けてしまいます。その柔らかさ、崩れやすいのにどうやって握ったのだろうかと思ってしまいます。

そして卵焼きが出て、コースは終了の合図ですが、「あと、いかがしますか？」に「かんぴょうの海苔巻！」と言うと、次郎さんはニコッとします。そして漬物が2、3種類出ておしまいです。

物事には、何でも最適な順番というものが存在するのだと感じさせられます。

少食の妻が、「今日私美味しいから完食しちゃった」と帰るときはしゃいでいたのを、次郎さんが小声で私に耳打ちし、「奥さんには小ぶりの鮨にしたのですが、わかりましたか？」と、お客が残さないようにと気遣ってくれたこともありました。お客が右手で食べやすいように、すしを斜めに置くのも計算されてのことです。

昔の番組「ロッテ歌のアルバム」の「一週間のご無沙汰です」でお

なじみの玉置宏さんが、一番奥の席でいつも一人で食べているのを何度も見みました。

次郎さんは有名人なだけに、威張っているとか、ひどいサービスだったとか、知っている人にだけしか話さないだとか、否定的なこともたくさん言われますが、そんなことはどうでもいいではないですか、と言いたいです。自分自身だって気配りも味覚の鋭さも完璧ではないし、ましてや有名人でもないのですから、自分は何様なのか、ほどほどにしなさいと説教したいです。我々も未熟なのです。

どんなお店に行っても、顧客の個人的な不満はあろうかと思いますが、顧客であることを主張しすぎてエスカレートしないでほしいと願っています。たかが数万円しか払っていないのですから、その範囲で怒ることと思っています。私はクレイマーのような姿勢は全体を壊すので嫌いです。

次郎さんは丸ノ内線を利用して出勤します。真夏でも、命の次に大切な両手を保護するために両手に手袋をして出勤する姿勢には敬意を表したくなります。

現在のミシュランの最高齢の三つ星ですので、尊敬して大事に味わいたいと思っています。

ちなみに、かつて南フランスのレ・ボーにある三つ星のウストー・ド・ボーマニエールのレイモン・テュイリエ氏は92歳でも三つ星シェフだったと思います。(今は二つ星です)

次郎さんにはぜひ、その長寿の記録の更新をしてもらいたいと思っています。

10　食文化を楽しむために

私は人類の文化の象徴とも思えるような高度な食事をこよなく愛してきましたので、食事会などで日本のトップクラスのお客様の態度や、食に対する姿勢をいろいろと見てきました。

料理・ワインに、偏りの好き嫌いはあっても、大変詳しい方の層が厚くなり、日本は食文化大国といって良いかというまでになったと思います。

しかしその中で、いろいろと詳しい方なのにマナーのほうはどうかと思うような方もたくさん見受けられ、気がかりになっていることも事実です。

そこで、日ごろ感じている感想を辛口も含めて述べてみたくなりました。

私たちの楽しんでいる食事は、食文化とも言われるわけですから、マナーの良い、文化度の高い態度が望まれることは言うまでもありません。また、いかに優れているサービス人も料理人も、代金を頂戴する側のプロなのですから、その姿勢というものは、アンドレ・ソレイユさんの言う通り、一線を越えたお客様との馴れ馴れしさは間違いと言えます。

さらに、お客様の側にも同じ縛りがあり、お金を払っているほうだからといって、無礼な態度でも何でも許されるものではないということも、言うまでもありません。

こういった誰もが納得している暗黙のルールの上に、快適な食事の文化が成り立っているのであると思っています。

そこで、いろいろと醜い場面を見てきてしまった反省をしたくなりました。

よく、お金持ちのご主人のおかげでお金をある程度自由に使える中高年のマダムが常連風を吹かせて、「自分はこんなにこの店を支配しているのだ」と、皆の前で見栄を切りたいばかりに、有名シェフと親しさをアピールしたり、ソムリエに無理なことを言って通したりするパフォーマンスを見ることがありますが、これは見苦しいといつも思ってしまいます。皆の前で、お店にそんなに派手に馴れ馴れしくするものではないと思うからです。

サービスする側、受ける側、それぞれに見苦しくならないほどに越えてはならないマナーのラインが存在するのだと思います。

そういった怖いものなしの中高年は、同席している私たちにも容赦なく、「あんた、そんなにバターを食べて体に悪いでしょ」と大声で注意する横暴ぶりを発揮します。これは当然「ナット　ユア　ビジネス」なのです。私はバターがこよなく好きなのですから、皆の前で観察されて「食べるな」などと言われたくないのです。他のお客に指図などしてはならないのです。そういったレディでない方の、皆平等という場をわきまえない節度のない会話でいっぺんにその場の文化度が低くなってしまうのです。

間違った思い上がり、独りよがりは優雅な食文化の敵と思っています。こういった、お金はあっても下品な態度の方をそれこそ数多く見てきました。

このような、「ときに」なのでしょうが、低いレベルの態度が食事会を後味の悪いものにします。

あくまでも、「食事の時間をいかに楽しく過ごすか」がこの世界各国共通のメインのテーマであって、その常識の線を越えてしまうと形が崩れ見苦しくなると思います。

よく、功成り名遂げた漫画家や作曲家の方、つまりその道の著名人は、狭い世界なのですが、自分の世界の中では怖いものなしです。彼らは納税率が最高の50%だったりして、その豪遊振りから、やたら美食家でもある場合が多いのですが、彼らに共通して言える、似ているところは、すごい店やすごいお酒の話が連続して出てくることと、お店にいかに自分のわがままを聞かせたかという武勇伝をご披露したく、一方、自分よりも詳しそうな人の持っている話題は巧妙に避けて、いつも自分中心のワールドを展開して、今夜も自分にとっての最高の一夜を終える、といったパターンが多いということです。何とも単純な性格の方が多いと思います。それで通るのだから、周りがとやかく言うことではないかも知れません。

そういう方は、有名な店のこき下ろしにも容赦がなく、たぶんそういった短所もあるお店なのかも知れませんが、あまりにも滅多斬りでは、自分は痛快かもしれませんが、共通の話題としては問題があると思うので、やはりその方々の文化度・紳士度は低いと言わざるを得ません。

また、お金持ちなのにそういう人に限って、帰るとき、せこく、自分の払った分の会社あての領収書をしっかりともらう方が多いのは、いかに税金を必要経費で軽くするかに日ごろから腐心しているからでしょう。いろいろな性格のお山の大将が数えきれないほどいますね。

また、食事会やワイン会はどうしてもバブリーになりがちなので、金額である程度の縛りを私は必要と思っています。回数も多いので、私は自分で、一晩に３万円以上の食事会は出席を見合わせるようにしました。あまりに贅沢に慣れるのは危険です。節度があるべきです。それ以上の金額の会のお誘いのときは、家族との食事を思い浮かべて自制することにしています。ゆえに、私個人でごちそうするならば、二人ならば一人１万５千円までという縛りです。皆さん立派な社会人なので、ただ飯の要求はするべきではないと思います。自分の分は進んで自分で支払うべきです。皆が応分の負担で楽しみ合うことが、やはり自然で長続きすることと思っています。ゆえに会費制が良い仕組みと思っています。会食は、タダであるとどうしても自身に安易になります。自分も負担したほうが真剣さは増すと思います。

昔、社会のルールがまだわからない若い人にごちそうしたとき、ディナーの途中で、出勤時間になったからと途中で帰ってしまうような不心得の人も見ています。そういったマナーの悪い方に、誰がまたごちそうしたくなると思うでしょうか？途中で帰ってしまった客に、シェフも支配人も、何か落ち度があったのかと心配すると思います。これも、自分がお金を払ってきていたならば、それが重しになり軽々しい行動には出なかったと思うのです。

このように食事ひとつにしても、様々な考え方、哲学、生き様が正直に見えてきます。私は人に見られて最低でも恥ずかしくないような態度をいつも心がけています。こういうことが人生の基本であると思うからです。それには、まじめ、まともが単純明快で一番ですね。
やはり、外食というのは公共の場での行動ですから、傍若無人にならず、謙虚で、マナーよく過ごしたいものです。

常連に対してのお店の側の姿勢は、快適な時間を過ごしていただこうと努力をしても、過剰なサービスまではするべきではないと思います。お客も常連だからといって、あまり要求が悪乗りしてはならないと自戒してほしいと思います。
私は、ソワニエ（常連）に対し、お店のサービスはプロフィットというような、直接値引きをするようなサービスではなくて、いわば、さらなるベネフィットというような、より素敵なサービスを心掛けるべきと思っています。お金のからむサービスは、それが次回の基準となってしまうし、けして長続きはしないと思うからです。

この文章で、いろいろなことを見てきた私の言わんとしていることは、いくらお金が自由でも、自分が仕切ろうとし過ぎるようなマナーの悪い人には、この素晴らしい世界の奥深さがわからないで終わるだろうということです。
しかし、そういった方々は、別に、食の世界の奥深さなどわからなくとも、料理のルーツなど知らなくても、自分の自慢ができ、エネルギーを発散する一夜があればそれで良いというだけの理解かもしれません。そうなると、私とは目指すものが違うので、同席してもお互い面白くないかもしれませんね。私のような、料理が好きで、さらに探求したい考えの人のほうが少数派かも知れません。
マナーの優れた方々との食事会は、なんと素晴らしいことなのかと思います。

美食家の皆さんには、ぜひ、この奥深い料理とワインの高度な文化の世界を、さらに探求を続けていってほしいと願っています。

11　高級フレンチレストラン“ル・マエストロ”での思い出

森ビルによる大都市開発の第1号のような、溜池山王から近くのアークヒルズが、1986年秋にオープンしたとき、その2階の、サントリーホールと同じフロアに、同じサントリーの資本による、ポール・ボキューズと本格的に提携した高級フレンチレストラン、ル・マエストロがオープンしました。

メニューは、ボキューズのメニューからが多いように思いましたが、味わいは今ひとつ優しい感じで、本当に美味しいとは思いませんでした。ボキューズの料理ならば、その当時通っていた表参道のジョエルの方がよほど美味しいと思いました。料理でもワインでも比較の対象がないと、どれだけ美味しいのかがわかりませんよね。それでもル・マエストロに通ったのは、ボキューズの感性や腕前がどこかに表れているはずと思ったからです。

でも、料理については残念ながら、スズキのパイ包みも何も、ジョエルの方が断然美味しかったのでした。ただ、コースに豊富なチーズとデザートが組み込んであって、これらはどのレストランよりも魅力的であったと思います。その他にない独自性ともいえる魅力をお客様に体験していただきたく、ずいぶんご案内したのです。チーズは一つのワゴンですが20種類近く乗せられていて、見たこともないようなどのチーズも美味しそうで、私は行くたびに次々に食べていって、名前を覚えました。ガトーのケーキ類で1台、ウフ・ア・ラ・ネージュやフルーツのコンポート類で1台、そしてアイスクリームとシャーベットのステンレスの容器が8つくらいでまた1台という豪華さでした。アイスクリームとはこんなに種類がたくさんあるものなのかと感心したものです。デザートの質は素晴らしいものがありました。お客様は美食家なので、チーズを楽しむのはもとより、デザートワゴン3台で自分の席が囲まれてしまうと、子供のときに返ったように驚嘆の表情をされるのです。このデザートワゴンの豪華さ、半端でない楽しさは初めてでした。

私は、この店の魅力は料理よりもチーズとデザートであると思って、お客様をご案内するときも、最後のチーズとデザートの魅力をお話しし、その通り美食家のお客様も乗ってきて喜んでいただきました。その頃、神戸ポートピアホテルの最上階にある、アラン・シャペルも、チーズとデザートワゴンが充実していて素晴らしかったです。アラン・シャペルの方は料理も大満足の美味しさで、私は大阪出張が決まると、大阪に宿泊しないでポートピアに泊まるようにしていたくらいです。

このデザートワゴンの魅力は、お客様には相当インパクトがあると思っています。

あるとき、メインダイニングは満員なので、個室の方でよろしいですかというので、ここが満員とは珍しいと思って、「どなたですか？」と聞いたら、当たり前に「オランダ国王ご一行です」と答えたのにはすごいと思いました。

ボキューズと提携しているので、年に1度はボキューズがきてフェアをしました。5周年記念の時だったでしょうか、1杯1万円でロマネコンティを飲んだことがあります。その時、その前のワインにヴォーヌ・ロマネが供されたのですが、これが本当に美味しくて感動した私たち家族は、「こんな美味しいワインの後では、ロマネコンティも負けるかもしれないね」と、比較を楽しみにしていたのです。そしていよいよロマネコンティがやってきました。一口飲んでみると、やはり非の打ち所のない美味しさに感じました。そこで、残しておいたヴォーヌ・ロマネとどっちが美味しいかなと、飲んでみたところ、さっきあんなに美味しかったヴォーヌ・ロマネが、味の全くない、まるで気の抜けたような味わいになってしまったのです。ロマネコンティの迫力を見せつけられました。

私はこんなに差がつくとは思いもよらなかったので、このときから優れたワインというものに畏敬の念を持つようになりました。このときから、邪道かもしれませんが、どこがどれだけ違うものなのか、優れたワインをほかのワインと比較して同じ日に飲んでみたいと思うようになりました。だから、たとえば「シャンベルタンを飲んだけれどとても美味しかった」という方がいても、その日、その一種類しか飲んでいないのであれば、ほかのワインと比べて、どこがどれだけ違うのか、本当にわかっていっているのだろうかと思ってしまうのです。でもこの自己流の方法は良いことかどうか迷います。比較されるワインにとっては残酷なので、あの日とても美味しかったヴォーヌ・ロマネの存在感と誇りを失わせることになってしまい、申し訳なく感じたことを思い出しました。

ル・マエストロ（巨匠）は、サントリーホールに招待された世界の高名な指揮者のための迎賓館のような役割をしていました。私は何人も、マエストロで食事をしているところを見かけました。

数々の思い出のある良いレストランも永遠ではありません。あの不滅と思われたマキシムも50年で歴史の幕を下ろしてしまいました。ル・マエストロも10年で閉めてしまいましたが、最後の日に行ったとき、「いままでありがとうございました。記念に差し上げます」と本革表紙の、素晴らしいワインリストを頂戴して帰ってきました。このワインリストはそのまま大事に、私の取っておくべき本を並べた本棚のほうに収まっています。今リストを見ても、この品揃えの素晴らしさには感嘆します。

楽しいひと時を体験させていただいた、感謝の気持ちで思い出を綴りました。

12　知っていただきたい、相手に質問するときの姿勢

私が食事を好きそうなので、時々気軽に「今までに行かれた中で、最高のレストランはどこですか？」と尋ねられることがあるのですが、この問いかけに真剣に答えようと思ったら、尋ねた相手にとても長い時間考えさせなければならないことがわかっていての質問なのでしょうか？たまたま何気なく質問したことが、相手の負担になるようならば、そのような質問はすべきではありません。質問が大きすぎてまた、粗野です。常識的なマナーをわきまえている方は、よくおわかりなので、そのような、相手が返事に困るような質問は決してしません。また、このくらいの質問などは相手が困らないだろうと思っているならば、それは物事を浅く見すぎている自身の軽薄さを露呈していることになります。この世界の奥行きの広さをわかっていない人の発想だからです。このような傾向のある方が時々おられますが、相手が困るような質問になっていないか、答えるのに時間がかかる質問でないだろうか、紳士あるいはエレガントな自分であり続けるためにも、質問する前に自問していただきたいと思います。

ちょっと考えただけでも、シチュエーションによってもランキングは変わってくることがわかると思います。質問する方は、どんな料理がお好きな方なのでしょうか？そのようなヒントがなくて答えることは、たぶん相手の満足は得られないと思います。どの程度美食に詳しい方の質問なのでしょうか？

レストランにも色々あります。

たとえば、大事な方を心ゆくまでご接待する、これ以上はありえないと思うような場面を実現したいときに登場する、グランドレストラン群や、一方、友人と気軽に行って楽しむビストロ系の優れた店であるとか、料理の質のほうはそこそこでも、ワインやシャンパンの充実

している優れたワインバー形式のお店の中からとか、フランスのオーセンティックな各地方料理の充実ぶりのお店とか、コストパフォーマンスという切り口からだけ選択してみるとか、質問する方の望むカテゴリーの形態がわからないと答えも的確には出てこないことがわかると思います。

レストランは、皆それぞれ個性の違う独自性で生きているのですから、それにランクをつけろといわれても、正直困るのです。

質の高い料理や個性的な料理を愛し、努力している店たちを愛している私にとって、いきなりぶしつけに順位をつけろと言われることは、心外です。愛しているものたちに何ということを言ってくるのかと、瞬間的に拒否反応が出てしまいます。「こんなことで過剰反応をするなんて大人気ない」と思わないでほしいほど私にとっては大問題です。

また、味わいのような、好みの支配する“官能テスト”に属する問題は、物理のようにいつも明確な答えがあるというものではありません。ワインについてたとえますと、自分はブルゴーニュが好きでも、相手はボルドーしか認めないなどということはしょっちゅうあるのです。これはどちらが正しいというものでもありません。「みんな美味しいよ」といった安易な答えでも間違いではないのです。だから、好みがわからないので、私が答えたとしても、相手の方は満足しないと思います。

この、趣味の世界に限らず、日常の仕事においても、相手に質問をする場合は、自分の望む答えは一体どのあたりにあると思うのか、考えを整理してから、的確な言葉で質問してほしいと思います。それが相手へ質問する正しい姿勢です。

レストランの評価は、その日によって、また季節によって多少違いますし、一緒に行った仲間によっても楽しかったという高評価は違ってきます。

質問する側の、一体自分は何を質問しているのだろうという気付きが大事です。ぼんやりとした質問は、真剣に受け止めて困惑してしまう相手に対してとても失礼と思います。
最近私はなぜか、このように小うるさくなってきています。

13　知っていただきたい、相手に質問するときの姿勢　その2

質問の趣旨が「最近行かれたお店で、お薦めは？」といったような質問であれば、最近本当に行って良かったお店を言えば良いのですから気が楽です。相手がどうとらえるだろうかということは、想像できるわけですから、答えやすい質問を用意することがマナーであると思うし、その気づきのレベルをクリヤーして紳士淑女として合格だと思うのです。
レストラン側にしても、自分のお店が、「全体の中のどんな切り口にあるのか」「どんな特徴を持っているレストランなのか」の明確なアイデンティティを持っていれば、その目的を目指す顧客のお眼鏡に叶い、来店の頻度が上がるはずですね。

最近、日本の素晴らしさが徐々に世界に浸透してきて、外国人観光客数の増加が顕著です。そのなかで、安全性とクオリティの高い電気製品や薬、化粧品などの買い物と、独自性の高い観光地とともに、日本の食文化のクオリティの高さが世界中に絶賛されています。いまや寿司、てんぷら、すきやき、しゃぶしゃぶ、ラーメン、日本酒などは、もう世界に認められた優れた料理として定着しています。彼らの来日の目的のひとつが、これら料理の本場の味を確かめにくるのです。そしてこのまま外国人が、日本の食文化にさらに分け入ってくると、次に控えている分野、鰻重、漬物、味噌、醤油、カツオブシ、佃煮、ポン酢、どら焼きや水ようかんなどを含めた和菓子、日本製洋菓子（イチゴのショートケーキのようなふわっとしたケーキは外国にはありません）、土産のお菓子、駄菓子、果物、そしてその存在価値を確立している我らが洋食など、すべてがターゲットになって人気が高まるはずだと思っています。

“食”にまつわるお話は本当に楽しく、人生を元気にする趣味と思いますが、最近、その趣味の世界の隆盛に足を引っ張るような食べ手のマナーの悪さもエスカレートしてきていることが気がかりになっています。それは一つにはドタキャンが横行し始めていることです。

いつも私が楽しみにしている、2か月に一度の古典料理の会は、20名弱と少数に制限しているのでいつも満席になるのですが、前回も「足をくじいた」との理由でドタキャンがありました。その方はご一緒することはまだ7、8回しかないのですが、これでキャンセルは三度目です。しかも、歩けないはずなのに数日後のフェイスブックの投稿で、どこかの景色を見に行った写真が載っているのです。この方はいま要注意のグループに入れて、人数も制限している古典料理の会などは、次回からエントリーがあっても、開催近くなって空きがあるのを確認するまで、キャンセル待ち扱いをすべきであると思っています。

ドタキャンを起こすという行動は、自身の心構えが大きく左右する問題であると思いますので、一度起こした方は少しも申し訳ないとも思わずに二度三度と起こすと思います。このような方が、この楽しい趣味の文化の輪を崩していると私は憤慨しています。このドタキャンはあちこちで起きており、お店の方も「食材の用意をどうしてくれるのか」と、ときどき不満を噴出させた投稿もあり、同情を禁じ得ません。

ドタキャンを含め、マナーの悪さ、独りよがり、シェフや支配人と異常に親しくする行為などを含め、マイナス要素の行為をすべて排除して、より楽しい趣味の世界を守っていきたいと思っています。

以前、大宴会場での200名からのガラディナーで、メイン料理に差し掛かるころ、ぞんざいな扱いをされたらしいドレス姿の中年の女性が、宴会支配人を呼びつけてしゃがませ大声で延々と罵倒していたことを体験しました。会場はシーンとなって、その方のヒステリックな声だけが響いています。そこで私は一句浮かびました。「静かさや

皆に浸みいる　責めの声」です。ご不満もわかるのですが、全体のことも考えたいと思います。

この楽しい世界を、皆さんで盛り上げていってほしいと願っています。

14　フレンチは結婚式の料理？

フレンチの趣味についてですが、いろいろとお話ししているときなど、「趣味はフレンチです」と私がいいますと、お相手はその反応で、「？」と、当惑気味で不思議そうな顔をされる方が結構います。その表情の心は、「フレンチって、そんなに美味しいとは思わないけれど、何で趣味というほど好きなのかしら？」といいたげなのです。こちらも、この素晴らしいフレンチの世界を、なにか型にはめられて誤解されているようだと感じて、「フレンチの趣味はまだまだ普遍的レベルにはいっていないのだろうか？」といったもどかしさを感じます。

私の想像では、お相手の反応は、ひとつには、「フレンチ」といわれて普通、思い起こすのは“結婚式の料理”なのだと思うのです。それは確かに余り美味しいものではありません。その結婚式の料理を何度も繰り返し楽しく食べ続けていると想像したら、「何で？」と私自身でさえ不思議がると思います。

私は、お相手のその不思議そうな表情をするかどうかで、フレンチにおいての初心者か、熟達者か読み取ることができます。残念ながら、まだ当惑気味の方が多いような気がします。

つまり、フランス料理の美味しさをまだ納得していない方が、フランス料理を自分の中で定義すると、「格式ばって面倒な、えらい高価な食事で、バターリッチで胃にもたれてしまう日本人には歓迎されない料理」「カタツムリとか生血を入れたソースとか、食べたくもない食材を使った料理」ということになっているのではないでしょうか。フレンチは、そんな気持ちの悪いものばかりではないことを知ってほしいと思うのです。

でも、洗練されていない平凡な味の料理をいくら食べても味覚は向上しないと思います。良い料理を食べて、まだ上があったと、本物の奥行の深さに目覚めなくてはならないと思います。

たとえば、日本人の好きな鰻にかける“山椒”でも、素晴らしい香りのする山椒と、合格とはいえないもどきのような山椒があるのです。山椒ひとつにしても、その最高峰を味わわなくては、素材の持っている素晴らしさがわからないではないかと思うのです。

アーモンドでも、香り高い本来のアーモンドと、全然味のしない粗悪なアーモンドとがあります。今自分はどのレベルの味を食べているかが問題なのです。「鶏のヴィネガー風味」と同じ名前がついていても、ボキューズの料理は、断然レベルが違うほど美味しいのです。普通のお店で食べて、「この料理は美味しくない」と軽々しく結論を出さないで、その違いがわかって食べてほしいと思うのです。

フランス料理というジャンルは私たち日本人の中にも深く根付いていると思います。

たとえば、どなたからも好まれているフランス料理を挙げますと、お菓子から入っても、プリン、シュークリーム、いろいろなガトー、タルトタタン、ショコラ、マカロン、マドレーヌ、イチゴやマスカットなどを飴でくるんだパート・ド・フリュイ、イチゴのミルフィーユなど、日常好んで食べられているまでに浸透しています。

チーズにしても、最高の美味しさは、やはりフランス産のAOCのチーズ群であると思いますし、前菜の、田舎風テリーヌ、フォアグラのテリーヌの美味しさは素晴らしいですし、なかでもパテ・アンクルートの美味しさは、ほっぺたが落ちるほどと思います。豚の頭の肉のような余り高級とはいえない部位を使って調理し、コラーゲンで脂っこくなるのをラビゴットソースの酸味でさっぱりとさせるというのは、素晴らしい組み合わせでありフレンチの王道の調理ですね。

スープについても、コーンスープのような一般的なものではなく、キノコのポタージュ、オマールのビスク、ワタリガニのクリヤースープも洗練された味わいで、一方庶民的なオニオン・グラタンスープも本当に美味しいです。

フレンチも進化したなと思いますのは、今から40年前は高級店に行くと「スープはクリーム・オブ・コーンでございます」と厳かに説明をされて、コーンスープをわざわざ大きな銀の壺で持ってきて、目の前でスープ皿に取り分けるといった仰々しさでした。私たちも「美味しい！」と、ありがたがって食べたものでした。

魚料理も、スモークサーモンのねっとり感は素晴らしいですし、舌ビラメのムニエルやブイヤベースも日本の中に定着した美味しいフレンチです。ナージュという半分スープの中に浸った魚料理もきっと食べたことがあるはずです。

肉料理は､何といってもその多彩なソースが素晴らしいですね｡ソースも多様性があって、一般に知れ渡っているデミグラスソースだけではないのです。最も普遍的な赤ワインソース、胡椒風味のポワヴラードソース、刻みトリフの入ったペリグーソース、ポルト酒風味の甘いソースも美味しいですし､生き血の入ったサルミソースもコクがあり、古典的なベアルネーズソースも食べ応えがあって美味しいです。こういった歴史に残る傑作料理をたくさん味わってほしいと思います。

その地方地方の文化特有の素晴らしい料理も数え切れません。地産地消の料理とワインのマリアージュの素晴らしさを味わったことのない人は、気の毒にさえ思います。

また、ミシュランの星つきの芸術品のような料理、“スズキのパイ包みショロンソース”や、“若鶏のベッシー包み”などのフレンチ料理史にも残るような最高峰の料理を食べてもいないで、また優れたワインにも出会ってもいないのに、自分の狭い知識の中での平凡な結婚式の料理を思い起こして「フレンチの趣味を、かわいそうな趣味の人だ。よく食べ続けられるね」と思われたのでは、この素晴らしいフレンチに失礼であると私は本気で思っています。

しかし、この趣味は、お金がかかることも事実です。家族のためにお金をかけることと、自分のこの趣味にお金をかけることとのバランスを欠いてしまうのでは、本末転倒です。家族の幸せの中での自分の趣味という位置づけが正解であると思うからです。

また素晴らしい料理を出したくても、お店の側にもコストという問題が常にあります。ゆえに、あまりにもリーズナブルすぎる価格なのに、客が「洗練されていないではないか」と高望みをしすぎるのも間違いであると思います。「安かろう悪かろう」はコストを考えると当然です。私が先ほど羅列した料理群も、同じムニエルにしても、テリーヌにしても、ちゃんと作った料理と、手抜きの料理とが存在します。私たちはその最高峰の料理を味わわなくては、その美味しさの極みはわかりません。「山高ければ谷深し」というように、最高峰を極めると、ピンからキリの高みの幅がわかるのです。ゆえに、ときにお金をかけてでも、完璧な料理を味わってみるというように、趣味を進めていってほしいと思います。この美食の趣味を分け入りもしないで一生を終える人になっては、せっかくの人生、もったいないと思います。この「美食」という圧倒的に楽しい趣味を持つことが、圧倒的に充実した人生になるであろうということは保証します。

まだまだこのフレンチの趣味は、非日常と思っている人が多いと思いますが、素晴らしい趣味と思いますので、本当に美味しいフレンチ、楽しいフレンチを振興していきたく思っています。

そのためにも、「本物とは何か？」と、本物の味わい、最高峰の味わいを探求していってほしいと願っています。まがい物ばかり味わっても奥深さはわからないのです。「本物」を探求していくことにより洗練された豊かな人生を送れることは間違いないことを請け負います。

15　やはり食のレベルが高いのは、情報の発信源“東京”

日本人シェフの、本場フランスでのミシュランの星つき店は2002年に初めて獲得したのですが、それが2015年には、二つ星を含めて、21名もの星付き日本人シェフが存在するまでに進化しています。ひと時代前には想像すらできなかった快挙です。

それを裏付けるように、今回のイタリア旅行で感じたことは、先進国ながら、味付けも不安定、おおざっぱ、不潔、などが目立っているばかりで、歴史のある国イタリアなのに、私の舌では、日本のイタリアンのほうがよほど美味しいし、洗練されているという感じしかありませんでした。

日本でも、どこで食べても素晴らしいかというとそうも言えません。かつ丼や寿司など、平均的な味ならば、日本全国どこで食べても満足ですが、洗練された味わいとなると、やはり東京だけがダントツに実力がある現象であると思います。でも、それは情報の発信源であるし、仕方のないことと思います。

なぜそう思うかですが、数年前、神奈川の一つ星を2店食べ比べてみたのですが、激戦区の東京のレストランと比べて、話にならないほどレベルが低いので驚きました。たとえばあるお店では、スープはクリームコーンスープでしたし、デザートは、カシスのアイスクリームだったのです。これらはもう、ひと時代前に食べ飽きた料理です。それが星付きのお店で堂々と出てくるのです。そんな料理ばかりでも連日満席なので不思議でした。この感想を言ったところ、神奈川に住まれている美食家のお言葉は、レベルの低さをわかっておられ「本当のグルメならば、神奈川のお店の限界を感じているので東京まで食べに行きますよ」とのことでした。近県でも、中には素晴らしいお店もあるのですが、大ぐくりに言ってしまいすみません。

日本の食のレベルの高さと、特に東京のお店の素晴らしさを感じているので、このようなコメントになりました。

16　本格的フレンチを日本に根付かせた巨匠ピエール・トロワグロとの思い出

今日のお昼は、新宿のハイアット・リージェンシー・東京の、キュイジーヌ〔S〕ミッシェル・トロワグロの10周年記念の昼食会に行きました。もう10年も経ったのですね。

思えば、このレストランができる前は、ミッシェルのお父さんの、ピエール・トロワグロさんが、毎年一回、ハイアット・リージェンシーの最上階のフレンチレストラン、今はないシュノンソーに来ていました。その頃のホテルの名前は、センチュリー・ハイアットでしたね。今から、30～40年前、トロワグロ、ボキューズ、シャペルといえば、私の食べ歩きの目標の原点ともなった、最高峰の三つ星の名店のひとつです。

今から50年以上前、銀座のソニービルに盛田昭夫さんの肝いりで開店した、マキシム・ド・パリの初代料理長に、三顧の礼でピエール・トロワグロ氏がきたことでも、盛田さんの本気度がわかりますね。彼は大物なので最初の半年しかいなかったと聞いています。しかし、現役の三つ星料理といった歴史がないところからですから最初が肝心ですので、彼は本格的なフレンチを日本の地に根付かせるという、とてもすごい仕事をしたと思います。

20歳の私は、毎週土曜日のお昼、夜よりリーズナブルなので、ずいぶん通いました。そのためだけにネクタイとジャケットの装いをして行きました。当時食べた、アーチチョークやグリーンアスパラなどは、ほかに見なかったので、フランスからの輸入だったのではなかったでしょうか。

ピエールさんは、小田急と契約して、お総菜やパンのお店を開きました。また、ハイアット・リージェンシーには、一年に一度来日し、フェアをしました。当時としては本格的なフェアであり、私は毎回晩餐会に出席して、トロワグロの質の高い料理センスを堪能しました。三つ星の貫禄というようなものを感じさせる本当に素晴らしい料理でした。色彩感覚も素晴らしく、「夕日の当たるモネの積み藁風」と題されたデザートは、モネの絵画そのものでした。もちろん味も素晴らしかったです。そして、デザートのころになると、ピエールさんが通訳を従えて、各テーブルに挨拶に巡ってくるのです。あるとき私は「今日で9年連続きています」と言ったら、ピエールさんは微笑みながら「ではあと1回で10回なので1回ただになりますね」とジョークを言ったのです。そして翌年になり、またフェアに行き、ピエールさんが巡ってきました。私は、そのジョークを覚えていたので「ピエールさん、今日で10回目なので、1回ただになりますね！」と笑いながら言ったら、ピエールさんは驚いて、真顔になって、言い訳するときのように腰を落とし両手が開いて「そんなこと言ったかな？」と、本当に心配するのです。一顧客の冗談なのに、真剣に悩むピエールさんの人柄がしのばれました。今、ピエールさんはイタリア人の奥様とともに、夫婦円満で、孫たちと一緒にいることを楽しむ好々爺の毎日だそうです。

ピエールの息子のミッシェルさんが、三つ星を継承してから、トロワグロに宿泊したことがあります。夕方、中庭にテーブルを調えてくれて、8人で食前酒を楽しみました。庭には、雑草のようにオゼイユが生えていました。ウエイターが「お時間です」と呼びにきたのですが、なんと、厨房のガラスの扉のほうを開いて、忙しいさなかなのに、われわれ8人を厨房の中に招き入れたのです。広々とした清潔そのものの厨房でした。普通、汚れるのが嫌だから、お客様を厨房に通すということは考えられないと思います。そしてミシェル自身が、われわれ一人ひとりに握手をしてくれました。それからダイニングルームに案内をされたのでした。このサービスには大感動でした。

庭で休む前に、奥行きのあるワインセラーも見せてもらいましたが、とても清潔で、カビ菌が生えているといったイメージとは、真反対でした。すべてきちんと管理されているという印象でした。宿泊したトロワグロのホテルの客室は、超モダンな内装でした。午後3時ころ、客室に案内されると、さすがレストラン・ホテルなので、魅力的な小菓子がテーブルの上に並んでいました。

BS 放送を見ていて知った豆知識

・「人生には絶対に確実なことなんて何もない。あるのはチャンスだけなんだ」（それを、どう活かすかが成功の分かれ道）マーク・トウエイン

・チャック・ベリーは、専門のバンドを抱えている必要はなかった。なぜなら、どこに行っても、誰もが彼の曲を演奏できるから。
彼が初めて、ロックンロールという分野を確立した。彼がいなければ、ビートルズもローリングストーンズも出なかったかもしれない。

・セントルイスのある小さな店から、ハンバーグステーキをハンバーガーと呼ぶようになった。

・オムレツの起源は 18 世紀のフランスのモン・サン・ミシェルといわれている。ゆえに、フランスがオムレツの元祖の国。

・ボルドーは 15 世紀までイギリスが支配していた。フランスからイギリス王に王妃が嫁いだ関係でそうなった。

・パリ最古のお菓子専門店はストーレー。1730 年創業。18 世紀、ポーランドの王女がルイ 18 世に嫁いだが、その王女が連れてきたお抱えパテシエがこのお店を開いた。宮殿の一室のような内装のこのお店は今も健在です。このお店で何度も大賞を獲得したお菓子がエクレアである。
お菓子のエクレアの語源は、エクレール（稲妻）。上に塗られたチョコレートに、電灯の光が反射するところが稲妻に見えたからとの謂れです。あまりに美味しいので、一口で食べて一瞬で消えるから、という説もあるようである。

翌日の朝食の素晴らしさも、目を見張るものがありました。

優れた質のシャルキュトリー類、パン類、生ジュース、5種類もあった卵料理、蜂蜜のたっぷり入った大皿の上にそびえていたのは、ハチの巣でした。ナイフで切ると柔らかくとても美味しかったことを覚えています。そして、プリンをはじめ、素晴らしいお菓子類も、できるだけ少しずつ食べて、三つ星の朝食の質の高さを堪能しました。朝から超満腹になったこういう日は、ブルゴーニュのワイン街道をマイクロバスで、有名醸造所を尋ねながら行くので、お昼は抜きで、ワインのテイスティングだけで夕食の時間まで過ごして丁度良かったです。楽しかった思い出は尽きません。私の感想ですが、美食のツアーは、ショートトリップが正解です。5泊以上の予定では、満腹が続き意図したとおりに食べることができなくなりますので。また、パリだけが異常に、宿泊代・飲食代が高いです。たとえば、トロワグロ、シャペル、リルなどは、宿泊も1万円強、食事のコースも1万円強だったのですが、パリのデュカスのルイ・ケーンズになると、一人4万5千円と高価で、ワインも1本同じくらいしました。宿泊も、ルーズベルト・ホテルクラスで、狭い部屋で約4万円と、この高さは何なのかと思ってしまうくらいです。フランスは地方がことのほか素晴らしいと実感しています。余談でした。

せっかくの記念メニューですが、夜は行けず、昼でも11皿ではなく、帰宅時間に余裕のある、5皿の短いコースのほうを楽しむことにしました。

まずは、トロワグロから、記念シャンパンのサービスがありました。トロワグロのラベルですが、生産者は、デュヴァル・ルロワで、プルミエ・クリュの美味しいシャンパンでした。

アミューズは3種類です。“プチ・トマトをキャラメリゼしたトマト・シノワーズ、シャルポン、セップとヘーゼルナッツのタルトレット”の3種類です。トマト・シノワーズは、トロワグロのスペシャリテで、昔から何度も食べている美味しいアミューズです。シャルポンというのは、イカ墨を練りこんだ真っ黒なパン粉が外側で、中には栗のクリームが入っている古典的な味わいです。セップとヘーゼルナッツのタルトは、言うまでもなく本当に美味しいアミューズで、3種類とも力作と見受けました。味の濃さも素晴らしいできと思います。

この店の前のシェフ、今、エスキスのシェフのリオネル・ベカ氏も手伝いに駆けつけてくれているので、お水は、彼の出身地のコルシカ発泡水、オレッツアにしました。

前菜は“豆腐のヴェール・ムール貝とジロール茸”です。とても滑らかな豆腐のシートを優しくかけた、真っ白い前菜の中には、塩味のちょうど良い小粒のムール貝とジロール茸が入っていました。単純な表現の前菜ですが、本当に美味しいです。ミシェルの実力のほどを感じ感動しました。

それに、シェフソムリエお薦めの白ワイン、甲州鳥居平畑を合わせました。甲州のすっきりした酸味が、豆腐のヴェールのこの料理をより引き立てていました。

次は魚で“マナガツオ、オニオンのカーニバル”です。目の前でソースを注いでくれました。かつおだしにクリームを加えたソースで、美味しいのに驚きました。完璧と言って良い味わいです。オニオンは特に意識しないで一気に食べてしまいましたので、オニオンのカーニバルという意味は不明のままでした。

メインは“仔羊のブリュレとエピス・ジュ・ド・アニョー・ソース”です。仔羊の皮の部分に、ローズマリー、クミン、アンチョビーなどの入ったペーストを塗ってブリュレ（焼き上げ）しています。オレンジの風味が隠し味で、オレンジと仔羊とは、とても良いマリアージュなのですね。

それにお薦めの赤ワイン、フォジェール・トラディション 2013 をグラスでいただきました。ブドウはシラー、グルナッシュ、カリニャン、ムールベルト、サンソーの5種類入っています。

この仔羊の料理、私たちのテーブル4名、同時に「美味しい！」と叫んだほど美味しかったです。今日、食べ進めてきて、三つ星を続けているトロワグロの実力に改めて敬意を表したくなりました。それほどに満足の料理の数々でした。

デザートは“ミラノキャンディー”と名付けた、トロワグロのスペシャリテの日本の求肥を使った柔らかなデザートです。求肥の中に鮮やかな黄色が透けて見えますが、これはサフランのクリームで、お米とお米のクリームが入っています。滑らかな、日本の懐かしさを感じさせるデザートで、大満足でした。

この5種類の料理には、それぞれテーマの言葉が添えられています。前菜3品には「寛容さ」、豆腐のヴェールには「耳を傾けること」、マナガツオの料理には「出会い」、仔羊には「尊敬」、そしてデザートの求肥には「子供のころ」といった象徴的な題名がつけられています。お土産にいただいた10年記念の小冊子にも、ダイジェストしますが「家族には、我々の家族と、人生の家族という2種類の家族がいます。信頼、それは尊敬、耳を傾けること、寛容なくしては成り立たない。喜ばれたいという願望が、人生の後半には、分かち合いたいという願望に変わるときに素晴らしい出会いが生まれるのだ。まさしくこれが、リオネル、ギヨーム、ダミアン、ミケーレ、後藤が集う理由だ」とのミシェルの言葉が記されています。若々しいと思った彼も58歳になるのですね。

今日、くることができて本当に良かったです。改めて三つ星のシェフのすごさを感じ入り、感動した昼下がりでした。

思い出の海外食べ歩き

Chapter 7

「夜中、ふと目が覚めて、そのまま眠れなくなったようなときとか、寒い朝、いつまでも床を離れられずにいるような場合、よく古いことを思いそれに思い浸ることがある。老年のせいもあり、閑散な生活のためでもあろう。五十年、六十年昔のことをそれからそれと手繰ると、その当時よりもかえってそのことの意味――単なる記憶として残っていたものの中にある意味を見出したりする。私は今、六十九歳で、人間の生涯としては終わりに近い年であるが、十代の自分を顧み、今の自分とそれほど変わりない自分であることを発見したり、思い出した古い事柄が、何かの意味で今の生活につながりを持っていると思われたり、面白く思うことがある。これから書こうとすることも、そういう思い出の一つで、五十何年経っていると、時の前後に怪しいところもあるが、拘泥せずに書いてみよう。」（志賀直哉「自転車」より）

これは、私の好きな作家、志賀直哉の短編「自転車」の冒頭部分ですが、ふと今朝、楽しかった家族旅行のことを思い出し、そしてこの冒頭の一説を同時に思い出しました。そこで思い立って手帳のメモと当時の記憶を頼りに、楽しかった思い出をよみがえらせたいと思いました。お読みいただき何らかのご参考になれば幸せです。

1 〔1日～2日目〕 感動のモンサンミシェル

もう26年も前のことですが、私、妻、息子二人の四人で、好きな都市を一人ずつ言って、ヨーロッパ4都市を回るツアーをしました。上の息子が大学に入り、下の息子が高校に在学していたタイミングなので、特別な勉強も一休みであり、滅多に予定が揃わない家族での旅行を組むことができました。

いま、なぜか書きとめておきたい気持ちになり、そのときの手帳のメモを見ながら振り返ってみたいと思います。

この年は、新年に阪神淡路大震災があり、地下鉄サリン事件もあって、のんきな海外旅行など取りやめるかずいぶん迷いましたが、息子たちとのかけがえのない海外旅行は、生涯このときしかないと考えて決行しました。

初日、パリのホテル・ル・グランに着き、その建物の一階にあるカフェ・ド・ラ・ペ（平和）で夕食を取りました。豪華で美しいクラシックな内装がとても印象的でした。

メモを見ると、フォアグラのテリーヌ、100フランはさすがに濃厚で美味しかったです。他に、牡蠣6個、ニンジンのスープ、オニオングラタン・スープ、ナバラン（春野菜と仔羊の煮込み）、舌平目のムニエル、仔牛のカツレツ・キノコ詰め、など定番のメニューをお願いしていました。全て満足の美味しさでした。やはり本場のフランス料理は、味わいボリュームともに存在感があって美味しいねという感じを持ちました。

翌日から、2泊3日のオプショナルツアーに出かけます。

ル・グランのブッフェスタイルの朝食を取り、朝8時出発で、私たち４名のために大型バスを仕立てていただき、日本人通訳の方も同行してモンサンミシェルに向かいました。他のツアー客もいない観光の閑散期なので、こんな贅沢な独り占めのようなサービスを受けられることに感激しました。

途中、美しい港町のドーヴィルのラ・ガラージュで、3000円のランチです。鴨のテリーヌが前菜で、それぞれメインを、エイのソテー、ホタテのニシンソース、５種類の魚のグリル、牛フィレのグリルをいただきました。もう味は忘れましたが、料理名だけで特にコメントが残っていないので、まあまあであったのかなと思います。

そして、これも美しい港町オンフルールで休憩をして、波に揺れて係留されている数多くのヨットを見ました。小ぶりな船体の割りに高すぎるマストが印象的です。景色のどこを切り取っても良い構図の油絵になりそうで感動しました。

しばらく他に何も見えない大平原を高速で進んで行くと、右手に三角形をした陽炎のように揺れている小さな影が見えてきました。バスの上下の振動で細かく震えて見えています。そのとき長男が、「モンサンミシェルだ！」と言ったときの一同の感動は忘れません。

モンサンミシェルの門の前で、荷物を下ろしたのが15時半でした。パリからバスで７時間かかるのですね。

門からすぐのところにある場内に１軒しかない宿屋メール・プーラール（雌鳥おばさん）に荷物を置いて、いよいよ憧れのモンサンミシェル観光です。階段ばかりですが、きたことへの感動の方が勝っていて、疲れもせずにどんどん登って行くことができました。現役の教会ですので、何か暗がりで儀式をしているところを過ぎて、美しい回廊、大広間などを見て、天空にある広いテラスに出ました。太陽光がさんさんと降り注ぎ雲ひとつない快晴で気持ちよい風が吹いています。石積みの頑丈な手すりからはるか下を覗くと、ちょうど干潮時なので、広大な砂地に大きく尖塔の影が落ちているのが印象的でした。てっぺんの聖ミカエル像の形まで影絵になっています。そのシルエットを見ながら感じたことですが、一度はきてみたかったこの場所に、家族と一緒にこられたことの幸せで胸が一杯になったことを思い出しました。家族旅行は一生の中でも大事な思い出ですので、行けるときに行ってしまわないと後悔するとつくづく思います。私は、決断し来ることができて本当に良かったと今改めて感じました。

さて、夕食はメール・プーラールの名物料理尽くしです。

前菜はもちろん名物の巨大オムレツです。レストランに入ったときから柄の長いフライパンを暖炉の薪の上にかざして、卵を泡立てているカチャカチャいう音が絶え間なく聞こえてきます。

このオムレツの由来は、疲れきっている巡礼者がようやく宿にたどりついたとき、たっぷりと栄養を摂るように、見た目もボリュームのある空気のたくさん入ったオムレツを振舞ったということのようです。

有楽町に、メール・プーラールの日本店ができて、この名物オムレツを味わうことができますが、レシピは同じなのでしょうが、この店のオムレツは何か味が深くなく美味しくないのです。一方、この夜のオムレツの美味しさは格別でした。バターのリッチさが違うのでしょうか。家族皆ようやく食べることができたという満足感でニコニコです。

何しろ、モンサンミシェルの歴史は古く、708年開山で、現在のような形になったのがすでに13世紀ということです。巡礼者は、干潮時に徒歩で島まで渡るのですが、干満の差が10メートルほどもある激しい湾であり、満潮になるときの波の速度が速すぎるために、せっかく目的地にたどり着いたその寸前で、波に巻き込まれて溺れ死ぬ人も数知れずあったということです。敬虔なキリスト教信者が巡礼の最後に、その信心ゆえに波に呑まれる災難に遭うとは、なんと皮肉なことかと、神様はいったい何をしているのかと疑問に思いました。

さて、メインはこれも超有名なこの地方特産の仔羊、プレサレです。プレとはあらかじめという意味で、サレとは塩という意味です。あらかじめ塩を振った羊とは一体何のことでしょうか？

それは、ヒツジの食べるこのあたりの牧草は満潮時に海水がかぶります。ゆえに牧草には海水による塩味がこびりつきます。それを食べて育つ羊だから、肉に自然に塩味がついているのですという説明なのですが、これは塩味がついているというよりも、「優良なミネラルを豊富に含んだ肉質なので美味しい」というべきと教わりました。

さて、お料理は古典的な“プレサレ・ポテトグラタン添え”です。グラタンはドフィノワだったかも知れません。プレサレの肉質が素晴らしかったことは言うまでもありません。こういった昔から連綿と受け継がれてきている料理とその付け合せは、完璧な組み合わせであり非の打ち所がないように思います。

そして、チーズはこの地方の特産のカマンベールをお薦めされました。給仕がいたずらそうに小声でささやくのです。「法律違反だけれど、殺菌していない農家直送のカマンベールチーズを食べてみませんか？」と。もちろん私たちはお薦めに従いました。この殺菌していないカマンベールの味わいは、ちょうど牛乳と低温殺菌牛乳の味わいの違いのように、驚くほどとても軽やかなのです。本当に美味しく、この珍味を地元にきて食べることができて大感謝でした。さらにサービスでそのカマンベールのフリットもいただきましたが、この味も忘れられません。私はさらにチーズのワゴンにあったので、ポン・レヴェックとリヴァロもいただきました。チマチマしていない豪快な厚切りが嬉しいですね。

デザートも平凡というか単純で、“フレンチトーストとタルトタタン、アイスクリーム添え”ですが、変に甘さを制限していなくて味わいは濃く素晴らしかったです。美味しくなかったら味にうるさいフランス人が怒りますよね。

最後にあまりに勧めるので、13年モノのカルヴァドスを一杯いただきました。四人で飲みまわして強い酒なので少し残しました。65フランでした。

こうして憧れのメール・プーラールでの大満足の夕食は終わりました。

食事の後、坂を下り島の門を出て、まわりに街灯も何もない真っ暗な広い砂地まで散歩しました。以外に固い砂でした。昼間と違い厚手のセーターでも心地よい寒さを感じるひんやりとした静寂さです。夜空を見上げると、それこそ今まで見たこともないような、満天の星空でした。ほんとうにものすごい数の星たちで、まるで闇夜の漆黒の居場所がないように、まばゆい星たちがでしゃばっています。この星たちの迫力に負けて、私たち家族四人は寒いのに、しばらく星空を見上げているばかりでした。暗く誰もいない広い空間に、最愛の家族私たち四人だけに満天の星空から慈愛の歓迎をされているかのような気持ちがしました。このしばらく体が固まってしまい動かなくなった状態を本当の感動というのでしょうか。生涯でこのときこそが最高の幸せを感じたひとつであったことは間違いないことでした。

2 〔3日目〕 ロワールの古城めぐり、そしてシャトーダルティニーへの宿泊

モンサンミシェル内の唯一の宿屋、メール・プーラールの朝食は、ブッフェスタイルで、とてもクオリティの高いものでした。

特に、断面がＢ５サイズの大きさほどの大きなハムを薄くスライスしてある、塩味を抑えた農家ハムの美味しさは今でも忘れられません。卵もバターもチーズもジャム類も、もちろんパンも味わい深く、家族四人「何で食材が皆こんなに美味しいのだろう！」と感激しながらの

朝食でした。

今日は朝9時出発で、モンサンミシェルのあるサン・マロから、地図でいうと真下に進んで、ロワール川流域の古城めぐりをします。そして、今夜の宿は、かつて香水王のフランソワ・コティ氏の所有だったシャトー、55室のプチホテル、シャトーダルティニーに泊まります。このモンサンミシェルに泊まり、2日目にシャトー・ホテルに泊まる2泊3日のオプショナルツアーをお勧めします。私たちは大感動でした。

途中、すぐのところにあるポン・レヴェック村を通過し、ル・マンで休憩しました。有名な自動車競技場の中に入ってレーシング・カーのテスト走行をしているのをちょうど見学できました。すごい爆音です。長男が、メインスタンドを通過するレーシング・カーをビデオ撮影するのですが、景色の撮影と違って何しろ早いので、カメラを構えたまま右手を向いていて、車がやって来ると、追いかけてさっと左を向くといった対応が見ていて面白かったです。

昼食場所は、手帳に名前が書いていないのでわかりませんが、途中休憩のホテルのバー・レストランで、“魚の形のパイ・魚のすり身入り”、“チキンの照り焼き・ラタトゥイユ添え”を四人で分けて食べました。食後、チーズの大皿から、チーズ食べ放題のサービスは、さすがチーズには太っ腹のフランスと思いました。

そしてデザートは、プリンとコーヒー風味のエクレアで、これもしっかりと甘く美味しかったです。

ロワールの古城めぐりの最初はブロワ城です。憧れの古城めぐり、わくわくします。この城はフランソワ一世をはじめ、7人のフランス王の居城となった由緒あるお城です。

次に訪れた川のほとりにそびえ立つアンボワーズ城も歴代の王の居住した名城で、特にフランソワ一世が、晩年のレオナルド・ダ・ヴィンチを1515年12月より住まわせていたことでも知られているお城です。

そして、ロワール川の支流シェーヌ川にかかる美しい城、11 世紀築城のシュノンソー城につきました。この場所は古い製粉所の跡地だったそうです。

フランスにはこのような美しいお城がいくつもあって圧倒されます。一方、イギリスのお城は、例えばインバネスのネス湖を望む高台に建つアーカート城などは、廃墟の城であって、フランスのような優美な美しさのお城は思想の違いからでしょうか、イギリスには華麗な城はないように思います。

このシュノンソー城には美しい大小二つの庭園があります。すなわち、ディアーヌ・ド・ポワチエの庭と、カトリーヌ・ド・メディシスの庭です。二つの庭に、春夏 13 万本の草花が植えられています。幾何学模様の本当に美しい庭を眺めることができて幸せです。大好きな庭園の絵葉書をたくさん買いました。この城の城主は代々女性であったため、別名 6 人の女王の城と呼ばれています。

ガイドさんが、この城の城主の一人の、カトリーヌ・ド・メディシスにまつわるお話をしてくれました。

カトリーヌは当時最先端の先進国であったイタリアのフィレンツェから、当時は田舎であったフランス国王のアンリ二世に輿入れしました。その時、二股フォークとかパスタ、アイスクリームなどを初めてフランスに持ち込んだお話は有名ですよね。

もうひとつのお話ですが、カトリーヌはノストラダムスを可愛がっていたことでも知られています。あるときノストラダムスが、カトリーヌに進言します。「今日の騎馬戦の模擬試合は、取りやめになさいませ。占いによると国王の身に災いが及ぶと出ています」と。アンリ二世はそんなことは信じない人間でしたので、予定通り長槍を持った鎧武者が馬を駆りながらすれ違うという模擬戦を行いました。そしてアンリ二世はノストラダムスの予言通り負傷したのです。敵とすれ違ったとき誤って長槍が眼に刺さり落馬してしまったのでした。

アンリ二世は 7 日間高熱を出した挙句、死んでしまったのです。予言の当たったことで心配になり、カトリーヌは今度は自分を占わせます。するとノストラダムスは「サンジェルマンのそばで死ぬ」と出ましたというのです。今カトリーヌが住んでいるところはルーブル宮殿で、隣の町の名前がサンジェルマンです。

そこでカトリーヌは彼の予言を信じて、ここに住んでいては寿命が早く来てあぶないと思い、このロワール地方のシュノンソー城に引っ越したのです。そしてこの城で寿命が来て安らかな死を迎えるのですが､驚いたことにノストラダムスの予言は外れてはいなかったのです。それは臨終に立ち会う僧侶の名前が“サンジェルマン神父”だったからです。

こういった蘊蓄を聞くのが私は大好きなのです。

カトリーヌからはもうひとつ蘊蓄を。

老齢で体が衰弱して食が細くなった時、カトリーヌは栄養をつけなければならないと思い、料理長に頼んで肉・骨・骨髄・野菜など、すべてを煮込んでスープ状にしてそれを飲んでいたのです。

そしてそれから歴史は200年以上進みます。オーギュスト・エスコフィエというシェフが、セザール・リッツと組んで、当時別格の高級ホテル、ザ・リッツを経営し成功しました。(今でも、ロンドンとパリにあるホテルだけは、リッツ・カールトンとは言わないでザ・リッツと言い、別格なのです。)

そのエスコフィエは、フランス全土にわたる料理を調べ体系化して本にまとめた功績のある偉大なシェフでした。その料理のレシピのひとつに“コンソメ”があるのです。これはその昔、カトリーヌが料理長に命じて作らせた、滋養豊富なスープのことです。そのロワールの古城に眠っていたレシピを発掘し､彼は作ってみることにしたのです。一度目ではスープがまだ濁っています。さらに再度具材を加えて煮込み、おりをのぞいて、ようやく黄金色に輝く手間の大変かかるスープ“コンソメ”を彼なりに完成させたのです。ダブル・コンソメとはこのことを言うのです。そもそも“コンソメ”というのは、フランス語で“完成された”という意味で、エスコフィエが名付け親です。手間がかかりコストもかかるので、現在のレストランではコンソメスープがメニューにあるところは本当に少なくなりました。それだけに美味しいコンソメスープはいつも飲んでみたくなります。こういった完璧なメニューを後世に残すことも、フレンチ業界の大事な仕事のひとつではないかと思うのです。

さて、今日のメインともいうべきロワール地方最大の城、左右対称の美しいシャンボール城に着いたのは15時半を回っていました。この広大な面積を持つ城は、王様の狩猟の時だけに使用すると聞き、なんともったいない使い方だと思いました。残念ながら時間も限られているということで、素晴らしいとのうわさの城内見学はできませんでした。

この城の前面にポツンと立つ門番の塔のようなところが売店で、昔の図柄を模写した、比較的安価なタペストリーをたくさん買い込みました。畳一畳分もある、帆船の居並ぶ港の風景は迫力があり気に入っています。四角い同じ図柄を2枚ずつ買って、帰国してから2枚を縫い合わせて綿を入れてクッションにしました。そしてスツールの上面にしています。今でも家で使っている活きた思い出です。

そして今晩宿泊する、55室しかないプチホテル、シャトーダルティニーに着きました。各部屋「ギー」と音のする時代がかったクラシックな木の組み合わせのある扉が素敵です。

ホテルのメインダイニングでの夕食は、一人440フランでした。

メニューは“サーモンのマリネ”、“オマール海老のラヴィオリ”、“鯛のソテー”、“キャネット（メスの小鴨）のソテー・蕪添え”、“チョコレートとコーヒーのアイスクリームとマカロン”、“小菓子”です。

ワインリストは、白ワイン・サントーバン250フラン、赤ワイン・88シャトー・ムートン1100フランです。（これも安い！）ワインのチョイスのお礼を言って、ソムリエの老人に「このホテルで一番高価なワインを見せてほしい」とお願いしたら、「皆さんどうぞ」と地下のワインセラーに案内していただきました。ワインの小壜ほどもある、木製の大きな鍵を鍵穴に入れて回し扉を開けました。指を入れて回しても開きそうですね。そして奥から彼が、寝かせたまま大事そうに持ってきたのは、なんと 1919 年のロマネ・コンティでした。価格をお聞きすると、4500 フランということでした。私は「あまりの安さに買ってしまいたい！」と思いましたが、レストランで飲まないで買って帰るというのはいかにも失礼と思い「見せていただきありがとう」とお礼を言って、皆で席に戻りました。このように、地方では素晴らしいワインがとんでもないリーズナブルな価格で供されていることが度々ありました。これも旅の大きな楽しみのひとつですね。

そして食後酒 1886 のアルマニヤック 850 フランと、1840 ルイ・フィリップ 980 フランを、皆でちびちび舐めました。私は見間違いではないかと思い、何度もラベルを見ましたがその年号でした。古酒というか、熟成香というか、とんでもない年代だけに、その価値はわからずに、心地よかった味わいだけは覚えています。

今日も、家族四人、大満足でした。

3 〔4日～5日目〕 タイユバンで最高の一夜を

ロワール川のシャトー・ホテル、シャトーダルティニーの朝食は、ヨーロッパスタイルの簡単な朝食でしたが、エッグスタンドに入ったゆで卵の美味しさは格別でした。

8 時 15 分、シャトー・ホテルを出たバスは 2 泊 3 日のオプショナルツアーを終えてパリのル・グランに 12 時 10 分に着きました。お昼は和食の衣川でラーメンを食べました。

午後は、家族四人ぞろぞろと高級ショッピング街のフォーブル・サントノーレ通りを歩きました。シャネル、エルメス、フェラガモ、ランバン、アニエスベイ、など、デザインのクオリティの高さに感嘆しました。たまたまこの時期、円が史上最高値の 79 円ほどまで行ったときであったので、見るものみな安く感じました。エルメスでは真紅のミニケリーがあり、金箔でローマ字の名前を入れてもらいました。「たまたま現品があってお取り寄せでないのはラッキーなことですよ」と言われました。

エルメスのスカーフ生地の上品なブラウスがとても魅力的ですが、値札を見ると一着40万円もします。しばらくブラウスを見ていた妻は、スカーフ売り場に行き、気に行ったスカーフを2枚ずつ買うので、何にするのかと思ったら、2枚で一着ブラウスができるので好きな柄を探していたのでした。スカーフが当時一枚2万円、仕立て代が10万円で、一着14万円で、40万円の価値と同じブラウスができるということでした。帰国後、仕立てあがったブラウスを見ましたが皆上品で素晴らしいブラウスで、しかもたぶん世界に一着しかないブラウスなので、女性にはこういった楽しみ方もあるのかなと思いました。

ガイドさんからは、今回は予定に入っていませんが、ミラノ郊外の、ちょうど「人」の字の形をした美しい湖、コモ湖の湖畔が昔から蚕の育成地で、良質な絹織物の産地だそうです。織物への印刷技術も定評があり、エルメスのスカーフのほとんどが、その地で生産しているのだそうです。ゆえに、コモ湖のそばにあるエルメスの「BINDA」というアウトレットに行けば、仕損じ品という名目で、スカーフが巻き取りになっていて格安で手に入るのだそうです。そこで買えばもっと安くブラウスやワンピースができますね、とそういうお話を聞きました。旅行の予定を組む段階で教えてくれれば組み込んだのに残念と思いました。

午後はずっと歩き通しで足が棒になりました。ル・グランの部屋に戻り、各自シャワーを浴びて、20時に予約がとれた、長く三つ星を維持し続けているタイユバンにワクワクした気持ちで向いました。タイユバンというのは、中世の名料理長の名前です。

玄関で、タイユバンを創業した父、アンドレを引き継いだ、二代目のジャン・クロード・ヴリナ氏の歓迎を受けました。日本人としてはまあまあの席に通されました。すると、ザワザワとしてピエロの衣装を着た一団が入ってきたのです。私は驚いて、格調高いお店なのにこんなくだけた格好でも許されるのかなと思いました。ご一緒をお願いしたパリ在住の友人が、「お医者さんの集団です。一年に一度、こういった面白い格好をしたパーティーをするのです」との説明で、三つ星にしては、お客様の受け入れ姿勢にずいぶん柔軟さがあるのかなと感じました。

せっかくなので、記念にと室内の写真を撮っていたら、ヴリナさんが私を見つけて飛んできて、「ダメダメ！」というのです。私は、「え？服装は自由なのに写真は何でダメ？」と思ったら、次にヴリナさんは「なんちゃって！」と言って、「冗談ですよ。驚いたでしょう」と言ったのです。こうしていっぺんに親しくなって、ヴリナさんを囲んで記念の写真を撮ったのでした。タイユバンは、写真OK、子供OK、日本語メニューありと、素晴らしいサービスのクオリティでした。

こんなことを思い出しました。日本の恵比寿ガーデンプレイスに、タイユバン・ロブションができたのですが、当時、写真は不可だったのです。そこで私は「支配人は、本店のサービスと同じく、写真は一切駄目ですというけれど、本店は写真OKでしたよ？」と訊ねたら「ばれましたか。フランスはサービスというものに歴史のある大人の国だから大丈夫なのですが、日本で写真を許したらとことん破目をはずし、お隣のお客様にご迷惑がかかるので、権威付けで本店の指導でダメですと申し上げているのです」ということでした。それもわかりますね。

今晩のメニューは、５人で頼んだものを手帳どおり羅列しますと、“フォアグラのテリーヌ”、“オマールのソーシソン（ソーセージ仕立て）ソースアメリケーヌ”、“ウニのムース”、“アーティチョークのテリーヌ”、“イチョウガニの冷たいタルト”、“ココットに入った卵とトリフ”、“編み笠茸とアスパラガスとジャガイモ”、“リードヴォーのテリーヌ”、“鶏一羽の壷蒸し・後ほど燻製が出ました”、“手長海老のソテー”、“オマールのフリカッセ”、“ウサギのパイ包み焼き”、“山羊と牛のチーズ”、“ハチミツのアイスクリーム”、“サクランボとバニラアイスクリーム”、“オレンジピール入りスフレ”、“キャラメルのターバン”、“バニラのミルフィーユ”、“小菓子とチョコレート”、“コーヒー”、“葉巻20年もの”です。そしてお店からのサービスということで、20年物のコニャックが供されました。

ワインの記録が無いのですが、友人にチョイスしていただいたシャトー・コス・デストーネルが美味しかったことだけは今でも覚えています。

タイユバンの料理は、すべて一口食べて「あ、美味しい」と感ずるほど、鮮やかな美味しさのお料理ばかりでした。そのなかで1点だけ挙げれば、オマールのソーセージ仕立ては滅法美味しかったです。

食事の終わる頃、室内にとても良い香りが充満してくるのです。それは、どのお客様も葉巻をたしなむからです。紳士はもとよりドレスを着たあでやかな婦人たちも、真っ赤な口紅で装った唇の端から、太い葉巻をはみ出しながら帰宅して行くのです。こんな光景は日本ではまず考えられませんね。

同伴いただいた友人はパリ在住が長いので、日本人ではないような振る舞いをします。ソムリエがワインを注ごうとすると、「もういいです」と断るのを、これが日本人ならば、ソムリエに向かって手を横に振って「要りません」と言うと思うのですが、友人はソムリエなど見ないで、わざとそっぽを向いたまま手を一度、内から外へ「あっちへ行け」とばかりに一振りして断るのです。私たちはその行為を見て、「パリに長くいるとああいう風になるんだね」と、面白がってささやいたことを思い出しました。また、玄関を出たところでもタクシーを拾ってもらったのですが、日本人ならばタクシーに向かって手招きをすると思います。でも友人のパリ風のスタイルは、タクシーに向かい両のこぶしを高々と上げて、次にゆっくりと勢いをつけながら、指パッチンをするのでした。片膝も上げています。決めポーズですね。また妻が「パリにいるとああなるのね！」と笑いをこらえながら耳元でささやくのでした。

タイユバンの家族での会食は、最高に幸せな一夜でした。子供たちも、三つ星は初めての体験で、格の違いを五感すべてで理解したのではないかと思います。

翌日、旅行5日目は、ル・グランのアメリカン・ブッフェをいただき8時出発でパリ市内観光に行きます。

モンマルトル、サクレクール寺院、ノートルダム、そしてルーブル美術館と、見所が盛りだくさんで、息子二人は初めてでもあり、感動していました。

お世話になったガイドさんとお別れをし、昼は空港のカフェで済ませ、14：50発で、ミュンヘンに向かいました。

ミュンヘンの宿泊は、シュロス・リンダーホフというホテルです。

夜は、これも星付きだったと思いますが、オーベルジーンというレストランに行きました。手帳によると、“小エビのカレー風味と春雨のパートフィロ包み”、“フォアグラのテリーヌとゼリー・花園のサラダ”、“カレー風味のスープ、白身魚とムール貝入り”、“エイのソテー・サフランソース”が家族それぞれチョイスした前菜です。手帳のコメントに、「同じ味のカレー風味ばかりが二品も出るのは、禁じ手で、感性が足りない。エビアンぬるい」と書いてあります。

そして“仔羊のエスカロップ・白とグリーンのアスパラガス添え”、「白アスパラは固い」「天井にまで絵が描いてある店」「みな同時にお皿が出ないので中だるみする」と書き込みがあります。

そして“仔牛のステーキ・焦げた玉ねぎとグリーンピースのラヴィオリ添え”「トマト、酸っぱすぎる」「メインの前に、空のパン皿を下げられた。お変わりがほしかったのに」などと書いてあり、あまり良い印象のお店ではなかったようでした。

そしてデザートは“ブドウのクレープとラムのアイスクリーム”「最初と最後はガラスの皿だけれど、この皿、食材がアイスクリームなのに温かい」と。

そして小菓子が12個で、「食べられるホオズキのチョコレートかけが美味しかった」と書いてありました。

明日は、ノイッシュバンシュタイン城観光です。

4〔6日～7日目〕 ミュンヘンからミラノへ、そしてサンティンシェフの料理のクオリティに感動

7時半にホテルのアメリカン・ブッフェを食べ、8時半出発で、まずは、シュロス・リンダーホフ城観光です。

次いで今日の目的のお城ですが、標高が高く寒いのと、登り道が長く歩きたくないので、皆馬車に乗ってノイッシュバンシュタイン城の正門まで行きました。途中に山の上にそびえて見えてくるこの白鳥城は、とても大きく見えましたが、中に入ってみると、余り大きなお城ではないように思いました。19世紀に建設されたまだ若いこの城は、壁画などもまだ新しくピカピカの感じを受けました。

城内ツアーを言語でまとめるので、私たち日本人は次の次になる英語の解説のグループに入れられました。私たちは解説など聞かなくてもいいので、待つのはいやだから、これから場内観光ツアーに出発するドイツ語グループに入れてほしいとお願いしたのですが、「あなたたちはドイツ語が分からないでしょう」とドイツ人ガイドらしい堅苦しさで、一蹴されてしまいました。「説明を聞かなくてもいいから、入れて欲しい」という選択肢は、彼らの思いつかないことだったのでしょう。ドイツ人のそういったところの几帳面さに何度も出会いました。

特に印象に残ったのは、王様の寝室の隣の部屋の扉を空けると、真っ暗な洞窟の内装の部屋になっているので驚きました。バイエルン国王

で、この城を建てたルートヴィヒ二世は、作曲家のワーグナーに傾倒し、交響曲にちなんだこの洞窟の部屋を作ったといわれています。若き国王は、まだこの城が未完成のまま、近くの美しい湖で水死体となって発見されたのですが、国の経費をこの城の建造のために湯水のように使ったので、国の運営を案じた家臣によって暗殺されたという説があります。それは家臣たちによって、国王は精神病者であるとして、廃位され隔離された翌日であったといいます。

お昼は観光バスのたまり場で、サンドイッチとともにミュンヘン名物のホットワインをいただきましたが、美味しいかとなると印象はあまり残りませんでした。

フュッセンからミュンヘン市内まで戻り、街歩きをし、夜は有名なビヤホールらしい、ホーフブロイハウスでダンスと歌の実演つきの一夜を楽しみました。陽気な曲が多く楽しめました。特にカウベルの音色の捌きが見事でした。大きなサイズのビールジョッキを、たくましい体格の若い女性スタッフが片手に５つずつ持って、広い室内を闊歩してどんどん客のテーブルに置いていきます。

注文を取りにきたので、“ポテトのスープ”、“仔牛のカツレツ・レモンと酸っぱいポテト添え”、“ソーセージとハムの盛り合わせ”、“白ソーセージ・野菜サラダ添え”、“アイスヴァイン”などの定番を頼みました。というか、そういったメニューしかありませんでした。ポテトのスープの味は、日本のおでんそっくりの味でした。白ソーセージはミュンヘンの名産らしいのですが味は良くなかったです。味わいは荒っぽく、どれもがまあまあの味で、有名なビヤホールでもこの程度なのかと思いました。料理を味わいにくるところではなく、ビールを楽しく飲みにくるところは、これでいいのでしょうね。

地ビールは２種類注文してみたのですが、いずれも苦くなくマイルドで、手ごたえのない感じでした。印象に残ったのは陽気な音楽の実演だけでした。

日本ではいつもするように、残してはもったいないので少なめに頼んでおいて、もう少し食べたいときに追加するのですが、この日も他のメニューも食べてみたくなったので、「再度メニューを持ってきて欲しい」と頼んだら、ものすごい顔で睨まれました。ビヤホールは巨大で忙しいので、注文は着席したとき一回きりにするのがしきたりのようでした。でも、だからと言って無知な観光客を睨むのは、サービス業としてはレベルが低いですね。ちゃんと説明すればいいだけのことと思いました。

翌日はミュンヘンからミラノへ、プロペラ機で移動しました。ミラノの空港から、タクシーに乗ってわずか15分で市内に入りました。

お昼は、ホテル近くの、アクアミネラルズというレストランで、“ブラッドオレンジジュース”、“ラザニア”、“サンドイッチ”などで済ませました。「注文が間違いだらけ」とメモに書いてありました。

ミラノで最も有名なドーモ、スフォルツェスコ城、四世紀からのサンタンブロージョ教会などを観光しました。

月曜日は、どのお店も3時まで昼休みでしたので、ショッピングの時間はなかったです。

夜は、デパートの中にある、ビストロ・マルケージに行きました。“バルサミコ風味のオムレツ”、“ヘーゼルナッツと温野菜”、“ミックスサラダ”、“牛のカルパッチョ”、“ミートソース”、“アーティチョークのリゾット”、“サフランのカリッとしたリゾット”、“仔牛のカツレツ”、“トウモロコシのケーキとバニラアイスクリーム”、“ティラミス”、“パンナコッタ”、“洋ナシのコニャック入りチョコレートソースかけ”などの定番メニューをいただきました。

この、グアルティロ・マルケージというシェフは、イタリアで初めてミシュランの三つ星を獲得したシェフだそうで、日本でも冷たいパスタの考案者として有名なので行ってみたかったのです。本店が満員で予約できなかったので、せめてと思いビストロの方に入ったのですが、味のクオリティは、まずくはないけれどそんなに高くなかったです。日本語のメニューがあり、サービスの質は高かったと思います。

翌日は早起きし、7時出発の列車でベネチア日帰り観光に行きました。2時間50分で終点のベネチアに着きました。車中で食べたイタリア式の駅弁がまあまあ美味しかったです。

現地のガイドさんに案内されて、サンマルコ寺院などを見学しました。ベネチアは、15世紀には民主主義が確立していたというガイドさんの説明を聞いて、「その頃からとは！先進的で尊敬しますね。世界初の民主主義ですか？」と訊ねると、ガイドさんは「世界初の民主主義は、古代ギリシャです」とすかさず答えるのでした。ベネチアの民主主義は、よく考えられた仕組みと、聞けば聞くほど尊敬しますね。

昼は、アンティコ・ピノーロで“パンチェッタ（豚のバラ肉）のパスタ”、“イカスミのパスタ”などをいただきました。ガイドさんによると、ベネチア風のパスタというのはアルデンテではなく、とても柔らかく茹でるのだそうです。確かに柔らかめだと思いました。

ムラノ島に渡って、ベネチアングラスの工房を訪ねました。とても綺麗なので、ベネチアンガラスを文字盤にした掛け時計などを買ってしまい、どうやってトランクに詰めようかと苦心したことを覚えています。ドル箱の輸出品であったベネチアングラスの製法の秘密を守るために、全てのガラス職人をムラノ島に閉じ込めて、技術の流出が起きないようにしたそうです。

この、日帰り観光は家族みな大満足でした。16時5分発、18時55分ミラノ着で帰ってきました。

そして今夕はタクシーで40分かけて、当時のピカピカの三つ星、エツィオ・サンティンシェフの、アンティカ・オステリア・デル・ポンテに向かいました。白髪のサンティンシェフは、サラリーマンからシェフになろうと決心した、三つ星のシェフとしては珍しい経歴の持ち主です。この行きの40分は長く、真っ暗な田舎道を、まだ着かないのかと不安でした。ようやく着いて料金を支払うと、なんと2000円ちょっとで、ずいぶん安い料金だったことを覚えています。

店名のとおり、古い石造りの橋のほとりにある時代物の建物がレストランです。

各自選んだメニューは、“スモークサーモンのタルタル・キャヴィア乗せ”、“フォアグラのテリーヌ・赤い果物のピューレ・ブリオッシュ添え”、“麦のサラダ・小エビ添え”、“黒トリフのラザニア”、“パイク（川カマス）のグリル・酸っぱいアンディーヴ添え・オレンジソース”、“仔牛のソテー・レンズ豆と酸っぱいポテト添え・茹でたエシャロット“、”イタリア産チーズ“などです。

フォアグラのテリーヌのクオリティの高さ、感動ものでした。

イタリア産のチーズの豊富さに、さすが三つ星と驚きました。特にパピア地方のリーフチーズ（葉にくるんだチーズ）が珍しくて印象的でした。

デザート時に、ナプキンをハーフサイズの新しいものに取り替えてくれました。そしてデザートは、“卵入れに入ったチョコレートのババロア”、“分厚いクレーム・ブリュレ”、“チョコレートのフォンダンとココナツ”、“バニラアイスクリーム”、“小菓子6種類”、“熱々の今焼いたマドレーヌ”、最後に“トリフチョコレート”、そしてエスプレッソと楽しみました。やはり一品一品のクオリティはとても高く大満足でした。ワインは1989ヴォルネイが美味しかったです。

隣のイタリア人客の鼻をかむ音がとても大きく耳障りでした。外国人はこういったところに遠慮する配慮はないのかなと思いました。

帰りには、笑顔でサンティンシェフが見送りに出てきてくれました。やや遠かったけれど、そのときの勢いのある三つ星に行くことができて幸せでした。

この、アンティカ・オステリア・デル・ポンテの日本の店が、東京駅前の丸ビルの上層階に開いています。オーナーの方は、ソニービルにあったサバティーニのオーナーと聞いています。オープンのときに行きましたが、見るからに高級店で、料理のクオリティは確かに優れていると思いますが、いかにせよ価格が高すぎるので、普段使いはしにくいと思いました。満足だったイタリアの本店に行った時期が未曾有の円高の時期でもあって、リーズナブルすぎる価格であったこともあり、日本店の価格は最高に高価なレストランのひとつという印象がまだあります。さらに、時々フェアの案内がきて、中に、1テーブル1万円値引きの券が入っているのですが、それにも私は疑問を感じてしまいます。そんなに値引きが可能ならば、通常価格をもっと良心的にすべきと思うからです。

余談ですが、アメリカの西海岸に本店を持つ人気チョコレートの「メアリー・シー」ブランドのシーズキャンディが、粒チョコが20個ほど入って1500円程度と、内容のよさからいってとてもお買い得なのです。本当にリッチな昔からのチョコレートの味で大好きです。アメリカに行ったときは必ず、10箱くらいお土産として買ってくるのですが（とても喜ばれます）、その日本の店が銀座6丁目に進出したニュースを聞きました。早速食べたくなって行ってみたのですが、なんと一箱5000円近くもするのです。生ものとはいえ何でそんな価格になってしまうのかわかりませんが、いつもリーズナブルに買っていたので、そんな値段ではとても買う気になりません。

イタリアの三つ星もシーズキャンディも、ブランドは有名であり確立していますが、お客が納得する価格でなければ通えなくなると思います。そんなことを思い出しました。

5 〔8日～10日目〕 ローマの名所めぐりとキアニーナ牛

9時半にミラノ空港発で、10時半にローマの空港に着きました。パリ、ミュンヘン、ミラノ、ローマと、一人一都市ずつ挙げて組んだ最後の訪問地です。

空港でガイドさんに迎えられて、ホテルまで40分かかりました。まずはお昼で、カプリチョーザという気楽そうなお店を勧められました。“ミックスサラダ”、“ペペロンチーニ”、“バジリコ”、“カルボナーラ”、“ミートソース”、“ラザニア”、“ボンゴレ” などをガイドさんも入って、日本でいつも食べている定番メニューの本場の味はどうなのかを確かめました。どの料理もやはり一味違う美味しさで、人気店の活力を感じました。

食後早速市内観光です。

まずはバチカン宮殿に行き、最高に豪華な教会の内部を堪能しました。その場所だけ人だかりの絶えないミケランジェロのピエタの芸術性の高さに家族四人で感動しました。一人よりも家族で感動を共有することがどんなに幸せで貴重なものか実感しました。

真実の口の前で、息子たちに「ローマの休日」の名場面を再現してあげました。この名作をまだ見ていないのはいけませんね。

トレビの泉では、もう一度こられるように家族皆で後ろを向いてコインを投げました。スペイン広場の前に並ぶ高級ブティックで買い物をしました。アルマーニの皮のコート、フェラガモの靴、カシミヤのカーディガンなど、素晴らしいクオリティはもとより、私の知っている価格の半値以下という感じでした。

ガイドさんのおすすめの、夜は典型的なくだけたレストランといわれるジョイヤ・ミーヤに行きました。店内は陽気なイタリア人で大盛り上がりの光景で、まるで「フェリーニのローマ」をはじめ、イタリアの映画の一シーンの中にいるかのようでした。こういった雰囲気は、日本のレストランでは味わえませんね。ローマ人と一緒の渦の中にいるかのように体験できて感動しています。こういう体験ができるかどうかが、ガイドさんの感性にかかっていると思います。貴重な時間を最高に過ごさせていただき感謝です。

まずは“コーンスープ” からはじめて、“ピザ・マルゲリータ”、“ミートソース”、“フンギのリゾット”、“ニンニクのパスタ”、“プリン”、“ズコット”、“アフォガーティ（アイスクリームのエスプレッソかけ・溺れるという意味)” など、すべて美味しかったです。グラスワインを頼んだら「これでいいか」とカラフで持ってきました。合計４万８

千リラとはリーズナブルすぎますね。素晴らしいガイドさんでしたので、二年後、会社の出張でローマを訪問した時も、私たちのガイドをお願いしたほどです。

大満足の夕食を終えて、とても古いけれど4つ星のホテルに戻って、各自のトランクに割り振って買った物を収容しました。毎朝、私が寝坊の妻と息子たちを起こして回る役目もあと一日です。息子たちの部屋に行き、二度か三度繰り返し起こさないと、起こしたそばから隣の息子が寝てしまうので毎朝ハラハラしていました。これも楽しい思い出です。

翌日もローマ市内観光です。がっしりとしたパンテオンが紀元前からある建物とは信じられませんね。コロッセオでは巨大な建物の内部に入って思い浮かんだ言葉は、「つわものどもが夢のあと」といった寂しさとはかなさでした。次にその近くにあるサン・クレメンテ教会の地下の部屋に案内されました。ペテロとパウロが幽閉されていたというマメルティーノ牢獄がまだ残っていることに驚きでした。しかも、その地下室の石積みの床から清水が湧き出して井戸になったという謂れもあるのです。その井戸も部屋の中央にありました。

そして、とても広大な戦車競技場、カラカラ浴場跡、チロコマッシモという鍵穴から覗くとサンピエトロ教会が見えるところなど、家族で驚きと喜びを共有することがこんなに幸せなことかと思いました。すべて有意義な時間を過ごすことができました。

昼食は、ガイドさん推薦のお店、トゥーリオに行きました。メニューは“生ハムとメロン”、“ミネストローネ”、“ペペロンチーニ”、“フンギを練り込んだきしめん状パスタ”、“カルボナーラ”、“手長エビのソテー（4匹）”、そしてこの店の名物で、ガイドさんがどうしても食べたほうが良いといった“フィレンツェ風ステーキ”です。巨大なTボーンステーキで、フィレンツェ地方で飼育されている、白い大きなキアニーナ牛のステーキです。この牛は日本では食べられないので、ぜひとも味わってほしいとのことで、食べてみたところ、塩コショウだけなのに、この美味しさはどこから来るのだろうと、肉質だけでこんなに違うのだろうかと考えてしまうほど美味しかったのです。それほどの衝撃的な美味しさでした。この印象が強すぎたので、日本に帰った後、表参道の青山学院の裏手に、イタリア料理のトゥーリオという名前のお店を発見したので、早速行ってみました。分店だったら同じような味わいのステーキが食べられるかと思ったからです。結果は、残念ながらまったくローマのお店とは関係なく、フィレンツェ風ステーキもなかったのでした。食に関しては、私はこんな探索ばかりしていますね。

美味しさの興奮が冷めやらぬ午後も買い物です。スカーフ、チョコレート、財布などを買いました。パリよりもローマの方がおしなべて低価格でした。

そして、今回の旅の最後の夕食ですが、20時に予約してリストランテ・アラ・ブカニエラに行きました。我々が入っていくと、皆さん「おや？イタリア人以外の人種がきた！」といった表情でこちらを見るのでした。メニューは、“薄く切ったパンの上にキノコを乗せて、オリーブをかけたアミューズ”と、“ホワイトピザ（プレーン）”から始まりました。単純ですが味わいは良いです。ピザを3種類“マルゲリータ、キノコ、ミックス”いずれも美味しかったです。きゅうりみたいな“プンタレッリ”、“アーティチョークとズッキーニの花のフリッタ・アンチョビー入り”、“ポモドーロ”、“ミートソース”、“ペペロンチーニ”と定番のメニューを取って、日本の同じ料理との味の違いを感じながら食べました。白ワインはヴィラノーバ、赤ワインはキャンティ、お水は発泡でクラウディアという水でした。イタリア人は、普通真水ではなくて弱い発泡のお水を好むそうです。ガイドさんの推薦だけにいずれも美味しく、特にフリッタがこれほど美味しいものか、再認識しました。味わいをよく知っているガイドさんのおかげで、大満足の食事が続き感謝です。

22時半にホテルについて、夜中1時過ぎまで、家族皆でトランク詰めをしました。靴やバッグの箱などは捨てて、中身だけにするとようやく4つのトランクにパックできました。

翌朝、ホテルの会計で、冷蔵庫の飲み物を記録する紙を渡したところ、部屋の係が飲み物を補充した時点で、売り上げ処理されていたことを知らなかったので、あとで分かったことですが、飲み物はダブルで計上されてしまいました。また、数本買ったフェンディやエルメスなどの素晴らしく綺麗な傘はトランクに入らないので、トランクのそばに寄せておいたところ、ポーターがタクシーに乗せてくれたと思っていて、空港に着いたとき傘がすべてなくなっていることに気が付きましたが、どこでなくしたかもうどうしようもないので諦めました。トランクの中に入れてあったアルマーニなどの折りたたみ傘だけ持って帰ることができました。

帰国の便はロシアのモスクワ経由でした。ローマを出発した時はガラガラだった客席が、モスクワで一気に満員になりました。モスクワ経由は便が少ないからかなと思いました。

成田から、荷物のたくさん入るタクシーに乗って1時間で家に着いたときは、ようやくほっとしました。すぐにご飯を炊いて、みな自然に暗黙の合意の納豆で腹を満たしました。

私たちの最も貴重な単位である家族そろって、長時間楽しく観光ができたことに心から感謝する気持ちです。行くことができるチャンスに、行くことが実現できて本当に幸せです。一生の思い出になりました。

あとがき

現代の日本の質の高いフレンチとワインの楽しさの体験を、忘れてはもったいないと書き記してきました。

私は、「これは質の高い料理だ、あるいはワイン、サービスだ」と、優れた味わいや接遇に出会うたびに感動してきました。

質の高い料理・ワイン・サービスとは、簡単に真似られるものではなく、ゆえに文化度が高いといえ、時として心から感動するような手ごたえがあります。私たちが高額な代金にもかかわらずレストランに出向くのも、日常では味わうことのできないレベルの優れた料理・ワイン・サービスを時には体験したいからです。

おなかを満たすだけであるならば、リーズナブルな価格で美味しい料理を提供する店も豊富に存在します。牛丼やファストフードのお店も水準が高いので、価格と見合ってこれはこれで満足します。日本はどのような形態の店でも、たとえば牛肉が食べたいのか、寿司が食べたいのか、最高級の懐石料理が食べたいのか、素早く腹を満たしたいのか、そのときの目的により、顧客にとってなんでもござれですべて揃っている素晴らしい国と思います。しかも、どのお店に入ってもそこそこ美味しいと思います。これは食の先進国のフランスやイタリアでも、時に、食べるに耐えない料理を出すところが存在することと、本質的に違うところと思っています。日本人は工業製品だけでなく、食に関しても非常に優れた民族と思っています。

では、料理やワイン・サービスの一流の品質とは一体どのようなレベルをいうのでしょうか、自分なりに考えてみました。

私はいつも一流の料理について、三つ星料理店のポール・ボキューズのスズキのパイ包みや、トロワグロのソーモン・オゼイユを引き合いに出して説明しています。それほど星つきの店での看板メニューというものは完成度が高く、美しく、美味しく、迫力がある料理です。これらが揃っていることが一流の料理の品質の条件であると思っています。オリジナル店のこういった自信作を実際に食べてみないと、自分が今、どのレベルの料理までたどりついたかがわからないと思います。

食べ歩きをしていると、時に有名な料理人の創作料理のコピー版がメニューに載っている店に出会うことがあります。興味深いので、また、メニューに載っているならばそのシェフは自信があるのだろうし、久しぶりに食べてみたいので、この店のシェフとこの有名な料理とのつながりはどのようなものなのだろうかと想像しつつ注文するのです。ところが、私は本物を食べているので、図らずもどうしてもオリジナルとの比較になってしまい、今日の味はどうだろうかと期待して食べてみるのですが、余り美味しくなかったり、全然違う料理だったりすることが多いのです。これまでオリジナルと同じ名前だけがついた偽物料理をたくさん食べてきた感想は、あまり印象の良いものではありませんでした。料理店の考え方によってそれぞれ味わいのポイントが違います。いろいろと食べ比べをしてみると、やはりその料理の本家の料理が美味しく感じられるのはそれだけ工夫と情熱とが注がれているからであると思います。創造したボキューズやトロワグロがその料理の心を一番わかっているからであると思うのです。

ゆえに同じ名前がついた料理でも、本物とまがい物とは歴然たる差が存在します。最高峰に美味しいのがやはり本物の料理のほうで、それは質が高く、文化度も高いと言えるのです。それには本物の料理を味わってみないと、偽物のでき栄えのレベルがわからないのです。

たとえば、簡単な料理であるリゾットひとつ取り上げてみても、実際に本物を食べてみないうちは、その人が普段食べているリゾットの味を超えた味が優れたレストランで存在することが想像できないはずです。過去に名もないお店で食べた同名のリゾットを想像して、味わいもその程度と思うのです。これればかりは、食べたことがなく、レベルの違いを知らないのですから仕方ありません。

たとえばローマの三つ星の、ハインツ・ベックのリゾットの味わいの素晴らしさは、普通のリゾットとの違いがどれだけあるか、それを食べたことのある人にしか理解できないのです。だから、食べ歩きと一言で言っても、高度な文化の追求にまでなると、本気で行おうと思ったら生易しくはない趣味であると思っています。この美食の趣味を楽しんでいる方はただ食べるだけではなく、この料理の本物とは何かを常に追求していってほしいと願っています。

私はフェイスブックでは、シェフ、ソムリエ、支配人、美食家だけを友として、会社関係とは一線を画して趣味の世界を楽しんでいます。料理とワインの趣味の方が投稿するフェイスブックは、毎夜、素晴らしい料理や高価なワインボトルの写真のご披露が多いのですが、写真だけなので、そのときの料理の美味しさやワインとのマリアージュのどこが良かったのかということ、そして“こういった感動を体験しました”というような感想や説明がもっとあってほしいと思っています。優れている料理にまつわる興味深いエピソードやワイン生産者の素晴らしい哲学など、知りたい情報の文章がないために、せっかく良い料理を食べ、良いワインを飲んだ記録が、写真だけというのではその受け手にとって、そのときの素晴らしい記録もただ見過ごすだけに終わってしまい、それでは使い捨てのように、長くは記憶に残らないことをとてももったいないことと思っていました。

そこで、せっかく体験した、この素晴らしい世界の、優れていると感じたところを自分なりに記録できればと思って始めたのがこの『教養としての料理・ワイン・レストラン』のシリーズになりました。元気なうちにある程度の記録を残せて良かったと思っています。

料理とワインとのマリアージュの実践の体験が中心ですが、ワイン・メーカーズ・ディナーでのワイン生産者から直接お聞きした哲学や、また、お店での会話の言葉の端々に出てくる食文化の歴史の話や、食に関する面白いエピソード・蘊蓄、ひいては私が食文化と同じ波長を持つと信じている名画や名曲・名楽器などの興味深い話も聞き流してはもったいないと、昔からの何でも集めるコレクション癖が出てしまい、書き留めていたものがこれだけの量になりました。読み返して、改めて感ずることは、日本の各店のレベルの高さです。本当に敬服させられるレベルであると思います。

趣味についての切り口ですが、自分のライフスタイルに合った良い趣味を持つことが人生を豊かにしてくれると、信じてやってきました。私の場合は、その趣味が高度な食文化を味わうことでした。素晴らしい料理とワインとを味わう、その実現した一夜のなんと満足で楽しいことでしょうか。言葉には言い表せないほど素晴らしいひと時なのです。

だから、人付き合いは悪いほうで、マージャンやパチンコもしませんし、ただ酒を酌み交わしながらの雑談などに、自分の大切な時間を1分たりとも使いたくはありません。舞台やコンサートのお誘いも、お皿に向かうほどの情熱はありませんので、極力辞退させていただいています。料理、読書、音楽、自分の好きと思うことだけにこの大切な時間を使うことに徹しています。

人生においては辛いことや経験したくないことなど、様々な試練を体験しますが、そのようなことで落ち込むときも、私はこの趣味のおかげで、本当に楽しい人生を過ごしていると感謝したい気持ちです。社内で、失敗して落ち込んでいる若手社員がいると、さりげなく声をかけて、非日常の格別に美味しい料理を一緒に食べに行くのです。楽しい話題だけにして、説教は一切無しで、「美味しかったね」で帰途につくことを何度もしました。それで彼らはいくらか気を取り直してくれるはずと信じてやっていました。

食べ手の自分をブラッシュアップさせるための一流店の役割りというものは大きいと思います。つまらない店で、つまらない味の追求ばかりいくらしていても自分を進化させることはできないと思います。そして楽しみのレベルも低いままです。そうではなく、もっと素晴らしい世界があることを是非知っていただきたいと思うのです。

やはり、料理・ワインを始め、絵画、音楽、風景などの最高峰を味わい、それを感じることに、一生を通じての自分の文化度の成長があるのだと思っています。「山高ければ谷深し」ということわざがあります。最高級を知らなければ、低レベルさもわからないのです。

これはややお金はかかりますが、特段難しいことではないのです。ちょうどワインについての名言のように「考えるな、感じろ！」という世界だからです。感受性のない人生、何も感じない人生なんて私には想像できません。

この本の目的は、私がやってきて良かったと思う趣味の世界のことですので、けして押し付けではなく、ところどころ共感していただければ幸せです。あくまでも読まれる方の目線での「私はこうしたら楽しかったですよ」と、同じ趣味を楽しむ方々に気軽に提案させていただいているつもりです。ですからアマチュアレベルであり、難しい理論はありません。専門理論などは私にはわかりませんから。アマチュアとしては、あくまでも「楽しい」がキーワードと信じています。この「楽しい」、「幸せ」を感じるために、人は料理店に行くのです。
「食」の分野だけですが、お読みいただき、人生の楽しさの一部を共有できれば幸せです。

〈著者紹介〉

内田 増幸（うちだ　ますゆき）

1946年生まれ、東京都出身。

20歳の頃よりフレンチを趣味として約50年以上も食べ歩く。日本はもとよりフランス、イタリア等の海外のレストランも訪れ、その回数は5000回を越える。

著　書

『教養としての料理・ワイン・レストラン』（産業能率大学出版部）

『心ときめく　料理・ワイン・レストラン』（産業能率大学出版部）

『マリアージュ！フレンチ、至高のたのしみ』（＊ロマン・エヴァンジェリスタのペンネームで執筆）（産業能率大学出版部）

本書の内容は、数年にわたって書きためたものも含みます。そのため、登場するお店はすでに移転、あるいは閉店等の場合があります。

教養としての料理・ワイン・レストランⅡ　〈検印廃止〉

著　者　内田　増幸

発行者　坂本　清隆

発行所　産業能率大学出版部

東京都世田谷区等々力6-39-15　〒158-8630

（電話）03(6432)2536

（FAX）03(6432)2537

（振替口座）00100-2-112912

2021年10月15日　初版1刷発行

印刷所／渡辺印刷　製本／協栄製本

（落丁・乱丁本はお取り替えいたします）　ISBN978-4-382-15804-7